BAEDEKER
SMART

W0205232

VANCOUVER
& DIE KANADISCHEN ROCKIES

Perfekte Tage
im Westen Kanadas

Verlag Karl Baedeker – www.baedeker.com

Inhalt

Kapiteleinteilung: siehe vordere Umschlaginnenseite

TOP 10

Nicht verpassen! Unsere Hitliste hilft Ihnen, von der absoluten Nummer eins bis zur Nummer zehn, die wichtigsten Sehenswürdigkeiten einzuplanen.

1 ICEFIELDS PARKWAY ➤ 134

Unter den Panoramastraßen Kanadas ist die Route von Banff nach Jasper mit zwei Dutzend Gletschern und über 20 Dreitausendern die spektakulärste.

2 STANLEY PARK ➤ 52

Dank seiner nie geschlagenen Hemlock- und Douglasienbestände zeigt dieser wunderbare Park, wie es vor der Ankunft der Europäer in Vancouver ausgesehen hat.

3 INNER HARBOUR, VICTORIA ➤ 90

Einer der schönsten Naturhäfen an der Pazifikküste, mit dem traditionsreichen Empress Hotel von 1908 als stilvollem Ausgangspunkt für erholsame Bummeleien.

4 CALGARY TOWER ➤ 167

Im Osten die Prärie, im Westen die Mauer der Rocky Mountains – die Aussichtsplattform des 191 m hohen Turms ist der ideale Ort für eine Standortbestimmung.

5 ROYAL TYRELL MUSEUM ➤ 168

Die grandios inszenierten Dinosaurierskelette und die tolle Lage in den ariden Badlands machen diesen Trip zum schönsten Abstecher von Calgary aus.

6 OKANAGAN ➤ 114

Kontrastprogramm! Das liebliche Okanagan Valley und sein wüstenhaftes Anhängsel Osoyoos Valley zählen zu den besten Weinbaugebieten Nordamerikas.

7 PACIFIC RIM NATIONAL PARK ➤ 92

Der alte Fischerhafen Tofino ist heute ein beliebter Ausgangspunkt für Touren zu den Walen, Bären und sonstigen Naturschönheiten des inselreichen Nationalparks.

8 WELLS GRAY POVINCIAL PARK ➤ 116

Der Hauptgrund für den Besuch sind die zahlreichen Wasserfälle, allen voran die 137 m hohen, überaus fotogenen Helmcken Falls.

9 GLACIER UND MOUNT REVELSTOKE NATIONAL PARK ➤ 118

Steile Berge mit dramatischen Lawinenabgängen, 400 Gletscher und Rogers Pass, ein von Straße und Schiene über- und unterquerter Gebirgspass – Kanada in XXL!

10 GRANVILLE ISLAND ➤ 58

Das Herz der Trend-Metropole Vancouver! Galerien und Indie-Bühnen, Bio-Gärtner, Künstler, Lebenskünstler – auf Granville Island (Abb. links) trifft man sich.

DAS VANCOUVER

Erleben, was den Westen Kanadas ausmacht, sein einzigartiges Flair spüren. So, wie die Einheimischen selbst.

ROBSON ROCKT

Jung, trendy, multiethnisch – die von Downtown nach West End strebende **Robson Street** (204 C3) verkörpert das junge Vancouver wie keine andere Straße: Die über 100 **Boutiquen, Spas, Bars und Straßencafés** sind die wichtigsten Treffs der »People Watcher«: Was isst man gerade wo, was ist der neueste Szene-Drink? Trends beginnen hier, andere werden hier zelebriert, wie das frühmorgendliche Jogging um den Block oder die Radtour in den Stanley Park nach Feierabend.

UNTER GIGANTEN

Feucht dampfende Stillleben aus umgestürzten Zedern, hüfthohem Farn und im Blätterdach verschwindenden Baumstämmen, und das alles untermalt vom Geruch von Moder und Verwesung. Genießen Sie auf einem Spaziergang zwischen uralten und bis zu 9 m dicken Douglasien des **MacMillan Provincial Park** beim Cameron Lake (202 A2) auf Vancouver Island die Urwüchsigkeit des letzten gemäßigten Regenwalds Nordamerikas (Hwy. 4).

BESUCH BEI WILLY & CO.

Keine British-Columbia-Broschüre ohne ein Bild auftauchender Orcas vor den nebelverhangenen Bergen der **Coast Mountains**! Ein Besuch bei den intelligenten Meeressäugern gehört zum Pflichtprogramm jeder Reise durch Kanadas Westen. Das Fischernest **Telegraph Cove** auf Vancouver Island ist der beste Ausgangspunkt für Besuche bei den aus den »Free Willy«-Filmen bekannten Tieren (Stubbs Island Whale Watching, Tel. 250 928 31 85, www.stubbs-island.com).

STRANDWANDERUNGEN BEI TOFINO

Im Winter schleudert das berüchtigte Aleuten-Tief einen Sturm nach dem anderen gegen die Pazifikküste von Vancouver Island. Das Resultat: betonharte Sandstrände, vor allem bei Tofino (► 92), ideal für ausgedehnte Strandspaziergänge im Sommer, bei denen man den gegen die Klippen krachenden Pazifik und Surfer aus aller Welt beobachten kann. Denn Tofino gilt als Kanadas Surfer-Hauptstadt.

GEFÜHL

Kommen Sie bei einem Strandspaziergang dem Pazifik ganz nahe!

DIE ROCKIES PER FAHRRAD

Wapitis, Kojoten und Schwarzbären, dazu dichte Nadelwälder und – über alledem thronen die mächtigen Dreitausender der kanadischen Rockies: Fahren Sie den 55 km langen **Bow Valley Parkway** (✚ 200 C4) von Banff nach Lake Louise statt auf vier auf zwei Rädern und erleben Sie Kanada so noch näher und unmittelbarer (Radverleih: Soul Ski & Bike, 203A Bear St., Tel. 403 760 16 50, www.soulskibike.com).

LIFE IS A HIGHWAY

Steigen Sie ins Auto, machen Sie es sich hinter dem Lenkrad bequem und genießen Sie die draußen vorbeigleitenden Traumlandschaften. Von den vielen Panoramastraßen im Westen sind diese die besten: der **Sea-to-Sky-Highway** von Vancouver nach Whistler, der **Kootenay Parkway** durch den Kootenay National Park (► 153) und die **Hwys. 97 und 20** von Williams Lake über die Chilcotin-Hochebene nach Bella Coola am Pazifik.

Straße im Mount Robson Provincial Park

IM INDIANER-TIPI SCHLAFEN

Der Mond geht auf, am Firmament leuchten die Sterne, ein Windstoß schüttelt sanft das beige Segeltuch auf. Eine Nacht in einem der kegelförmigen, nach oben offenen Tipis im Tipi-Dorf von **Head-Smashed-In** (► 156) bleibt ein unvergessliches Erlebnis. In der Regel sind die Tipis mit Matratzen und Decken ausgerüstet. Mit etwas Glück gesellt sich abends am Lagerfeuer ein »Storyteller« vom Stamm der Blackfoot hinzu.

ZU FUSS DURCH DIE WILDNIS

Wildblumenwiesen, Berge, Aussichten und rot glühende Sonnenuntergänge: Machen Sie eine Pause von der Straße und schließen Sie sich einer geführten Wanderung durch den **Wells Gray Provincial Park** (► 116, Wells Gray Adventures, Clearwater, Tel. 250 754 87 35, www.skihike.com) an. Tagsüber erkunden Sie die Wildnis im Hinterland, nachts schlafen Sie in rustikalen Hütten an der Baumgrenze – wie sollten Sie ein Stück echtes Kanada authentischer erleben?

Das Magazin

VANCOUVER
Stadt des Lichtes und der Zukunft

Vancouver ist ein Kraftpaket: dynamisch, kosmopolitisch, wachstumsorientiert – eine der schönsten, lebendigsten Städte der Welt, die 2010 durch die Ausrichtung der Olympischen Winterspiele ihr Renommee auffrischte.

Der Wettergott verwöhnt einen hier nicht unbedingt – verlässlich ist allein der Regen: Wenn er einmal angefangen hat, hört er selten bald wieder auf. Doch das Stadtbild ist wunderschön, mit intakter Umwelt und einer ethnisch bunt gemischten Bevölkerung. Skilaufen kann man fast rund ums Jahr, schöne Strände finden sich nur wenige Minuten vom Zentrum entfernt. Der Stanley Park zählt zu den größten, schönsten Stadtparks von Nordamerika. Und die Restaurants sind schlicht Weltklasse …

Skyline Vancouvers, gespiegelt im Wasser

Hier regiert die Lebenslust

Vancouver straft gängige Vorurteile über Kanada Lügen: würdevoll und trübselig; schön, aber langweilig – nettes Land, nette Leute, nichts los? Von wegen! In Vancouver regiert die Lebenslust, mit spektakulärem Ambiente, bewegtem Nachtleben, Stadtstränden, heißen Cafés, schicken Bars, Sport und Spaß unter freiem Himmel – ein Flair, das sich durchaus mit dem von San Francisco und Los Angeles vergleichen lässt.

Am Canada Place präsentiert sich Vancouver als Hort moderner Architektur mit beeindruckendem Hafen (► 60), auf den Bergen über der Stadt wartet ein Skigebiet mit Olympia-Standard. Segeln kann man hier gleich vor der Haustür, und auf Granville Island (► 58) ist man in den Cafés umringt von Shoppern, Flaneuren und Müßiggängern.

Pazifische Gefilde

Bedingt durch seine Lage am Pazifik war Vancouver über Generationen Ziel von Einwanderern aus China und anderen asiatischen Ländern – sie stellen etwa die Hälfte der 2,5 Mio. Einwohner und die Chinatown hier ist die drittgrößte Nordamerikas (nach New York und San Francisco). Seit seiner ersten Besiedelung ist ganz British Columbia (BC) auf den Ozean ausgerichtet. Heute lebt ein Viertel der Einwohner von BC an Küsten und der Pazifik sowie die Märkte Asiens spielen eine immer bedeutendere Rolle für Vancouvers Wirtschaft und Gesellschaft.

Stadt voller Dynamik

Um stolze 9,3 % ist Vancouver in den sechs Jahren bis zum letzten Zensus 2011 gewachsen – und es wächst weiter, schneller als alle anderen Städte Kanadas: Diese Dynamik des Neuen ist deutlich selbst in solchen Vierteln spürbar, die sich viel von ihrem historischen Charakter bewahrt haben.

Stadtviertel im Wandel

Exemplarisch hierfür ist Downtown, das kommerzielle Herz der Stadt, erbaut auf einer Halbinsel im Burrard Inlet genannten Fjord. Südlich und östlich der ursprünglichen Magistralen Robson und Burrard Street dehnt es sich nun mit Malls, noblen Hotels und Eigentumswohnanlagen, Kunstgalerien und Bürohochhäusern aus.

Auch das östlich hiervon gelegene Gastown, ältester Stadtteil und historisches Zentrum, hat einschneidende Veränderungen durchlaufen: In den 1970ern ein heruntergekommenes Viertel, erlebte es später die Verwandlung in eine Touristenfalle und zuletzt in ein trendiges Kunst- und Ausgehviertel.

Chinatown noch weiter im Osten verweigert sich hingegen dem Wandel und ist nach wie vor recht authentisch bis exotisch in seinem Gepräge.

Immer noch ein Refugium ist das West End am anderen Rand von Downtown, ein großzügiges, feines Wohnviertel mit stillen, von Bäumen gesäumten Straßen, das allerdings auch zunehmend in den Schatten großer Apartment-Komplexe am Coal Harbour gerät.

Etwas außerhalb

An der Nordküste zum Burrard Inlet erstrecken sich mit North und West Vancouver zwei gediegene Villenviertel. Recht quirlig ist das gegenüber von Downtown am False Creek gelegene South Vancouver, ein ausgedehntes Wohn- und Geschäftsviertel. In den 1960er-Jahren war dessen Kitsilano-Distrikt Mittelpunkt einer alternativen Szene. Inzwischen etwas schicker geworden, hat es sich – besonders am Strand und in seinen netten Lokalen – dennoch viel von seiner angestammten Lässigkeit erhalten.

Links: Portal des Marine Building   Mitte: Downtown   Rechts: Canada Place

Im benachbarten False Creek befindet sich das legendäre Granville Island, eine ehemalige Industriebrache, wo nun Märkte, Cafés, Brauereien, Kleinbetriebe und Spezialitätengeschäfte beheimatet sind. Noch trendiger ist Yaletown; die alte Speicherstadt am Südende der Halbinsel ist heute eines der anziehendsten Viertel Vancouvers.

Drei Gebäude der Great Period ...

- **Marine Building (1930)**
  355 Burrard Street Dieser frühe Wolkenkratzer ist Vancouvers einzig erhaltener Prachtbau des Art déco: Schmuckfassade mit kunstvollen Reliefs, dazu die schönste Halle und die apartesten Aufzüge der Stadt.

- **Toronto-Dominion Bank (1920)**
  580 West Hastings Street Meisterstück des Architekten Marbury Somervell in mediterranem Stil.

- **St. James Anglican Church (1936)**
  303 East Cordova Street Eine der hier raren alten Kirchen, erbaut nach Entwurf von Adrian Gilbert Scott.

... und drei bedeutende der Moderne

- **Vancouver Public Library (1995)**
  350 West Georgia Street Moshe Safdie schuf nichts Geringeres als eine Art modernes Kolosseum. Gemeinsam mit dem nahen General Motors Place bezeugt es die dynamische Ausbreitung der Stadt Richtung Osten.

- **Robson Square (1979)**
  800 Robson Street Arthur Erickson bezog ein historisches Justiz- und Verwaltungsgebäude in eine moderne Platzgestaltung ein.

- **MacMillan Bloedel Building (1969)**
  1075 West Georgia Street Für den Forstwirtschaftsgiganten MacMillan Bloedel ersann Erickson dieses neoklassizistische Meisterwerk.

Kreativität liegt in der Luft ...

Vielleicht liegt es ja an der herrlichen Umgebung – stolze Gipfel und rauschende See –, dass in dieser lebendigen, stilvollen Stadt so ungewöhnlich viele kreative Köpfe beheimatet sind.

Film- und Fernseh-Boom

Vancouver ist eine Stadt des Films – während des vergangenen Jahrzehnts avancierte sie zum drittgrößten Produktionszentrum Nordamerikas für Kino und Fernsehen (nach Los Angeles und New York). Hier kann man preiswert produzieren und findet in Stadt und Umland zahllose herrliche Kulissen. Aus Vancouver stammen übrigens die Stars Michael J. Fox, Pamela Anderson und James Doohan (der unübertreffliche »Scotty« in *Star Trek*).

Hervorragende Noten

Vancouver ist Heimat namhafter Maler, Fotografen, Dichter und Schriftsteller (wie Douglas Coupland, Autor von *Generation X – Geschichte für eine immer schneller werdende Kultur*, 1991), aber auch Musiker und Schauspieler: Rock-Star Bryan Adams verbrachte hier seine Jugendjahre, Jazz-Diva Diana Krall und die Sängerin Nelly Furtado stammen gleichfalls aus der Gegend. Die musikalische Vielfalt ist beachtlich und reicht von den romantischen Balladen einer Sarah McLachlan und der Folk-Band Be Good Tanyas bis zu den klassischen Ensembles des Vancouver Symphony Orchestra und des Vancouver Chamber Choir; einen exzellenten Ruf genießt ferner die hiesige Oper (Adressen aller drei Institutionen und nähere Informationen ➤84).

RUDYARD KIPLING

Der britische Schriftsteller und Nobelpreisträger (1865–1937) hielt sich mehrmals in Vancouver auf und erwarb dort sogar einige Grundstücke (eines Ecke Fraser und East Eleventh Street), die er erst nach 30 Jahren wieder veräußerte.

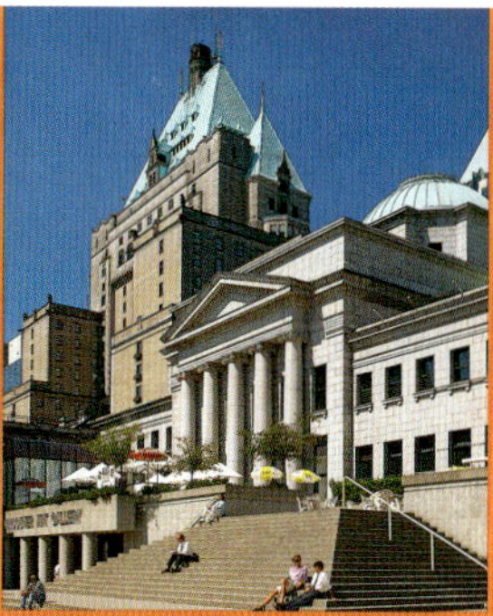

Oben: Vancouver Art Gallery
Links: Indianischer Totempfahl im Stanley Park
Links unten: Nelly Furtado

Kunststücke

Dass die Bildende Kunst in Vancouver auf eine lange Tradition zurückblickt, verdankt sie auch den Ureinwohnern wie dem Haida-Abkömmling Bill Reid (1920–1998), dessen Leben und Schaffen man seit 2008 in der Bill Reid Gallery (➤ 65) bewundern kann. Nach wie vor als Größe unter den Vertretern British Columbias gilt Emily Carr – die Vancouver Art Gallery (➤ 63) zeigt etliche Werke der 1945 verstorbenen Malerin. Ein Hort der Künste ist Vancouver heute mehr denn je, mit zig Galerien aller Art. In der Mehrzahl sind sie in South Granville und Granville Island angesiedelt, während die Buschlen Mowatt Gallery in der West Georgia Street sich zeitgenössischer Kunst widmet.

Die Wurzeln VANCOUVERS

Der Ursprung Vancouvers geht zurück auf eine Siedlung der Ureinwohner und ein schäbiges Nest in Pioniertagen – um sich dann im 20. Jh. zur Großstadt zu entwickeln. Namensgeber ist ein Mann, der sich hier nicht einmal einen Tag lang aufhielt.

Über 10 000 Jahre waren das spätere British Columbia und Vancouver Siedlungsgebiet hoch entwickelter Indianerstämme wie der Squamish und Haida. Der erste Europäer, der hier seinen Fuß an Land setzte, war möglicherweise 1778 James Cook, unter dessen Mannschaft sich auch ein Seekadett namens George Vancouver befand.

George Vancouver

1791 war dieser Kadett zum Kapitän aufgestiegen und von der britischen Regierung mit der Kartografierung von Teilen der Pazifikküste beauftragt worden. Im Jahr darauf entdeckte er die Mündung des Fraser River und segelte um eine bewaldete Landzunge in einen ausgedehnten natürlichen Fjord, den er (nach einem Besatzungsmitglied) Burrard nannte: Hier sollte später die Stadt Vancouver entstehen. Auf dem Areal des heutigen Stanley Parks trieb er kurz Handel mit den Squamish und verließ den Ort noch selbigen Tages. 1886 wurde die hier erbaute Stadt nach ihm benannt.

KUNST DER UREINWOHNER

Reiche Vorkommen an Fisch, Walen, Holz und Mineralien versorgten die Urbevölkerung von British Columbia mit Nahrung, Unterkunft und Handelsgütern. Stämme wie Bella Coola, Stólo, Tlingitu und Haida führten ein sesshaftes Leben, das ihnen genug Muße ließ für die Schöpfung hochwertiger Kunstwerke. Die künstlerische Tradition der Haida hat bis heute überlebt, etwa im Schaffen Bill Reids (➤65)

»Gassy« Jack

1867 landete John (»Jack«) Deighton (1830–1875), ein ehemaliger Flussschiffkapitän, mit seinem Kanu an einer Waldlichtung nahe jenem Platz, wo Kapitän Vancouver geankert hatte. Dort waren inzwischen Holzmühlen entstanden, deren Personal es verboten war, am Arbeitsplatz oder nahebei Alkohol zu trinken. Der findige Deighton ergriff die Chance und eröffnete außerhalb der »Sperrzone« einen Saloon (heute Ecke Water und Carrall Street), wenig später einen zweiten. Seine Geschwätzigkeit brachte dem Wirt den Spitznamen »Gassy« (»Plaudertasche«) ein. Um die Kneipen herum etablierten sich bald Wohngebäude – und Gassy Jack ist lebensgroß verewigt auf dem Maple Tree Square in dem nach ihm benannten Viertel Gastown (➤72).

Oben links: Die Expeditionsschiffe von Kapitän Vancouver
Oben: Der Hafen heute
Darunter: »Gassy Jack«-Statue

RUF der WILDNIS

Die Natur vor der Haustüre

Streift man durch die Straßen von Banff, begegnet man nicht selten einem an Knospen knabbernden Elch. Und als Fahrgast in den Bussen Vancouvers tritt man häufig auf Fichtennadeln, die Pendler aus Orten in den umliegenden Bergen hinterließen.

Der Bär ist los

West-Kanada ist Bärenland – sehr zur Freude sensationshungriger Touristen. Der Lebensraum von Meister Petz erstreckt sich über den Großteil der Rocky Mountains und British Columbias und man begegnet ihm eher am Straßenrand als auf frequentierten Wanderpfaden.

Von den beiden hier ansässigen Großbärenarten der stattlichere ist der Grizzly, kenntlich an seinem leicht eingedrückten Gesicht und dem markanten Wulst im Nacken. Wie sein kleinerer Konkurrent, der oft täuschend harmlos wirkende Schwarzbär, kann er recht gefährlich werden. So täppisch diese Petze anmuten, sie sind schneller und ausdauernder als ein Rennpferd. Trotzdem: Nie hastig weglaufen, sondern behutsam den Rückzug antreten – aber nicht auf einen Baum, denn Bären klettern hervorragend.

Whale Watching

Eine weitere Sensation in der Fauna West-Kanadas bilden die Wale. Whale-Watching-Touren werden sogar in Vancouver angebo-

Oben: Grizzly. Links: Schwanzflosse eines Grauwals

Wegweiser bei den Takakkaw Falls im Yoho National Park

ten, doch die meisten Veranstalter sind in Victoria, Tofino (➤ 98) und auf Vancouver Island zu finden, nahe der Hauptrouten von Grauwalen, Orcas und ihrer Verwandten.

Die Wale kalben vorwiegend vor der Küste der mexikanischen Baja California und suchen im Sommer Planktongrunde in der vor Sibirien gelegenen Bering- und Chukchi-See auf – mit 8000 km die längste Reise, die eine Säugetierart auf sich nimmt. Im März und April sieht man sie von Vancouver Island nordwärts ziehen, Ende September und Anfang Oktober kommen sie zurück.

Gut zu Fuß

Auf Liebhaber unberührter Natur warten in West-Kanada spektakuläre Berge, endlose Wälder und einsame Küsten – ein herrliches Revier für Ausritte, Mountainbike-Touren oder Kanu- und Wildwasserfahrten. Abenteuerlustige können sich ferner beim Paragliding erproben oder dem Zip-Lining, wo man an ein Stahlseil geklinkt vom Berg ins Tal saust. Die einfachste – und preiswerteste – Art der Fortbewegung bleibt indes das Wandern! Vor längeren Trecks sollten Sie aber unbedingt alles Notwendige mit der jeweiligen Nationalparkverwaltung klären und für adäquate Ausrüstung sorgen.

Panoramablicke

Ist Ihnen nur an ein, zwei Kilometern entspanntem Schlendern durch atemberaubende Landschaft gelegen, auf ordentlichen Wegen, so sind Sie sehr gut etwa im Johnston Canyon (➤ 140) aufgehoben oder frisch bergauf zum Lake Agnes Teahouse (➤ 188).

Darf's ein bisschen mehr sein? Dann sollte man von dort zur Plain of Six Glaciers (➤ 142) wandern. Schöne Alternativen sind der Yoho National Park (➤ 150) mit dem 20 km langen Iceline Trail (der sich in steilem Zickzack an Gletschern vorbei zu den Takakkaw Falls windet) oder der West Coast Trail im Pacific Rim National Park (➤ 92).

Links: Holzplankenweg im Pacific Rim National Park
Unten: Schwarzbär
Rechts: Das Columbia Icefield

BÄREN-KODEX

Taucht ein Bär am Straßenrand auf, bildet sich häufig ein Auflauf Neugieriger, die mit Kameras aus dem Wagen hechten. Ein Bär, der dies mehrmals erlebt, droht sein Gespür für die Gefährlichkeit des Verkehrs zu verlieren, was nicht selten in Kollisionen von Tier und Technik mündet. So schwer es auch fällt – lassen Sie die Bären stehen und fahren Sie langsam weiter.

ROCKY MOUNTAINS

Die Rocky Mountains, entstanden vor Millionen Jahren durch immense geologische Kräfte, bilden eines der eindrucksvollsten Gebirgsmassive der Welt. In Kanada wurde es Ende des 19. Jhs. mit dem Bau des Canadian Pacific Railway vom Menschen erobert.

Genese einer Landschaft

Vor 1 Mrd. Jahren bedeckte die Granitmasse des Kanadischen Schildes große Teile Nordamerikas. Im Verlauf mehrerer Millionen Jahre wurden erodierte Sedimente aus dem Fels gewaschen, wanderten quer über den Kontinent und wurden im heutigen Pazifik abgeladen. Während weiterer Jahrtausende wuchs diese Sedimentablagerung, vermehrt um den Kalk von Algen und anderer Meerestiere, auf eine Dicke von knapp 20 km.

Unter immensem Druck wurde dabei kontinuierlich Schlamm zu Schiefer, Sand zu Sandstein und die Ablagerungen der Meeresbewohner zu Kalkstein zusammengepresst – was heute noch sichtbar ist an den geometrischen Formationen bunter Felsen (z. B. im Banff National Park ➤ 139).

EISERNE LADY

Als die Canadian Pacific Railway 1886 die Rockies durchbrach, unternahm Agnes MacDonald, die Gattin des kanadischen Premierministers, eine waghalsige Fahrt auf einem Sessel, der an einem Schienenräumer vor der Lokomotive befestigt war. Einige Schreckensmomente hatte sie zu bestehen, als der Zug am sogenannten Big Hill im Yoho National Park ein extremes Gefälle bewältigen musste. Diese Abfahrt, gab sie zu verstehen, habe ihr »das Privileg einer gänzlich ungewohnten Empfindung verschafft«. Ihr Gatte, der sie anfangs im Sessel begleitet hatte, gab hingegen schon nach 40 km die Position auf dem Schleudersitz auf und zog sich in bequemere Gefilde zurück.

Gebirgswehen

Damals befand sich der heutige Gebirgszug der Rockies noch unter Wasser. Vor 175 Mio. Jahren falteten dann Kollisionen zwischen der Land- und Sedimentmasse das Ganze in die Form, wie wir sie als Westliche Rocky Mountains kennen. 75 Mio. Jahre danach wiederum setzte sich gerade der Staub, als eine zweite Erschütterung ihren östlichen Teil schuf. Nun begann die Ära des Abschliffs: Wind, Regen und Gletscher gruben, spül-

ten und schabten alle eineinhalb Jahrzehnte rund 1 m der Oberfläche fort, vor allem während der drei Haupteiszeiten der letzten 240 000 Jahre – nur ein Augenblick, verglichen mit der langen Vorgeschichte des Gebirges.

Zug um Zug

Lange blieben die Rockies eine einsame Wildnis, in die sich Trapper der Ureinwohner, Pelzhändler und mitunter europäische Entdecker verirrten. Dies änderte sich mit dem Bau des Canadian Pacific Railway (CPR). Frühe Pläne von 1871 scheiterten an Geldmangel und Skandalen, sodass die Arbeiten erst zehn Jahre später begannen, dann jedoch zügig vorangetrieben wurden durch Ontario und die Prärien; bald waren Winnipeg und Calgary erreicht.

Westlich von Calgary nahm die Linie Kurs auf Banff und die Berge. Einmal dort angelangt, sorgte die Bahnstrecke für eine völlig neue Sicht auf die Rockies. So wurde die Entdeckung heißer Quellen durch Gleisarbeiter im Jahr 1885 zur Geburtsstunde des Banff National Park (► 139). Es entstanden großzügige Eisenbahnhotels wie das Banff Springs oder das Chateau Lake Louise (► 139), die allmählich Besucher in die Gegend lockten.

Als 1887 der erste transkanadische Zug in Vancouver einlief, bedeutete dies den Beginn einer neuen Ära auch für viele an der Strecke gelegene Ortschaften, die sich, wie Calgary und Winnipeg, zu stolzen Städten emporschwangen. Zugleich setzte in den Prärien eine Landflucht ein, da viele nun weiter im Westen ihr Glück versuchten.

Blick vom Aussichtspunkt beim Peyto Lake in Alberta

Eroberung des Westens

Im Gegensatz zum Westen der USA war derjenige Kanadas auch zu Pionierzeiten weit weniger »wild«: Im 19. Jh. sind hier gerade einmal drei relativ belanglose Schießereien bezeugt. Erobert werden musste er trotzdem, und zwar von schneidigen Burschen: den »Mounties«.

Sie bilden heute, offiziell unter dem Namen Royal Canadian Mounted Police (RCMP), noch Kanadas berittene Nationalpolizei und gehen zurück auf die North-West Mounted Police (NWMP), 1873 ins Leben gerufen zum Dienst in diesem »wilderen« Teil des Landes. Manche ihrer organisatorischen und sonstigen Eigenheiten haben sich erhalten, darunter auch die Uniform, geschuldet ihrer unruhigen Geburtsstunde – so entstammte die einzige damals verfügbare Militärkleidung Beständen der britischen Armee, deren Rotröcke die Mounties übernahmen.

»Manche Eigenheiten der Mounties haben sich erhalten«

In den Cypress Hills

In aller Hast wurde die neue Truppe zusammengestellt, als die Regierung in Ottawa aufgeschreckt worden war durch Gerüchte eines Massakers in den Cypress Hills an der Grenze von Alberta. Nach dem Muster einer britischen Kavallerie-Abteilung organisiert, schickte man 299 frisch Rekrutierte auf den »Marsch nach Westen«.

Die dortigen Probleme rührten vorwiegend aus dem Alkohol, besonders dem Whiskey: Abenteurer aus dem Süden waren über die unbewachte kanadische Grenze gedrungen und trieben schwungvollen Tauschhandel mit den Indianern, denen sie gerne billigen Fusel andrehten – was der Gegend den wenig schmeichelhaften Beinamen »Whoop-up Country« einbrachte. Wie sich das besagte Massaker genau abspielte, bleibt im Dun-

Seit 1901 tourt die RCMP jährlich mit ihrem »Musical Ride« durch Kanada

keln. Angeblich wurden fünf indigene Frauen vergewaltigt und 21 Männer getötet, möglicherweise von betrunkenen weißen Jägern. Die Unparteilichkeit, mit der die Mounties sich der Sache annahmen, begründete langfristig ihren Ruf der Fairness. Schon ein Jahr später wurde eine neue Abteilung in Fort Macleod gegründet, eine weitere 1875 in Fort Edmonton, bald gefolgt von derjenigen in Fort Calgary.

Die Gründung der NWMP und ihrer Forts war von nachhaltiger Wirkung auf die nordamerikanische Geschichte: Wäre der Westen eine gesetzlose Exklave geblieben, hätte man die Trasse des Canadian Pacific Railway (➤ 105) unter Umständen weiter nordwärts gebaut, die Erschließung der kanadischen Prärie wäre wohl unterblieben, und vermutlich hätten US-Siedler das fruchtbare Ackerland von Alberta und Saskatchewan in Besitz genommen.

Die neue Nationalgarde

Die Aktivitäten der Mounties erstreckten sich künftig auf Alberta, British Columbia und darüber hinaus. So sorgten sie während des Goldrauschs am Klondike im Yukon-Territorium nach 1895 für Recht und Ordnung – angesichts der enormen Edelmetallfunde eine nicht unwichtige Aufgabe. Die NWMP gewann das Profil einer Nationalgarde und etablierte sich als Ordnungsmacht der Kanadischen Föderation. 1920 umgetauft in Royal Canadian Mounted Police, blieben sie im Volksmund schlicht die »Mounties«.

GREEN PEACE

Umwelt verpflichtet

Die lange geschmähte, heute einflussreichste Umweltorganisation aller Zeiten entstand im Rahmen eines Protests gegen Atomversuche des US-Militärs in Alaska – 1971 machten sich Aktivisten mit einem ehemaligen Fischerboot auf in der English Bay bei Vancouver: Leinen los für »Grünen Frieden«.

Umweltschutz

Das besagte Fischerboot, die »Phyllis Cormack«, wurde später umbenannt in »Green Peace 1« – der Rest ist Geschichte: Nach Protesten gegen den Walfang 1974 entwickelte sich die Organisation zu einer weltweit engagierten Macht in allen Fragen des Umweltschutzes, die in aller Munde ist.

Heute ist Kanada wirtschaftlich wie politisch in Umweltfragen keineswegs ein glänzendes Vorbild. So gibt es heftige Debatten um die Rolle der Ölschieferindustrie, die Calgary einen lang anhaltenden Boom bescherte, möglicherweise um den Preis irreparabler Schäden an der Natur. Umstritten ist auch die Vergabepraxis von Abbaurechten seitens der Regierung.

Nationalparks

Notwendigkeit und Probleme des Umweltschutzes werden vielleicht dort am deutlichsten offenbar, wo man es am wenigsten erwartet: in den Nationalparks. Was als unermessliche, intakte Wildnis erscheint, entpuppt sich nämlich als fragiles Ökosystem – belastet ausgerechnet durch den unablässigen Strom enthusiastischer Besucher. Hinzu kommen Erderwärmung und Luftverschmutzung als Produkte einer konsumorientierten Gesellschaft, die ironischer Weise zugleich ihr Herz für die Natur entdeckt und sie dabei in eine vielleicht tödliche Umarmung verstrickt.

Ehrgeizige Ziele

Vancouver ist Kanadas Vorreiter in puncto Umweltschutz, den es erfolgreich mit seinem Anspruch als lebendige, interessante Großstadt zu vereinen sucht. So wurde die Durchführung der XXI. Olympischen Winterspiele 2010 geplant nach dem Motto »Green Vancouver« – das hieß, mit möglichst weitgehender Minimierung der hierbei anfallenden Mengen an Abfall, der Emissionen sowie des Energie- und Wasserverbrauchs.

Die Stadt verfügt über 400 km Fahrradwege und baut, innerhalb eines ohnehin umweltfreundlichen Transportsystems, gerade eine Flotte von Bussen mit Wasserstoffmotoren auf. Seit 2005 gibt es zudem jährlich am 15. Juni einen (fast) autofreien Tag. Ohnehin hat Vancouver ehrgeizige Ziele: Mit der Initiative »Greenest City 2020« will es bis 2020 auch seine übrigen Umweltprobleme in den Griff bekommen und die »grünste« Stadt der Welt werden.

Links: Schwemmholz im Pacific Rim National Park
Rechts: Maligne River im Jasper-Nationalpark, Alberta

DIE GANZE WELT AUF DEM TELLER

In kaum einer nordamerikanischen Großstadt tummelt sich ein ethnisch so buntes Gewimmel wie in Vancouver. Entsprechend breit gefächert ist seine kulinarische Szene mit über 3000 Restaurants und den essfreudigsten Einwohnern ganz Kanadas.

Zuflüsse und Zutaten

Am deutlichsten spürbar ist der Einfluss Chinas, mit zahllosen Billigrestaurants und Nudelhäusern in Chinatown sowie feineren Ablegern allerorten in der Stadt. Auf dem Vormarsch sind asiatische Konkurrenten vor allem aus Japan und Vietnam, gefolgt von Thailand, Korea und Kambodscha. Europäischen Einwanderern wiederum verdankt sich u. a. die Existenz griechischer und italienischer Lokale.

Daneben findet man natürlich einheimische Kost, dominiert von Fisch und Meeresfrüchten, und eine raffinierte »Fusion Cuisine«, die hochwertige Naturprodukte aus British Columbia – Lachs, Meerestiere, Wild, Rind, Obst und Gemüse – kombiniert mit italienischen, mexikanischen und französischen Akzenten. Eine exzellente Adresse hierfür ist beispielsweise

WEIN-WEISHEITEN

Lesen Sie beim Kauf einer Flasche kanadischen Weins stets genau das Etikett: Nach wie vor werden einheimische Tropfen gerne mit auswärtigen Rebsäften verschnitten (in niedrigen Preisstufen).

Wenn man etwas mehr über die hiesigen Anbauflächen und Weingüter erfahren möchte, lohnt sich ein Abstecher ins Besucherzentrum von Okanagan (➤ 114).

◀ Freiluftmahl auf Granville Island

das *Le Crocodile* (➤ 79) in Vancouver, außerdem in Victoria das *Canoe Brewpub* und das *L'École* (beide ➤ 105).

Rebensaft kanadisch

Die ausgezeichnete Küche West-Kanadas sollte auch Ihr Zutrauen in einen Schluck hiesigen Weines stärken – unter Kennern noch bis vor einigen Jahren ein skeptisch beäugter Exot.

Traditionell flossen hier natürlich immer eher Bier oder Whiskey ins Glas, wobei sich neben Marktgiganten wie Labatt Blue und Molson Canadian regionale Spezialitäten vom Schlage des Kokanee Lager (aus Kootenay in British Columbia) behaupten – nicht zu vergessen die zahlreichen kleinen Privatbrauereien von Niveau.

Kanadischer Wein wird vornehmlich in Ontario, aber etwa auch im Okanaga Valley (➤ 115) in British Columbia angebaut. Gekeltert werden fruchtige, geschmacksintensive Tropfen, neben Weißwein (aus Rebsorten wie Seyval Blanc oder Chardonnay) erobern zunehmend leichte Rotweine (etwa aus den Trauben von Cabernet Sauvignon und Meritage) das Feld. Und eine Delikatesse für sich ist der Okanaga-Eiswein, der hinsichtlich Aroma und Textur mit den weltbesten aus Deutschland und Österreich mithalten kann.

OCEANWISE

Verdienste um Qualitätssicherung und Artenerhalt bei der Fischindustrie hat sich die Initiative »Oceanwise« erworben (www.vanaqua.org/oceanwise). Unter Federführung des Vancouver Aquarium beteiligen sich über 50 Restaurants in Vancouver, Calgary und anderswo, u. a. das *900 West* (➤ 81) und das *CinCin* (➤ 79).

SCHNEEPARADIES

West-Kanada ist ein wahres Schnee-Dorado, mit Skigebieten von Weltruf. Nicht zufällig fanden hier zweimal Olympische Winterspiele statt: 1988 in Calgary, 2010 in Vancouver.

In Vancouver selbst bleibt Schnee selten lange liegen, doch gleich vor der Haustür befinden sich die Wintersportgebiete Mount Seymour (www.mountseymour.com), Cypress Mountain (www.cypressmountain.com) und Grouse Mountain (www.grousemountain.com) sowie eineinhalb Stunden landeinwärts das weltberühmte Skiparadies Whistler Blackcomb (www.whistlerblackcomb.com).

Durch den Pulverschnee

Die Rockies sind ein Winterwunderland für jeden Geschmack – Wünsche bleiben keine offen, egal ob Sie nun Anfängerhänge bevorzugen oder den Geschwindigkeitsrausch im Tiefschnee jenseits gespurter Piste. Für Betuchte wird auch Helikopter-Skiing angeboten, für Abenteuerlustige gibt es Snowcat-Skiing (per Schneeraupe durch den Pulverschnee).

Die Haupt-Skigebiete in Banff sind Lake Louise, Sunshine Village und Mount Norquay (www.skibig3.com). In Jasper ist seit jeher das Marmot

Links und rechts: Kanada bietet reichlich Gelegenheit für Wintersport-Spaß
Mitte links: Athabasca-Gletscher. Mitte rechts: Sessellift in Whistler

AUF SCHNELLEN KUFEN

Publikumsrenner beim Sport ist Eishockey, auch in Vancouver kann man auf Kufen übers Eis gleiten. Als wahres Wintermärchen präsentiert sich Grouse Mountain mit einer abends ungemein stimmungsvollen Eisbahn im Gipfelbereich. Schönes Schlittschuhlaufen im Freien ist auch garantiert auf dem Lake Louise (➤ 139) sowie dem Pyramid (➤ 147) und Emerald Lake (➤ 152).

Basin (www.skimarmot.com) empfehlenswert und obendrein nur 19 km von der Jasper Townsite entfernt. Hochkarätige kleine Resorts in den Rocky Mountains und im Hinterland von British Columbia sind z. B. Kicking Horse (www.kickinghorseresort.com), Fernie (www.skifernie.com) und Panorama (www.panoramaresort.com).

Snowboarden und Bobfahren

Snowboarden ist ein typisches Kind Nordamerikas und man muss nicht zu den himmelstürmenden Superkönnern gehören, um hier auf seine Kosten zu kommen: bei schönen Abfahrten etwa am Lake Louise und am Cypress Mountain. Dort und am Mount Seymour können Bob-Enthusiasten auch durch die Eisröhre ins Tal rasen.

Skilanglauf

Ein wenig Erfahrung vorausgesetzt, sind Skilanglauf und Schneewandern eine faszinierende Art, die weiße Wildnis zu erkunden. In Cypress, nördlich von Vancouver, gibt es insgesamt 19 km Loipen, weitere ideale Möglichkeiten am Lake Louise, in Jasper und Banff.

Festival-**FIEBER**

An Festivitäten verschiedenster Art hat auch Vancouver allerlei zu bieten.

Vancouver buntes Festjahr: Chinesisches Neujahrsfest (links), internationaler Feuerwerk-Wettbewerb (Mitte), St.-Patrick's-Day-Parade beim Celtic Fest (rechts)

Januar: Chinesisches Neujahrsfest mit Umzug (www.vancouver-chinatown.ca)
Februar: Vancouver International Dance Festival (www.vidf.ca)
März: Celtic Fest Vancouver (www.celticfestivalvancouvercom)
Mai: Vancouver International Children's Festival (www.childrensfestival.ca)
Juni/Juli: Vancouver International Jazz Festival (www.coastaljazz.ca)
Juni–September: Bard on the Beach Shakespeare Festival im Vanier Park (www.bardonthebeach.org)
Juli: Pride Week mit tollem Festumzug (www.vancouverpride.ca)
August: Celebration of Light, internationaler Feuerwerk-Wettbewerb (www.hondacelebrationoflight.com)
September/Oktober: Vancouver International Film Festival, ebenfalls mit Feuerwerk (www.viff.org)
Dezember: Weihnachtsbeleuchtung und zahlreiche Veranstaltungen (www.ticketstonight.ca)

ZEITSCHRIFTEN UND WEBSITES

Hier können Sie sich informieren, wann und wo in Vancouver etwas los ist:

- *Vancouver Magazine* (www.vanmag.com)
- *Where Vancouver* (www.where.ca/Vancouver)
- *Visitor's Choice* (www.visitorschoice.com)
- *The Georgia Straight* (Gratiszeitung; www.straight.com)

Erster Überblick

Ankunft

Den öffentlichen Nahverkehr in den Städten übernehmen Bus, Bahn, Skytrain und Airport Shuttles, dazwischen verkehren Fluglinien, Züge, Überlandbusse, Fähren, Wasserflugzeuge und Helikopter.

Transportgebühren (ohne Trinkgeld)

$	unter 6 CDN $	**$$$**	12–16 CDN $
$$	6–12 CDN $	**$$$$**	über 16 CDN $

Ankunft in Vancouver

- Internationale Flüge werden im Zentralterminal des **Vancouver International Airport** (Tel. 604 2 07 70 77; www.yvr.ca) abgefertigt (13 km vom Stadtzentrum). Nach Passieren des Zolls finden Sie Schalter für Auskünfte und Geldwechsel, diejenigen für Mietwagen auf Level One bei den Parkplätzen.
- In die Stadt nehmen Sie am besten die schnelle **Canada Line** von TransLink (www.translink.ca) zur Waterfront Station, der alle 8–20 Minuten fährt und für die Strecke (wie der SeaBus) 26 Minuten benötigt (tägl. 5.10–0.57 Uhr). Weitere Haltestellen: Yaletown-Roundhouse und Vancouver City Center. Der Bahnhof am Flughafen befindet sich zwischen den Terminals für internationale und inländische Flüge. Auf Fahrkarten wird ein Zuschlag (»Canada Line YVR AddFare«) von 5 $ erhoben; Ausnahme: bei »Prepaid Tickets« wie dem DayPass (➤ 51).
- Der **TransLink Bus** 424 verkehrt alle 7 Minuten zwischen Airport und Airport Bus Station, wo Sie Busverbindungen ins Stadtzentrum haben (www.translink.ca).
- Vor den Terminals befinden sich Stände für **Taxis** ($$$$ bis Downtown) und nur geringfügig teurere **Limousinen**.
- Wer mit **Bus** oder **Zug** anreist, landet 2 km südöstlich des Stadtkerns beim zentralen Terminal der VIA Rail Pacific Central Station, 1150 Station Street (Tel. 604 6 40 37 00 oder 1 888 8 42 72 45; www.viarail.ca). Von dort nimmt man am besten ein Taxi ($$$$) in die Innenstadt.
- Vom Ausgang des Terminals 150 m nach links finden Sie als öffentliches Verkehrsmittel die **SkyTrain**-Station Science World-Main Street (➤ 37). Nehmen Sie einen »Waterfront«-Zug in die Innenstadt. Fahrkarten erhalten Sie an den Automaten auf dem Bahnsteig.
- Downtown Vancouver liegt vorwiegend auf einer großen Halbinsel. Ost-West-Magistrale ist die **Robson Street**, Nord-Süd-Ader die **Granville Street**. Um die Kreuzung beider Straßen herum befindet sich das eigentliche Stadtzentrum (Downtown), besonders im Areal zwischen der Robson Street und der Waterfront im Norden.

Touristeninformation

- Wichtigstes Besucherzentrum ist das **Vancouver TouristInfo Centre** (Waterfront Centre, Suite 210, 200 Burrard Street, Ecke Canada Place Way, Tel. 604 6 83 20 00 oder 1 800 6 63 60 00; www.tourismvancouver.com; tägl. 8.30–18). Dort erhalten Sie Pläne und Broschüren, außerdem Karten für Ausflüge und Veranstaltungen sowie Fahrpläne der öffentlichen Verkehrsmittel. Die Zimmervermittlung verfügt über ein exzellentes Angebot an Privatzimmern (Bed & Breakfast).

Ankunft in Victoria

- Der **Victoria International Airport** (Tel. 250 953 75 00; www.victoriaairport.com) liegt 19 km nördlich des Stadtzentrums, wohin Sie regelmäßig Verbindung haben mit dem **AKAL Airporter Shuttle-Bus** (Tel. 250 386 25 25 oder 1 877 386 25 25; www.victoriaairportshuttle.com; $$$$).
- Reisende aus Vancouver (➤ 39) per kombinierter Bus-Fähr-Verbindung kommen an am **Bus Terminal** nahe dem Royal British Columbia Museum (➤ 96), 700 Douglas und Belleville Street (Tel. 250 382 61 61).
- Victoria ist eine kompakte Stadt, in der man kaum den Überblick verliert. Die Innenstadt konzentriert sich um den Inneren Hafen sowie die Nord-Süd-Magistralen Douglas und Government Street. Vom Hafen sind die meisten Hotels und Attraktionen zu Fuß zu erreichen, so das Empress Hotel (➤ 86, 101), Parlamentsgebäude (➤ 90) und Royal BC Museum. Südlich des Zentrums erstreckt sich der Beacon Hill Park (➤ 102).

Touristeninformation

- Das Hauptbüro des Visitor Center befindet sich an der Waterfront nahe dem Empress Hotel, 812 Wharf Street (Tel. 250 953 20 33, Zimmervermittlung Tel. 1 800 663 38 83; www.tourismvictoria.com; geöffnet Mai–Sept. tägl. 8.30–18.30, Okt.–April 9–17 Uhr).

Ankunft in Calgary

- Der **Calgary International Airport** (Tel. 403 735 14 49 oder 1 877 254 74 27; www.yyc.com) liegt 9,5 km nordöstlich des Stadtzentrums (kleine Touristeninformation im 1. Stock).
- In die Stadt verkehrt der **Allied Downtown Shuttle-Bus** (Tel. 403 299 95 55; www.airportshuttlecalgary.ca; tägl. 8 –24 Uhr alle halbe Stunde; $$$). Unterwegs hält er an elf Hotels der Innenstadt. Fahrkarten erhalten Sie im Ankunft-Terminal am Busschalter nahe Gate C oder online. Die Busse fahren direkt vor dem Terminal von Haltestelle Nr. 8 ab.
- Vom Ankunftsterminal verkehrt die **Calgary Transit Rte. 57** (Tel. 403 262 10 00; www.calgarytransit.com; 6–24 Uhr; $), die eine Stunde in die Stadt braucht. Fahrgeld abgezählt bereithalten. Wer in eine andere Linie umsteigen muss, fragt den Fahrer nach einem Transfer-Ticket.
- Ein **Taxi**-Stand befindet sich vor dem Ankunftsterminal ($$$$).
- **Greyhound**-Busse aus BC, den Rockies und Vancouver halten am Greyhound Bus Terminal (877 Greyhound Way SW, Tel. 403 260 08 77; www.greyhound.ca); an der nahen Kreuzung zur 16th Street hält der Downtown Shuttle (Rte. 31), der wichtige Plätze im Zentrum anfährt sowie die **C-Train Station** an der Kreuzung 7th Avenue SW/10th Street (➤ 38). Taxis in die Innenstadt sind auch relativ preiswert ($$).
- Verkehrsmittel in Calgary: ➤ 38, von Calgary Airport nach Banff: ➤ 40.
- Calgary ist eine Großstadt ohne klar umrissenes Zentrum. Orientierungspunkte bilden im Südosten der Calgary Tower (➤ 167) und das Glenbow Museum (➤ 170) sowie der Bow River im Norden: In diesem Dreieck liegen die meisten Malls und wichtigen Gebäude, besonders auf der 7th und 8th Avenue SW.
- Adresskürzel wie »SE« (= South East) beziehen sich jeweils auf den zugehörigen Quadranten (NW, NE, SW und SE): So ist 1438-4th Avenue SW der 1436-4th Avenue SE nicht benachbart, sondern weit südwestlich davon gelegen. Damit nicht genug: Die erste(n) Ziffer(n) der Zahlenangabe einer Adresse bezieht sich auf die Nummer der Straße, die letzte(n) auf die Hausnummer! 1438-4th Avenue SW heißt also: 14th Street Nr. 38, nahe Kreuzung zur 4th Avenue.

Erster Überblick

Touristeninformation

- Das Hauptbüro des **Tourist Office** befindet sich im Calgary Tower, 101 9th Avenue SW (Tel. 403 7 50 23 62, 1 800 6 61 16 78; www.visitcalgary.com; geöffnet tägl. 8–17 Uhr).

Verkehrsverbindungen zu den Nationalparks

- Von Calgary und Calgary Airport gehen Busse ($$$$) nach **Banff und Lake Louise.**
- Das einzige Unternehmen, das die Strecke von **Banff nach Jasper** über den Icefields Parkway bedient, ist Brewster (Tel. 403 7 62 67 67 oder 1 800 7 60 69 43; www.brewster.ca; Mai–Mitte Okt.; $$$$).
- Mehrmals täglich verkehren Greyhound-Busse zwischen **Vancouver und Calgary** ($$$–$$$$) mit Halt in den Nationalparks Yoho und Banff (Field, Lake Louise und Banff Town, siehe oben).
- Die Greyhound-Busse von **Calgary nach Vancouver** fahren südlich über den Highway 3 durch den Kootenay National Park.

Unterwegs

Die Verkehrsverbindungen in der Region sind gut, besonders in Vancouver, von wo man mit Bussen und Fähren auch gut zu den Sehenswürdigkeiten von North Vancouver gelangt. Größere Orte in BC sind per Flugzeug, Greyhound-Bus oder Schiff zu erreichen und die Straßen meist in ordentlichem Zustand, selbst in entlegeneren Gegenden.

Unterwegs in Vancouver

Der **Öffentliche Nahverkehr in Vancouver** wird bestritten von Bus, Schiene (SkyTrain) und Fähre (SeaBus). Fahrpläne der Verkehrsgesellschaft **TransLink** (Tel. 604 9 53 33 33; www.translink.ca) sind an deren Geschäftsstellen, bei Touristeninformationen, städtischen Büros und Bibliotheken erhältlich.

Fahrscheine

- **Fahrscheine von TransLink** ($) gelten im gesamten Wegenetz.
- Es gibt sie an den **Automaten** der SeaBus- und SkyTrain-Haltestellen, in 7-Eleven-**Läden** und allen anderen mit »TransLink Faredealer«-Emblem.
- Zum **Fahrscheinkauf direkt beim Busfahrer** das Fahrgeld abgezählt bereithalten und in die Geldbox werfen – Wechselgeld wird nicht erstattet.
- **Einheitsfahrscheine** ($) gibt es für Zone 1, die fast das ganze Zentrum abdeckt. Fahrscheine bis in Zone 2 und 3 sind teurer (außer am Wochenende und nach 18.30 Uhr, dann gilt allgemein der Zone-1-Tarif, ferner Mo–Fr für Fahrten mit dem SeaBus in der Rush Hour).
- Fahrscheine sind nach Fahrtantritt jeweils **anderthalb Stunden gültig**.

Fahrpreise

innerstädtisch		Überland	
$	unter 5 CDN $	**$**	30–50 CDN $
$$	5–10 CDN $	**$$**	50–75 CDN $
$$$	10–20 CDN $	**$$$**	75–100 CDN $
$$$$	über 20 CDN $	**$$$$**	über 100 CDN $

Benutzt man innerhalb der Zeitspanne mehrere Busse, benötigt man ein **Transfer-Ticket**. Bei Fahrtantritt erhält man meist einen Fahrschein, auf dem die Uhrzeit vermerkt ist. Gegebenenfalls fragen Sie den Fahrer ausdrücklich nach einem solchen **Umsteigefahrschein** und zeigen diesen während der restlichen Fahrt unaufgefordert vor.
Kinder zwischen 5 und 13 Jahren sowie Senioren über 65 erhalten um 30 % **ermäßigte Fahrscheine** (Altersnachweis erforderlich).

Tagespässe

- Ab drei Fahrten am Tag lohnt sich ein **Tagespass** (9,75 $).
- **Gültig** ist der Tagespass Mo–Fr ab 9.30 Uhr, am Wochenende ganztägig.
- Erhältlich ist dieser **Scratch & Ride-Pass** an den genannten Verkaufsstellen (➤ 36): Man entwertet ihn erst durch »Ankratzen« von Monat und Tag, sobald man ihn tatsächlich benutzen möchte.

Busse

- Städtische Busse sind **sauber, schnell und effizient**.
- Ticketkauf beim Fahrer (siehe oben, ➤ 36).
- Auf den Hauptlinien verkehren **Nachtbusse** (2–4 Uhr).
- Zwischen Zentrum und North sowie West Vancouver fahren auch die blauen Busse von **West Van**, in denen Fahrscheine von TransLink gültig sind. Information unter Tel. 604 985 77 77.
- Im TouristInfo Centre (➤ 34) und den meisten Läden mit TransLink-Emblem bekommt man den **Transit Route Map and Guide** ($) mit allen Infos rund um das Verkehrssystem. Das TouristInfo Centre hält kostenlos Einzelfahrpläne und die Broschüre *Metro Vancouver on Transit* bereit.

SkyTrain

- Das vollautomatische Schienenbahn-Netz (**Light-Rail**) verbindet teils unterirdisch auf den Linien Expo, Canada und Millennium die Waterfront Station im Zentrum mit dem Flughafen und Vorstädten wie Richmond und Surrey im Süden bzw. Südosten.
- Für **Touristen** sind vorwiegend die ersten vier der 20 Stationen von Belang: Waterfront, Burrard, Granville und Stadium.
- Die SkyTrains fahren alle **2–8 Minuten**.
- Von der Waterfront Station fahren neben den SkyTrains auch die Schnellbahnzüge (Rapid Transit) der Canada Line (www.canadaline.ca; ➤ 34).

SeaBus

- Zwischen Waterfront SkyTrain Station am Ende von Granville Street und Lonsdale Quay jenseits des Hafens in North Vancouver verkehren die **400-sitzigen** SeaBus-Katamarane.
- Auf der **12-minütigen** Fahrt über den Burrard Inlet nach North Vancouver genießt man eine fantastische Rundsicht.
- **Abfahrt** je nach Tageszeit alle 15–30 Minuten.

Fähren

- Schnell und komfortabel sind auch die kleinen privat betriebenen Fähren von Aquabus und False Creek Ferries. Sie verkehren zwischen der Station im Zentrum (am Ende der Hornby Street) und **Granville Island** (➤ 58) sowie von Granville Island zum Vanier Park und um den False Creek.
- Fahrscheine ($) sind jeweils **an Bord** erhältlich.
- **Information unter** Tel. 604 689 58 58 (www.theaquabus.com) und 604 684 77 81 (www.granvilleislandferries.bc.ca).

Erster Überblick

Fundbüros

- TransLink **Lost Property-Büro** in der Station SkyTrain Stadium, geöffnet Mo–Fr 8.30–17 Uhr (590 Beatty Street; Tel. 604 9 53 33 34 www.translink.ca/en/Customer-Service/Lost-and-Found.aspx). Wer in West Van-Busse etwas liegen lässt, melden Sie sich unter Tel. 604 9 85 77 77.

Taxis

- Einfach auf der Straße anhalten oder anrufen bei **Black Top** (Tel. 604 7 31 11 11), **Vancouver Taxi** (Tel. 604 8 71 11 11) und **Yellow Cab** (Tel. 604 6 81 11 11). Gute Fahrzeuge und faire Preise sind die Regel.

Unterwegs in Victoria

In Victoria sind die meisten Sehenswürdigkeiten gut zu Fuß zu erreichen – die Butchart Gardens (➤ 99) ausgenommen. Transit-Fahrscheine aus Vancouver sind in Victoria, das über ein ähnliches Verkehrssystem verfügt,nicht gültig.

- In und um die Stadt verkehren **50 Buslinien** der Gesellschaft Victoria Regional Transit (etwa 6–24 Uhr).
- **Fahrscheine** ($) gibt es für zwei Zonen, erhältlich beim Visitor Centre (➤ 35), in 7-Eleven- und anderen Läden. Kauft man sie direkt im Bus, gilt dasselbe wie in Vancouver (exaktes Fahrgeld bereithalten).
- **Tagestickets** ($$) sind im Vorverkauf bei den genannten Adressen erhältlich.
- **Informationen** zu den Bussen erhält man unter Tel. 250 3 82 61 61 (www.transitbc.com) sowie im Bus selbst durch das Faltblatt *Victoria Rider's Guide* ($). Im Visitor Centre und anderswo gibt es ferner die Broschüre *Explore! Victoria by Bus.*

Unterwegs in Calgary

Für die touristische Erkundung Calgarys gilt im Prinzip dasselbe wie für Victoria: alles zu Fuß erreichbar. Der öffentliche Nahverkehr wird hier von **Bussen** und Bahnen des **C-Train** bestritten; Letzterer ist gratis benutzbar auf der Hauptlinie entlang der 7th Avenue zwischen 10th Street SW und 3rd Street SE.

- **Fahrscheine** ($) und **Tagestickets** ($$) bekommt man in Bussen und Bahnen, an den Haltestellen des C-Train (Münzautomaten) sowie in Läden mit »Calgary Transit«-Emblem (im Bus exaktes Fahrgeld bereithalten).
- **Information** unter Tel. 403 2 62 10 00; und www.calgarytransit.com

Von Stadt zu Stadt

Von Vancouver nach Victoria

- Hier bestehen Verbindungen per **Flugzeug oder Fähre**.
- Die interessanteste (und teuerste) Variante ist der **Flug** per Helikopter oder Wasserflugzeug (beide $$$). Sie starten im Coal Harbour von Vancouver und landen direkt im Inneren Hafen von Victoria.
- Vom Jachthafen westlich des Canada Place starten die Flugboote der **West Coast Air** (Tel. 604 2 74 12 77; gebührenfrei 1 800 6 55 02 12; www.harbour-air.com).
- Von dort fliegt auch **Harbour Air** (Tel. 604 2 74 12 77 oder 1 800 6 55 02 12; www.harbour-air.com) zum Inneren Hafen von Victoria.
- **Helijet International Incorporated** fliegt vom Landeplatz östlich des Canada Place oder vom Flughafen (Tel. 604 2 73 46 88; gebührenfrei 1 800 6 65 43 54; www.helijet.com).

- Die Hauptflughäfen beider Städte verbindet **Air Canada** ($$$$), Tel. 604/ 688-5515 oder 1 888 2 47 22 62; www.aircanada.com.
- Individualreisende nutzen gerne die Verbindung mit **Bus und Fähre**, gemeinsam betrieben von **Pacific Coach Lines** (Tel. 604 6 62 75 75 oder 250 3 85 44 11; gebührenfrei 1 800 6 61 17 25; www.pacificcoach.com) und **BC Ferries** (siehe unten). Kombi-Tickets (48 $) sind direkt an den Schaltern der PCL in den Busterminals von Vancouver und Victoria erhältlich. Mit dem Bus geht es dann beim Terminal in Tsawwassen (bei Vancouver) oder Swartz Bay (Victoria) auf die Fähre über die Georgia Strait, die schöne Meerenge zwischen beiden Städten, und anschließend mit demselben Bus weiter. Im Sommer fahren diese Busse stündlich, im Winter zweistündlich, mit einer Gesamtfahrtzeit von dreieinhalb Stunden (davon anderthalb auf der Fähre).
- Die besagten Fähren von **BC Ferries** (Reservierung Tel. 1 888 2 23 37 79, außerhalb Nordamerikas 250 3 86 34 31; www.bcferries.com) transportieren natürlich auch Autos. Das ist in der Hochsaison relativ teuer ($$$$); Reservierung nötig. Die Fährhäfen Tsawwassen (Vancouver) und Swartz Bay (Victoria) sind von der Stadt jeweils 40 Autominuten entfernt.

Von Vancouver nach Calgary

- Die **Flugverbindungen** zwischen Calgary und Vancouver sind ausgezeichnet und vielfältig, egal in welcher Richtung man sie zurücklegt.
- Mit dem **Flieger** ($$$$) beträgt die Reisezeit 1 Stunde. International Reisende und solche mit langer Aufenthaltsdauer können gewöhnlich mit den betreffenden Fluggesellschaften besondere Arrangements treffen, die einen solchen Inlandsflug mit einbeziehen. Nahezu stündlich gehen Flüge zwischen Vancouver und Calgary et vice versa, mit **Air Canada** (Tel. 604 6 88 55 15 oder 1 888 2 47 22 62; www.aircanada.com) oder kleineren einheimischen Gesellschaften.
- Wer es nicht eilig hat, setzt sich lieber ins **Auto** und genießt die landschaftlichen Reize der Rocky Mountains und British Columbias. Die schnellste Route ist der Highway 1 oder Trans-Canada-Highway (970 km), die attraktivere Alternative der Highway 3 entlang der Grenze zu den USA. Am erlebnisreichsten ist die dritte Variante: über Banff, Jasper, Mount Robson, Highway 5, Kamloops und den Fraser Canyon.
- Gar nicht so schlecht sieht es auch beim **Öffentlichen Fernverkehr** aus: Rund sechsmal täglich fahren **Greyhound-**Busse ($$$$) zwischen Calgary und Vancouver via Trans-Canada-Highway oder (etwas länger) über den Highway 3.
- Auch ohne Reservierung haben Sie bei **Greyhound** stets eine Sitzplatzgarantie: Ist ein Bus belegt, wird ein Zusatzwagen eingesetzt.
- In allen Greyhound-Bussen herrscht **Rauchverbot** und die Busse halten nur an fahrplanmäßigen Zwischenstationen. Auf längeren Strecken erfolgt alle paar Stunden eine gut 20-minütige Rast.
- **Information zu Greyhound** unter Tel. 403 2 63 12 34 in Calgary, 604 6 83 81 33 in Vancouver oder gebührenfrei in Kanada und USA 1 800-661-8747 (www.greyhound.ca).
- Eine gut achtstündige Eisenbahnverbindung zwischen Vancouver und Kamloops unterhält **VIA Rail** (Tel. 604 6 69 30 50 oder gebührenfrei 1 888 8 42 72 45 in ganz Nordamerika; www.viarail.ca). Von Kamloops hat man per Greyhound Anschluss nach Calgary und Jasper (16,5 Std.; in Jasper Anschluss nach Banff mit Brewster Transportation).
- Plätze im Schlafwagen gibt es als Schlafsofasitz (abgetrennt mit Gardine) oder separates Abteil für ein, zwei oder drei Personen (geräumig

mit Klappbetten, Tisch, Toilette und Waschgelegenheit). Mahlzeiten sind dabei im Ticketpreis inbegriffen.

- Der **Canrailpass** von VIA Rail (Preise 2010: 941 $ Juni–Mitte Okt., 588 $ Mitte Okt.–Mai; www.viarail.ca) ist gültig für sieben beliebige Reisen in Kanada im Zeitraum von 21 Tagen in der Comfort-Class (Economy).

Von Calgary nach Banff

- Die Verbindungen nach Banff (➤ 136) sind gut. Die Stadt liegt 144 km westlich von Calgary.
- Per **Auto** über den Trans-Canada Highway ist Banff in 90 Minuten erreicht
- Vorteilhaft für Touristen aus Calgary ist die Tatsache, dass direkt vom **Calgary International Airport** aus mehrere Zubringerbusse nach Banff verkehren, u. a. von Brewster (Tel. 403 7 62 67 00; gebührenfrei 1 866 6 06 67 00; www.brewster.ca). Die meisten Unternehmen fahren zwei- bis viermal täglich, manche auch noch weiter bis zum Lake Louise (➤ 142), der 40 Minuten hinter Banff liegt.
- Von Calgary aus empfiehlt sich die Verbindung per Greyhound nach Banff and Lake Louise (tägl. sechsmal) vom städtischen **Bus Terminal** (➤ 35).
- Zwischen Calgary und Banff gibt es **keine regelmäßige Zugverbindung**. Lediglich die private Gesellschaft Rocky Mountaineer Company (Tel. 604 6 06 72 45; www.rockymountaineer.com) fährt im Sommer und gelegentlich auch im Winter (hohe Preise, Reservierung erforderlich).

Überlandbusse

- Ein komfortables, sicheres und **preiswertes** Verkehrsmittel für den Großteil von British Columbia und der Rocky Mountains.
- Wichtigstes Unternehmen ist **Greyhound** (➤ 35), mit Verbindungen nach Calgary, Banff, Lake Louise und Vancouver und zu Zielen dazwischen.
- **Brewster Transportation** (➤ 162) unterhält Busse zwischen Calgary, Banff, Lake Louise und Jasper.
- In den meisten Städten gibt es eine Greyhound-**Bushaltestelle**, in kleineren manchmal auch nur ein Büro, oft an Tankstellen, in Cafés oder Restaurants. **Fahrscheine** kauft man dort und nicht im Bus.
- Gegen geringe Gebühr kann man für die meisten Greyhound-Fahrten **Sitzplätze wählen und reservieren**. Sitzplatzgarantie an sich hat man immer; im Bedarfsfall werden stets Zusatzbusse eingesetzt.
- Sparen kann, wer seine Fahrkarte mindestens eine Woche im voraus erwirbt (www.greyhound.ca, Tel. 214 8 49 81 00). **Rabatte von bis zu 50 %** vom Ticketpreis sind möglich.

Auto fahren

- Auto fahren darf man in Kanada **erst mit 21, nationale Führerscheine** anderer Länder sind aber in jedem Falle gültig. Sie sollten zusätzlich zu Internationalen Führerscheinen stets mitgeführt werden, sonst wird bei Kontrollen eventuell ein Bußgeld fällig.
- Die Straßen sind meist in perfektem Zustand, zumindest die Kategorie vierspuriger »Expressways« und (zwei- oder vierspuriger) »Highways« zwischen größeren Städten. »Secondary Highways« verbinden meist als Landstraßen kleinere Orte, »Tertiary Roads« sind Asphaltsträßchen und »Gravel Highways« gemeinhin Schotterstraßen, die oft zum Holztransport dienen (staubig bei Trockenheit, matschig bei Regen). Straßen tragen eine Nummer und sind gut beschildert (Entfernungsangaben in Kilometer).

Verkehrsregeln

- In Kanada herrscht Rechtsverkehr. Auf mehrspurigen Straßen darf jedoch außerhalb von Ortschaften auch rechts überholt werden.
- An **Kreuzungen** ohne Ampel in Ortschaften hat das zuerst ankommende Auto Vorfahrt, bei gleichzeitigem Eintreffen zweier Autos gilt Rechts vor Links.
- Man darf **an roten Ampeln rechts abbiegen**, sofern von links kein Verkehr kommt. Zuvor muss man jedoch an der Kreuzung anhalten.
- **Gelb blinkende Ampeln** mahnen, langsam zu fahren, und weisen oft auf eine Gefahrenstelle hin.
- Die **Benutzung von Sicherheitsgurten** ist obligatorisch, ebenso technisch einwandfreie Kindersitze für Kinder bis 18 kg Körpergewicht.
- Die generelle **Geschwindigkeitsbegrenzung** auf Expressways beträgt 100, auf Trans-Canada- und Yellowhead-Highways 90 km/h. Auf Landstraßen gelten gewöhnlich 80, innerhalb von Städten 40–60 km/h. Die Einhaltung wird streng überwacht, Übertretungen mit Bußgeld geahndet.
- Haltende gelbe/orangefarbene **Schulbusse** mit aktivem Warnblinker dürfen aus keiner Fahrtrichtung überholt werden.
- Fahren unter **Alkohol** gilt als schweres Vergehen, alkoholische Getränke dürfen nur verschlossen im Kofferraum mitgeführt werden.
- **Parkverbot** herrscht grundsätzlich auf Gehsteigen, in der Nähe von Ampeln, in 5 m Umkreis von Hydranten sowie 13 m vor und hinter Bahnübergängen.
- Die **Scheinwerfer** müssen in British Columbia und Alberta Tag und Nacht eingeschaltet sein.

Pannenhilfe

- Öffnen Sie im Fall einer Motorpanne die Kühlerhaube und binden Sie ein weißes Tuch an die Fahrerseite zum Zeichen, dass Sie Hilfe benötigen. Notfalltelefone finden Sie an den meisten größeren Überlandstraßen.
- Der bedeutendste hiesige Automobil-Club, die **Canadian Automobile Association** (CAA, www.caa.ca), unterhält Büros in den meisten größeren Städten von BC (Tel. 1 800 2 22 43 57, www.bcaa.com) und Alberta (Tel. 1 800 2 22 43 57, www.ama.ab.ca).

Autovermietung

- Autos kann man mieten gegen **Vorlage eines Führerscheins**.
- Günstige Tarife erhält man bei Vertragsabschluss mit einer Verleihfirma im Heimatland oder im Rahmen eines Fly-and-Drive-Pakets. Bei Buchung in Kanada fallen oft Zusatzgebühren an wie **Goods and Services Tax** (GST) und **Provinzialsteuern** (➤ 45). Gibt man den Wagen nicht wieder am Verleihort ab, wird eine **Drop-off Charge** fällig, oft in Höhe einer Wochenrate.
- Empfehlenswert ist der Abschluss einer **Collision** (Teilkasko-) oder **Loss Damage Waiver** (Vollkaskoversicherung mit Haftungsbefreiung).
- Beachten Sie, ob Sie eine unbegrenzte Anzahl von Kilometern fahren dürfen oder einer **Tagesbeschränkung** unterliegen.
- Viele Autovermieter bieten auch den **Verleih von Mobiltelefonen** und **GPS-Geräten** an.
- Manche Verleiher untersagen das Befahren von **Schotterstraßen**.
- Alle Autoverleiher verlangen vor Fahrtantritt eine **hohe Kaution** in bar oder die **Kreditkartennummer**.

Übernachten

Das Übernachtungsangebot von Vancouver ist vielfältig und reicht von recht preisgünstigen Jugendherbergen über gemütliche Bed-and-Breakfasts bis hin zu Hotels der Luxuskategorie. Unbedingt beachten sollte man allerdings, dass Unterkünfte aller Preisklassen während der Hochsaison nicht selten ausgebucht sind und man aus diesem Grund unbedingt rechtzeitig vor Antritt der Reise reservieren sollte.

Preiskategorien

Für ein Doppelzimmer pro Nacht (ohne Frühstück und Steuern):

$	unter 100 CDN $	**$$**	100–200 CDN $
$$$	200–300 CDN $	**$$$$**	über 300 CDN $

Hotels

- Kanadische Hotels lassen sich grob in drei Kategorien einteilen. Die **einfachsten und preiswertesten** sind in der Regel wenig ansprechend und liegen oft mitten in belebten Ortszentren oder gar über Kneipen, Strip-Lokalen und Musikschuppen – und oft haben sie recht schäbige Zimmer.
- **Mittelklasse-Hotels** sind bequem online zu buchen und man kauft hier nicht die Katze im Sack. Solide Hotelketten sind beispielsweise Best Western, Holiday Inn, Ramada Hotels, Sandman, Travelodge und Westin, wobei deren innerstädtische Filialen aber häufig deutlich weniger attraktiv sind als diejenigen auf dem Land oder unmittelbar an den Flughäfen.
- Am anderen Ende der Skala wiederum rangieren die **Luxushotels und -Resorts**, die vor allem in Vancouver, Banff und Lake Louise einen internationalen Standard aufweisen, wie man ihn in Europa und den USA gewohnt ist.

Motels

Motels, meist außerhalb an den Highways gelegen, tragen hier auch Bezeichnungen wie **Travel Lodge, Motor Lodges, Inns oder Resorts**. Meist bekommt man dort ein recht gutes Angebot: Es erwartet einen in der Regel eine ordentliche und angenehme Unterkunft zu **fairen Preisen**. Komfortable Betten, Badezimmer, TV und Telefon sind Standard. Manche Motels verfügen auch über Familienzimmer und Küchenzeilen, Swimmingpool oder Sauna. Mit Essen und Trinken sieht es hier dagegen gewöhnlich eher mager aus.

Bed and Breakfast

Bed and Breakfasts (B&Bs) und **Pensionen** findet man in British Columbia und Alberta überall, und zwar in den Städten ebenso wie auf dem Land. Reservierungen lassen sich meist im lokalen Visitor Centre oder online vornehmen, mancherorts gibt es aber auch zentrale Zimmervermittlungen, die einen bei der Buchung solcher Unterkünfte unterstützen. Ein eigenes Bad ist in solchen Unterkünften jedoch nicht überall vorhanden, und auch die Qualität des angebotenen Frühstücks kann deutlich variieren.

Jugendherbergen

Neben den im Verband **Hostelling International** (HI; www.hihostels.ca) organisierten Herbergen gibt es jede Menge unabhängige Häuser. Die Einrichtung ist normalerweise recht modern, meistens gibt es auch eine Cafeteria und lange Öffnungszeiten. Oft werden Einzelzimmer oder Gemeinschaftsschlafräume angeboten.

Reservierung

- Für Juli und August muss man in Vancouver, Victoria, Banff, Lake Louise und Jasper seine Unterkunft **unbedingt rechtzeitig reservieren**. Außerhalb der Hochsaison reicht gewöhnlich ein Vorlauf von wenigen Tagen aus. Falls Sie die Reservierung über Kreditkarte vornehmen, sollten Sie eine etwaige Stornierung immer möglichst frühzeitig tätigen, denn sonst wird unter Umständen der komplette Zimmerpreis für eine Nacht fällig.
- Erkundigen Sie sich genau nach den Zeiten für das **Einchecken**, denn in manchen Hotels stehen die Zimmer erst am mittleren oder späten Nachmittag zur Verfügung. Bei später Anreise sollte man die Rezeption informieren, denn nach 16 oder 18 Uhr wird sonst oft die Reservierung hinfällig.
- Reservierungen aller Art bieten die **AAA und CAA Travel Agencies** für jedermann (für ihre eigenen Mitglieder mit deutlichen Rabatten).
- Banff und Jasper in den Rocky Mountains haben spezielle Zimmervermittlungen. Sie sind erreichbar über die jeweiligen Besucherzentren (➤ 136, 149) und vermitteln Ihnen gegen geringe Gebühr Unterkünfte aller Art. Entsprechende **Agenturen** gibt es auch für **Bed-and-Breakfast**. Besucherzentren nehmen Vermittlungen meist kostenlos vor.
- Viele Hotels verfügen über (allerdings nur von Kanada und den USA aus) gebührenfreie telefonische Zimmerreservierung. Sonst fallen die üblichen Kosten für internationale Ferngespräche an.

Preise

- Touristen aus Europa sind gemeinhin angenehm überrascht von den moderaten Zimmerpreisen, die lediglich in Vancouver und den Touristenorten der Rocky Mountains relativ hoch ausfallen. B & Bs kosten gewöhnlich etwa so viel wie ein Mittelklasse-Hotel.
- Von kanadischen Reisebüros und den örtlichen Touristenbüros in British Columbia und Alberta kann man **Unterkunftskataloge und Preislisten** vorab beziehen. Zu den Angaben kommen meist noch Steuern hinzu.
- Die **Übernachtungssteuer** beträgt in British Columbia 8 %, in Alberta 4 % des Zimmerpreises. Oft fällt noch zusätzlich eine Tourismussteuer an (BC 2 %, Alberta 4 %). Die **Federal Goods** and **Services Tax** (GST) beträgt in beiden Provinzen 5 %.
- Falls Sie mit **Kindern** reisen, erkundigen Sie sich nach dem **Family Plan** des jeweiligen Hotels oder Motels: In manchen von ihnen übernachten Kinder kostenlos im Zimmer ihrer Eltern, oder man zahlt 5–20 $ für ein Zusatzbett.
- Vielerorts werden in der **Nebensaison**, Wochenmitte oder bei **längerem Aufenthalt Rabatte** angeboten. In Hotels von Vancouver und Victoria, die auf Geschäftsreisende eingestellt sind, winken wiederum niedrigere Wochenendpreise. Im Winter zahlt man überall weniger als im Sommer.

Essen und Trinken

Calgary und Victoria bieten viele interessante kulinarische Erfahrungen, getoppt werden sie aber von Vancouver, dessen multikulturelle Einwohnerschaft ihre Landesküchen etablierte. Auch im übrigen British Columbia und Alberta ist trotz einer ziemlich spärlichen Restaurantauswahl die Qualität recht hoch. Die Palette der Lokale reicht von Fastfood-Ketten und Kleinstadt-Diners bis zu Vancouvers Sterne-Tempeln.

- Die Preise halten sich meist im Rahmen – und selbst wer mit einem kleineren Geldbeutel reist, findet fast überall eine **größere Auswahl** an günstigen Cafés, Imbiss-, Fastfood- oder Lebensmittelständen in den Malls vor.
- Zum Netto-Rechnungsbetrag werden 5 % **Steuern** (Goods and Services Tax, GST; ➤43) addiert.
- **Trinkgeld** (»Tipping«) wird überall erwartet. Auch in einfacheren Lokalen wird das Personal damit bedacht, außer man ist mit dem Service wirklich absolut unzufrieden. Üblich sind 15–20 % des Rechnungsbetrags vor Steuern. Auch in **Bars** mit Bedienung am Tisch ist ein Trinkgeld angebracht.
- Man gibt sich eher locker, in Spitzenrestaurants herrscht ein **Dresscode** lässiger Eleganz – Jackett und Krawatte sind selten nötig.
- Es herrscht überall **Rauchverbot**, selbst auf Freischankflächen darf nicht geraucht werden.
- Die Schankgesetze (»**Licensing laws**«) sind recht streng. In zahlreichen Bars erhält man alkoholische Getränke nur, wenn man dazu auch etwas isst.
- Alkoholkonsum in der Öffentlichkeit (in Parks, am Strand etc.) ist vielerorts verboten. Als Mindestalter für den Erwerb alkoholischer Getränke gilt 18 (Alberta) bzw. 19 Jahre (British Columbia).
- Viele Restaurants servieren ab 12 Uhr **Lunch (**Mittagessen), **Dinner** (Abendessen) bekommt man in der Regel ab etwa 18/19 Uhr. Anspruchsvollere Häuser in den Städten sind meist bis mindestens 23 Uhr geöffnet, in kleineren Orten dagegen schließt man oft schon gegen 21 Uhr.

Wie man sparen kann

- Gut und obendrein noch günstig isst man gemeinhin in den **Food Malls**, Ständen mit einer breiten Auswahl an Sandwiches, Snacks, Fastfood und exotischen Gerichten, die man – wie den geräumigem Gemeinschafts-Essbereich – meistens im Unter- oder Obergeschoss von Shoppingmalls findet.
- **Festpreismenüs** bieten besonders Japaner und Chinesen häufig zum Mittagessen an.
- Großstadt-Bars servieren zur **Happy Hour** (17–19 Uhr) oft Getränke zu deutlich reduzierten Preisen.

Preiskategorien
Für ein Drei-Gänge-Menü (ohne Getränke und Service):
$ unter 50 CDN $ **$$** 50–100 CDN $ **$$$** über 100 CDN $

Einkaufen

Vancouver ist eines der Einkaufsparadiese Nordamerikas – riesige, moderne Malls, Designer- und Spezialgeschäfte neben einer bunten Mischung kleiner Einzelhändler wie in Yaletown oder Granville Island. Auch in Victoria und Calgary findet man eine gute Auswahl an Fachgeschäften, während man in Gebirgsstädten wie Banff auf Outdoor-Ausrüstung spezialisiert ist.

Vancouvers Downtown wird seit jeher vom renommierten Einkaufszentrum The Bay (➤83) dominiert – neben Malls wie dem Pacific Centre, aber auch exklusiveren wie dem Sinclair Centre (➤83), wo sich in restaurierten historischen Gebäuden Mode- und interessante Fachgeschäfte konzentrieren, oder dem Oakridge Centre (etwa 150 Läden mit Schwerpunkt Mode).

Ähnlich ist das Angebot um die Märkte von **Lonsdale Quay** (➤83) und **Granville Island** (➤58) – sowie in Szene-Vierteln wie Yaletown oder dem Künstlerdistrikt Kitsilano (4th Avenue zwischen Burrard und Alma Street). Als Haupteinkaufsmeile in der Innenstadt präsentiert sich die **Robson Street**, von Gianni Versace einst geadelt als »eine der zehn Straßen auf der Welt, wo man einen Laden haben muss«. In Gastown konzentrieren sich immer mehr kleine Galerien für Inuit- und anderes Kunsthandwerk, in Chinatown asiatisch geprägte Läden und Märkte.

Im Umkreis Vancouvers beherbergt **Burnaby** (SkyTrain-Netz) eine der größten Malls: **Metropolis at Metrotown** (www.metropolisatmetrotown.com) bietet u. a. 470 Läden und das größte Gastro-Angebot Westkanadas. In **Richmond** ist das **Aberdeen Centre** (www.aberdeencentre.com) Speerspitze des asiatischen Einzelhandels.

Auch das wesentlich kleinere **Victoria** besitzt mit Government und Douglas Street (samt Nebenstraßen) attraktive Einkaufszonen. Ein Pendant zu Granville Island bildet der **Market Square** (www.marketsquare.ca, ➤94), ein viktorianisches Gebäudeensemble mit Restaurants, Galerien, Handwerks-, Kunst- und Designerläden. Hier gibt es vorzügliche Schokolade, Ahornsirup, Tee und Kaffee, Bücher (in zwei ausgezeichneten Buchläden) und Kunsthandwerk. Allein im Mayfair Shopping Centre konzentrieren sich 120 Geschäfte.

Calgary shoppt um den Stephen Avenue Walk im Herzen von Downtown. Das historische Viertel Inglewood (9th Avenue SE zwischen 10th und 14th Street) besitzt interessante Galerien, Antiquitätengeschäfte, Boutiquen und Lokale, während Marda Loop (33rd Avenue SW/19th Street SW; www.mardaloopbrz.ca) einen originellen Laden-Mix vereint. Größte Mall ist das Chinook Centre (Macleod Trail/Glenmore Trail SW; www.chinookcentre.com).

In den Rockies bietet nur **Banff** nennenswerte Einkaufsmöglichkeiten – für Fashion und Outdoor-Kleidung aller Art.

- Normale Läden sind meist **geöffnet** Mo–Sa 10–18 Uhr (Fr und Sa zuweilen länger), **Malls** dagegen oft die ganze Woche, meist 7.30–21 Uhr.
- Rund um die Uhr öffnen in manchen Städten **Apotheken und Mini-Supermärkte**, wie Mac's oder 7-Eleven.
- **Sonntagsöffnung**, die lange in ganz Kanada durch »Blue Laws« (zum Schutz religiöser Gruppen) behindert wurde, wird zunehmend gestattet, meist zwischen 12 und 17 Uhr.
- Die staatliche **Goods and Services Tax** (GST) wird mit 5 % auf die meisten Güter erhoben und ist im Preis von Waren und Dienstleistungen oft nicht enthalten. Hinzu kommen noch **Provinzialsteuern** (5–12 %).

Ausgehen

Vancouver und die Rockies offerieren das ganze Jahr über eine breite Palette von Freizeitaktivitäten, aber auch hochrangige Kulturereignisse. Vancouver mit aufregendem Nachtleben ist zudem eine Hochburg darstellender Kunst, doch auch kleinere Orte wie Banff und Calgary bieten nette Bars und Clubs, oft mit Livemusik.

Festivals und Volkstümliches

Populäre Großveranstaltungen sind Calgary Stampede, Banff Festival of the Arts (➤ 161) und Victoria International Festival. Vancouver bietet ein Festival-Programm von Weltniveau: Jazz, Folk und klassische Musik; Film, Komödie und Sport; oder das bunte Neujahrsfest in Chinatown (➤ 98).

Kunst und Kultur

Neben zahlreichen klassischen und sonstigen **Musikkonzerten** – etwa des renommierten Vancouver Symphony Orchestra – gibt es in Vancouver auch viele Veranstaltungen von **Tanz- und Theatergruppen**. Auch Städte wie Victoria und Calgary verfügen über eine lebhafte Kulturszene.

Nachtleben

In Calgary und Vancouver mit ihren **Bars**, **Clubs** und **Kneipen** ist abends viel geboten. **Comedy Clubs** werden ebenso gern besucht wie **Live-Musik-Events**. Auch das ruhigere Victoria besitzt interessante Clubs und nette Kneipen.

Outdoor-Aktivitäten

- Kaum eine andere Region der Welt hat ein so umfangreiches Freizeitangebot. Wandern ist besonders in den Rockies populär. **Mountainbiken**, **Klettern**, **Wildwasser-Rafting**, **Reiten** und **Kanufahren** sind beliebte Trend-Sportarten, ebenso **Golf** und **Angeln**, **Segeln** oder **Bootfahren**.
- Die **Wintersport**-Möglichkeiten sind unbegrenzt, in Whistler (➤ 75), Austragungsort der Winterolympiade 2010, oder den Rockies mit Orten wie Banff und Lake Louise. So gut wie alles ist geboten: von **Eislaufen** und **Rodeln** bis **Eisfischen** oder **Schlittenhunderennen**.

Sportveranstaltungen

Eishockey ist in Kanada Nationalsport. Calgary Flames und Vancouver Canucks spielen in der höchsten nordamerikanischen National Hockey League (NHL; Saison Okt.–Mai). Tickets muss man lange im Voraus buchen (Informationen in den Visitor Centern).

Informationen

- Visitor Center und Tourist Office der Provinz liefern vor Ort Informationen über Aktivitäten und Unterhaltungsangebote, ebenso die **wöchentlichen Veranstaltungspläne** in Tageszeitungen oder Zeitschriften.
- Anlaufstelle auf der Reise ist das örtliche **Visitor Center** (oder Infocentre), wo man aktuelle Informationen und Broschüren erhält, oft auch reservieren oder Tickets für Touren und Veranstaltungen buchen kann. Eintrittskarten erhält man in den Städten auch bei zentralen Reservierungsagenturen wie **Ticketmaster** (www.ticketmaster.ca/).
- In den Infocentern wird man kompetent über Aktivitäten in der Region beraten, ganz besonders in den National- und Regionalparks, wo kundige Mitarbeiter geeignete Touren und Unternehmungen empfehlen.

Vancouver

Kleine Erlebnisse

Auszeit auf dem Drahtesel
Auf dem Seawall rund um den **Stanley Park** (➤ 52) »erradeln« Sie die Leichtigkeit der Stadt am besten.

Japanischer Snack
Hunger in **Downtown** (➤ 63)? Ein Hot Dog, Teriyaki-Sauce und Seetang darüber – und fertig ist Vancouvers Fastfood-Renner!

Shaken, not stirred
Nachtleben heißt Cocktails. Die beste Auswahl gibt es in **The Diamond** (➤ 81) in Gastown.

Erste Orientierung

Die Einwohner Sydneys, Rios oder San Franciscos wären sicher anderer Meinung, doch gibt es vermutlich kaum eine schönere Stadt als Vancouver – zumindest keine, in der es sich angenehmer leben lässt. Schon die Lage zwischen Ozean und Gebirge ist unvergleichlich, mit einem Zentrum, das ein Ausläufer des Pazifiks umspült, während die Gipfel der Coast Mountains in nicht allzu weiter Ferne majestätisch in den Himmel ragen.

Die Lebenslust der multikulturellen Bevölkerung kennt kaum Grenzen – kein Wunder, kann man doch Minuten vom Zentrum entfernt Ski fahren, segeln, sonnenbaden (an stadteigenen Stränden!), wandern, angeln, tauchen u. v. m. Echte Wildnis dagegen findet man nach eine kurzen Busfahrt in den Bergen nördlich der Stadt, während mit Whistler ein weltbekannter Winter- und Sommerferienort nur 90 Minuten Autofahrt entfernt lockt.

Egal, ob man die Möglichkeiten alle nutzen möchte, den Verlockungen eines Sommers in dieser Stadt kann man kaum widerstehen, dem pulsierenden Leben in Cafés, Straßen und Parks. (Die berüchtigten Regenschauer können solche Freuden dann allerdings für den Rest des Jahres dämpfen.)

Hervorragende Museen, Galerien, Parks und Läden gibt es zuhauf, doch es bereitet schon Vergnügen, sich durch das traumhaft schöne Stadtgebiet treiben zu lassen – zum lebhaften Hafen als Basis ihres Wohlstands, in die reizvolle Natur im Stanley Park, nach Downtown mit seinen Hochhäusern, zum lebendigen Markt auf Granville Island, zum Kitsilano Beach oder zu markanteren, geschichtsträchtigeren Ecken wie Gastown und Chinatown. Drei Tage sind dazu nötig – problemlos auch mehr.

TOP 10

- 2 Stanley Park ➤ 52
- 10 Granville Island ➤ 58

Nicht verpassen!

- 11 Canada Place ➤ 60
- 12 Downtown ➤ 63
- 13 Vanier Park Museums ➤ 66
- 14 Grouse Mountain ➤ 68
- 15 Museum of Anthropology ➤ 70

Nach Lust und Laune!

- 16 Gastown ➤ 72
- 17 Chinatown ➤ 73
- 18 TELUS World of Science ➤ 74
- 19 Capilano Suspension Bridge Park ➤ 74
- 20 Whistler ➤ 75

Angesagter Schuhladen im Touristenviertel Gastown

In drei Tagen

Die folgende Route ist eine Möglichkeit, wie Sie einige der interessantesten Sehenswürdigkeiten Vancouvers in drei Tagen besuchen können. Die einzelnen Highlights werden im Folgenden (➤ 52ff) näher beschrieben.

Erster Tag

Vormittag

Vom Vancouver TouristInfo Centre (➤ 34; Tickets, Broschüren, Ausflüge) spaziert man über den Canada Place Way am Hafen zum markanten **11 Canada Place** (links; ➤ 60). Im Harbour Centre mit dem Aufzug hinauf zum »Lookout« (Aussichtspunkt), eröffnet sich ein überwältigender Panoramablick über Vancouver. Beim Bummel durch **16 Gastown** (➤ 72) empfiehlt sich mittags die Einkehr in einem der zahlreichen Gaststätten oder Restaurants wie dem *Water Street Café* (➤ 80). Anschließend geht es durch **17 Chinatown** (unten; ➤ 73) entlang der gut ausgeschilderten Silk Road Route.

Nachmittag

Nach einem Einkaufsbummel in **12 Downtown** (➤ 63) um Hornby, Howe und Burrard Street oder dem Besuch der **Vancouver Art Gallery** (➤ 63) genehmigen Sie sich eine Pause im *Gallery Café* (➤ 81). Auf der Robson Street gen Osten erreicht man den Komplex der **Vancouver Public Library** (➤ 182; Kreuzung Homer Street). Im nahen, angesagten **Yaletown** gibt es dann am frühen Abend noch einmal eine Erfrischung oder ein Abendessen.

Zweiter Tag

Vormittag

Auf **10 Granville Island** (➤ 58f; mit Bus bzw. Fähre) schlägt das kulturelle Herz. Von dort geht es mit der Fähre zum Heritage Harbour mit Besuch eines der Museen von **13 Vanier Park** (➤ 66). Zurück auf Granville Island, deckt man sich an den Ständen des Public Market (➤ 82) zum Picknick ein oder speist in einem der Restaurants wie dem rustikalen **Dockside** (➤ 79).

Nachmittag
Wieder zurück in Downtown (mit Bus oder Taxi), kann man sich nachmittags im **2 Stanley Park** (➤ 52) erholen, das **Vancouver Aquarium** besuchen und das Parkgelände zu Fuß, per Bus oder Fahrrad erkunden.

Abend
Zum Abendessen bieten sich die Cafés rund um den Park an. Oder Sie bummeln über die Denman Street – gesäumt von Cafés und Bars – zum beliebten Stadtstrand **English Bay Beach**.

Dritter Tag

Vormittag
Mit dem **DayPass** der Transportgesellschaft geht es per SkyTrain zur Waterfront, per SeaBus zum Lonsdale Quay in North Vancouver und bei schönem Wetter per Bus zur Seilbahnstation am **14 Grouse Mountain** (oben; ➤ 68). Später kann man noch den **Capilano Suspension Bridge Park** (➤ 74) samt Hängobrücke besuchen. Zurück zum Lonsdale Quay – mit Mittagessen am dortigen Markt (➤ 82) – und mit dem SeaBus wieder nach Downtown.

Nachmittag
Mit dem Bus geht es zum sehenswerten **15 Museum of Anthropology** (➤ 70), einem der führenden Häuser für die Kulturen der indigenen Völker Kanadas mit bedeutenden Exponanten aus Indien, China und Südostasien.

2 Stanley Park

Mit über 350 ha Gesamtfläche größer als ganz Downtown, präsentiert sich der Stanley Park als einer der größten Stadtparks der Welt. Er umfasst neben Stränden und Parks auch umfangreiche, alte Wälder mit mächtigen Douglasien, ist durchzogen von Wander- und Fahrradwegen und Heimat eines der unbestrittenen touristischen Höhepunkte im Westen Kanadas – des Vancouver Aquarium.

Fast ganz von Meer umgeben, birgt er Reste von Primärwald, einzelne Lichtungen sowie ein dichtes Wegenetz; zu diesem gehört auch die 10,5 km lange Autostraße (parallel dazu Fußgänger- und Fahrradweg), die ihn mit eindrucksvollen Panoramen auf der Ufermauer umrundet. Im östlichen Bereich dominieren Anlagen mit Freizeiteinrichtungen wie dem erwähnten Aquarium (► unten), dem **Hallelujah Point** (einer Sammlung von Totempfählen), den **Rose Gardens** mit 5000 Rosenbüschen, dem **Royal Vancouver Yacht Club** und der künstlich angelegten **Lost Lagoon** als Rückzugsgebiet zahlreicher Vogelarten.

Für die Besichtigung des Parks – ein absolutes Muss! – gibt es verschiedene Möglichkeiten. Am besten leiht man sich Fahrrad oder Rollerblades an einer der Verleihstationen am nordöstlichen Ende der Denman Street und folgt (ein Stück) dem Uferweg. Sensationelle Blicke bieten **Prospect Point** (N) oder **Ferguson Point** (W), die Verbindungsstraße zwischen beiden führt durch uralte Wälder aus Riesenthujen (»red cedars«), Hemlocktannen und Douglasien. Lohnendes Ziel ist einer der zahlreichen Strände im Westen – am angenehmsten der **English Bay Beach** am Südende der Denman Street. Am **Second Beach** weiter nördlich gibt es einen Salzwasser-Swimmingpool.

Typischer Totempfahl am Hallelujah Point im Stanley Park

Vancouver Aquarium

Eine Spitzenposition unter den Sehenswürdigkeiten Kanadas (hinter dem CN Tower von Toronto) nimmt mit mehr als 1 Mio. Besuchern jährlich das Aquarium von Vancouver ein, das drittgrößte von Nordamerika mit mehr als 8000 Lebewesen aus 600 Arten (Meeressäuger, Fische, Amphibien, Vögel). Besuchermagneten sind besonders Wale und Delfine. Und trotz verschiedener Kampagnen von Tierschützern, die sich gegen die Delfinschauen und den zu engen Lebensraum

für Wale wandten, findet es selbst bei Umweltschützern immer wieder Anerkennung für seine Bemühungen um Aufklärung und Artenschutz.

Didaktisch orientiert man sich an verschiedenen Lebensräumen: **Arctic Canada** versammelt die Bewohner des arktischen Nordens wie Beluga-Wale, Seehunde und Walrosse, das **Pacific Northwest Centre** Biber, Seeotter und andere am Wasser lebende Arten British Columbias. Die einem Amazonas-Feuchtwald nachempfundene **Graham Amazon Gallery** bietet im tropischen Klima Lebensraum für Faultiere, Leguane, Piranhas, Krokodile und andere Regenwaldbewohner. Für die **Tropical Pacific Gallery** diente ein indonesisches Korallenriff als Modell, mit farbenprächtigen Kaiserfischen und Schwarzspitzen-Riffhaien. (Erfragen Sie vorher telefonisch die Fütterungszeiten für die Haie.) Als didaktische Einrichtung für Umweltschutz dient das nach strengen Ökokriterien 2008 fertiggestellte **Aquaquest – the Marilyn Blusson Learning Centre**

Oben und unten: Das Vancouver Aquarium, Hauptattraktion im Park

FÜR DIE NACHWELT GERETTET

Dass der **Stanley Park** heute eine grüne Lunge mitten im Stadtgebiet darstellen kann, ist dem Weitblick des ersten Stadtparlaments von Vancouver zu verdanken. In den 1860er-Jahren wegen seines wertvollen alten Baumbestandes forstwirtschaftlich genutzt, wurde das Areal später im Zuge von Grenzstreitigkeiten zwischen Großbritannien und den USA Militärgebiet. Bei Gründung der Stadt Vancouver 1886 beschloss der Stadtrat, es auf Dauer in einen Park umzuwandeln, den man nach dem kanadischen Generalgouverneur (1888–1893) Lord Frederick Arthur Stanley benannte.

Leuchtturm am Brockton Point im Stanley Park

›nit »lebender« grüner Wand aus Pflanzen. Attraktionen: ›in Nachrichtenraum für neueste wissenschaftliche Er-›enntnisse und ein Lern-Spiel-Bereich für Familien.

KLEINE PAUSE

›afés gibt's an der Uferstraße, bei Prospect und Ferguson Point.

›tanley Park Vancouver Parks ›oard
204 B5 2099 Beach Avenue 604 2 57 84 00

›ancouver Aquarium
204 C4 845 Avison Way, ›tanley Park 604 6 59 34 74 oder ›04 6 59 35 52 (für Reservierung); ›www.vanaqua.org tägl. 9.30–18 ›hr 30 $ Upstream Café ($) ›nit Geschenkeladen Skytrain: Burrard, dann Bus 19 19 West Pender oder Georgia Street

Vancouver Aquarium – Unterwasserleben hinter Glas

BAEDEKER TIPP

- Der Park ist allgemein sehr sicher – am größten ist wahrscheinlich die Gefahr, sich zu verlaufen. Auch sollte man sich nicht in der Wildnis von der Dunkelheit überraschen lassen.
- **Der Weg von Downtown** zu Fuß zum Park ist lang und wenig spannend. Sparen Sie sich lieber die Energie für den Spaziergang dort.
- Wandermuffel besuchen das **Aquarium** und die Anlagen an der Lost Lagoon. Einen Fahrradverleih findet man Ecke Denman/West Georgia Street.
- Im Sommer verbindet der **Stanley Park Shuttle** auf der Uferstraße alle wichtigen Sehenswürdigkeiten des Parks (Mitte Juni–Ende Sept. tägl. 10–18.30 Uhr; erreichbar mit **Bus 19** ab Downtown). Die mit Propangas betriebenen Shuttle-Busse verkehren alle 12–15 Minuten, die komplette Rundfahrt dauert eine Dreiviertelstunde.

Stadt zwischen Meer und Bergen

Westkanadas Pazifikmetropole ist als eine der schönsten Städte der Welt bekannt. Besonders reizvoll: die imposante Kulisse der Costal Mountains, die ausgedehnten Parkanlagen und die beeindruckende Hafenanlage, aber auch die liebevoll restaurierte Altstadt und die futuristisch-eleganten Gebäudekomplexe der Innenstadt.

❶ **Maritime Museum:** Hier wird über Seefahrt, Hafen, Fischfang und Meeresforschung informiert.
❷ **Vancouver Museum:** Besondere Beachtung verdienen die ethnografischen Sammlungen, die mit der Kultur der Nordwestküstenindianer bekannt machen.
❸ **Granville Island:** In den umgebauten alten Lagerhallen hinter den Hausbooten herrscht buntes Künstlertreiben: Hier locken Theater, Malerateliers, Galerien, aber auch Restaurants, Geschäfte und schöne Grünanlagen sowie ein Obst- und Gemüsemarkt.
❹ **BC Place Stadium:** Das Stadion wird von einer gewaltigen Kuppel überspannt.
❺ **General Motors Place:** Im Stadtion, von den Einheimischen »Garage« genannt, finden die Eishockeyspiele sowie Basketballspiele der Lokalmannschaften statt.
❻ **Sam Kee Building:** Im schmalsten Geschäftshaus der Welt dürfte man sich kaum verlaufen.
❼ **Steam Clock:** Diese Standuhr stößt zur vollen Stunde Dampf aus und pfeifft im Viertelstundentakt.
❽ **Harbour Centre:** Das Harbour Centre, eines der höchsten Gebäude der Stadt, wird von den Einheimishen liebevoll »Urinal« genannt, weil die oberen Stockwerke weiter herausragen als die unteren. Aber keine Sorge – es wird nur so genannt.
❾ **Vancouver Travel Info Centre:** Hier können Sie sich mit Infomaterial eindecken.
❿ **Marine Building:** In die Fassade dieses im Art-déco-Stil errichteten Gebäudes sind Terrakottaverzierungen eingearbeitet, die Vancouvers Beziehung zu Handel und Meer symbolisieren.
⓫ **Stanley Park:** Im grünen Herzen der Stadt gibt es einen See mit Wasservögeln, den Lost Lagoon, den Zoo, das Aquarium, weltbekannte Totempfähle, eine Kanone, die täglich um 21 Uhr gezündet wird, u. v. m.
⓬ **Canadian Craft Museum:** Kunsthandwerker und Designer stellen hier ihre Werke aus.

Höhepunkt im Vancouver Aquarium ist die Delfin- und Walschau.

Erinnert in seiner Gestaltung an das Kolosseum in Rom: die Vancouver Public Library

⑬ **Hotel Vancouver:** In dem traditionsreichen Gebäude, bzw. seinen Vorläufern, sind schon so illustre Gäste wie Mark Twain, Rudyard Kipling, Winston Churchill, Indira Gandhi und Königin Elisabeth abgestiegen.
⑭ **Vancouver Art Gallery:** In dem alten restaurierten Justizgebäude sind heute Ausstellungen internationaler und kanadischer Künstler zu sehen.
⑮ **Court House:** Das neue Justizgebäude fällt durch seine eigenwillig schräg abfallende Dachkonstruktion aus Glas und Beton auf.
⑯ **Ford Centre for the Perfoming Arts:** Neueste internationale Produktionen sind in diesem architektonischen Prunkstück zu sehen.
⑰ **Vancouver Public Library**: In dem neunstöckigen und wahrlich lichtdurchfluteten Oval können auch Besucher Bücher ausleihen oder die hochmoderne Computertechnologie nutzen.

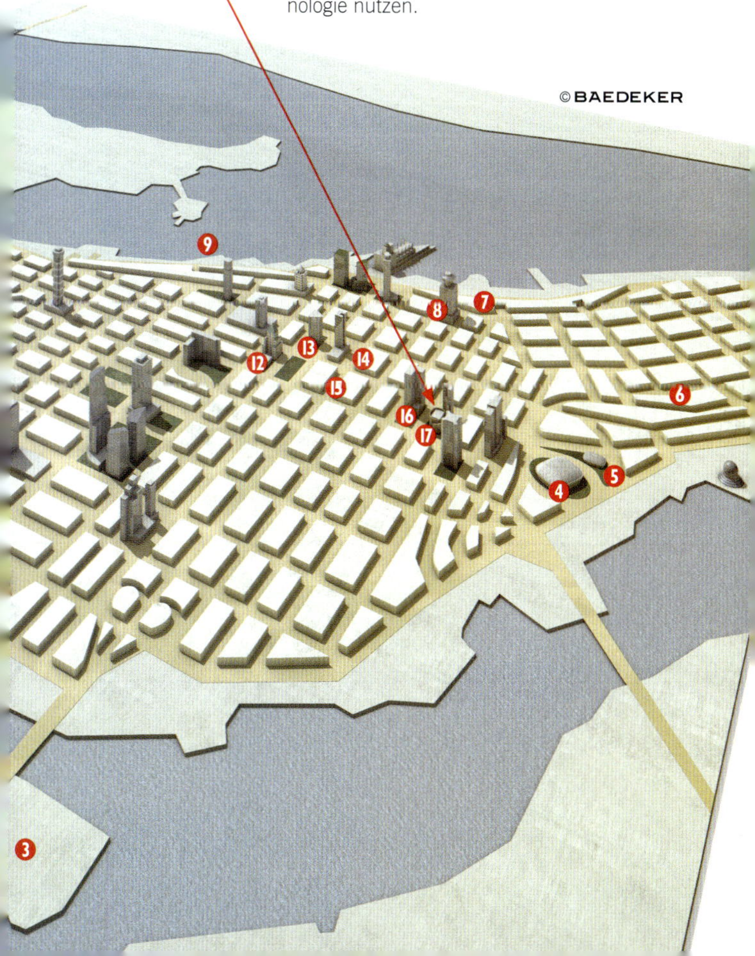

10 Granville Island

Die Halbinsel Granville Island, eine wiederbelebte Industriebrache im False Creek am südlichen Ende von Downtown, bildet das kulturelle Herz Vancouvers. Dort gibt es einen riesigen Lebensmittelmarkt neben einem bunten Gemisch von Galerien, Bootsanlegern, Spazierwegen, Spezialitätenläden, Restaurants und Künstlerateliers – ja sogar eine kleine Brauerei.

Wege auf die Halbinsel

Schnell erreicht man Granville Island mit Taxi oder Bus (Linie 50 von Gastown oder Haltestellen an der Westseite der Granville Street Bridge). Man steigt unterhalb der Brückenpfeiler auf der Inselseite aus und geht geradeaus zurück auf die größtenteils als Fußgängerzone ausgewiesene Halbinsel. Das Auto lassen Sie besser stehen – Parkplätze werden Sie vergeblich suchen. Der Fußweg über die Granville Street Bridge wiederum ist lang und öde. Auf angenehme, gemächlichere Weise nähert man sich zu Fuß über die Hornby Street und dann mit einer der kleinen Fähren, die Granville Island über den False Creek ansteuern. Sie verkehren auch zwischen Halbinsel und Vanier Park (► 66), der nächsten obligatorischen Besichtigungsstation.

Die Hochhaustürme von Downtown überragen Granville Island

Neugeburt

Die Halbinsel entstand 1917 durch Landaufschüttung im Sumpfgebiet des False Creek als Standort für Eisenindustrie und Schiffbau. Seit den 1960er-Jahren Industriebrache, wäre sie wohl weiter zur Abfallhalde verkommen, hätte man sie nicht 1972 erfolgreich in ein ehrgeiziges Stadterneuerungsprojekt mit »offener Nutzung« umgewandelt, das gekonnt kommerzielle, gewerbliche und wohnwirtschaftliche Zwecke kombiniert.

An Wochenenden kommt halb Vancouver hierher, um im überdachten **Public Market** Lebensmittel einzukaufen, an einem Cappuccino zu nippen, Leute zu beobachten, sich einen Brunch zu gönnen, zwischen **Läden und Bootsanlegern** herumzuschlendern oder einfach in der Sonne zu sitzen und den Straßenkünstlern zuzusehen. In der **Granville Island Brewery** mit angegliedertem Laden, die Bier ohne Zusatzstoffe braut, kann man »Gastown Amber Ale« oder »Brockton Black« gleich an Ort und Stelle verkosten.

Schön ist es auch am Abend, wenn man bei einem Bier die Sonne untergehen sieht und eines der Restaurants

Uferrestaurant auf Granville Island

besucht – oder das **Arts Club Theatre** (➤ 84; Revuen, Theater, Kleinkunst).

KLEINE PAUSE

Die beliebte **Backstage Lounge** (Tel. 604 6 87 13 54; www.thebackstagelounge.com) im Arts Club-Komplex (➤ 81), bietet preiswertes Essen und direkten Blick auf den Hafen (und regelmäßig Livemusik). Eine weitere Option: **Granville Island Keg** (1499 Anderson Street, Tel. 604 6 85 47 350; www.granvilleisland.com).

204 C1 Granville Island Infocentre, 1661 Duranleau Street (sowie Mai–Sept. die Kiosks auf der Insel) 604 6 66 57 84 oder 604 6 66 66 55; www.granvilleisland.com Insel: 24 Std.; Markt: tägl. 9–17 Uhr frei 50 Aquabus, False Creek Ferries (➤ 37)

Granville Island Brewery

204 C1 1441 Cartwright Street, Granville Island 604 6 87 27 39; www.gib.ca Geschäft: tägl. 10–20 Uhr; Brauerei: Führungen tägl. um 12, 13.30, 15, 16.30 und 17.30 Uhr (bitte online überprüfen) 10 $

BAEDEKER TIPP

- Wen der Trubel an den Wochenenden schreckt, der sollte an **Wochentagen** kommen. Aber: Viele Geschäfte haben montags geschlossen, ebenso im Winter der Public Market.
- Das **Granville Island Infocentre** (Tel. 604 6 66 57 84; www.granvilleisland.bc.ca) findet man in 1661 Duranleau Street (Obergeschoss), neben zahlreichen Kiosk-Dependencen (nur im Sommer geöffnet). Außer Stadtplänen erhält man dort Informationen zu den Sehenswürdigkeiten.
- **Zurück nach Downtown** fährt man am besten von der Haltestelle an der einzigen Straßenzufahrt zur Halbinsel mit dem Bus der Linie 50 (nicht mit Linie 51 von der Haltestelle Cartwright Street!).

Außerdem: **Kanu mieten** und auf dem False Creek paddeln oder auf der ihn säumenden Ufermauer herumwandern.

II Canada Place

Entstanden als kanadischer Pavillon für die Expo '86, bietet der mit einem weißen Zeltdach überbaute Pier eine atemberaubende Tuchfühlung mit der Stadt: sensationelle Ausblicke auf den Hafen, das Wolkenkratzer-Panorama von Downtown und das hoch aufragende Bergmassiv im Norden. Überall an den Panorama-Promenaden finden sich Tafeln mit Informationen zu sämtlichen Sehenswürdigkeiten.

Wie ein Schiffsrumpf schiebt sich Canada Place ins Hafenbecken – ein genialer Entwurf des Architekten, der das an geblähte Segel erinnernde weiße Teflondach noch unterstreicht. Es vereint ein Konglomerat aus Läden, Restaurants, Konferenzzentrum, Ausstellungen, IMAX Theatre und Attraktionen wie dem kindgerechten Film-Spektakel **FlyOver Canada**, bei dem die Zuschauer wie in einem richtigen Flugzeug über die schönsten Landschaften Kanadas fliegen. Wer umwerfende Ausblicke genießen möchte, muss nur eine Stunde an den »Decks« entlangflanieren – der Promenade, die den gesamten Komplex umsäumt.

Rechts: Canada Place

Unten: Im Inneren des Komplexes

Erster »Anlaufhafen«

Canada Place liegt direkt am Hafen zwischen Howe und Burrard Street, am nördlichen Ende von Downtown, ist also gleich zu Beginn eines Stadtbesuchs relativ leicht zu Fuß zu erreichen. Ebenfalls in allernächster Nähe findet sich der Hauptsitz des ausgezeichneten **TouristInfo Centre** (➤ 34).

Grandiose Szenerie

Von der Promenade lässt sich zudem ein Blick auf das Treiben in einem der verkehrsreichsten Häfen Nordamerikas werfen: Hubschrauber stoßen aufs Wasser, Wasserflugzeuge steigen empor, Boote jedweder Art kreuzen vor eindrucksvollem, berggesäumtem Hafenpanorama. Im Westen schwingt die Uferlinie in weitem Bogen aus zum **Stanley Park** (➤ 52), einem riesigen Sekundärwaldareal hinter Downtown (➤ 63). Unterhalb liegt meist mindes-

BAEDEKER TIPP

- **Der Lookout** im Harbour Centre ist fast immer überlaufen, besuchen Sie ihn also vor dem größten Ansturm noch vor Canada Place.
- Da die Tickets den ganzen Tag gültig sind, können Sie bei Dunkelheit noch einmal zurückkehren zu einem **Panoramablick bei Nacht**.

Mit etwas mehr Zeit **IMAX-Kinos** (201-999 Canada Place; Tel. 604 6 82 46 29; www.imax.com/) mit Riesenleinwand existieren in ähnlicher Form in fast jeder Großstadt. Daher eher eine Option für Regentage ... oder quengelnde Kids!

tens ein Kreuzfahrtschiff am Pier – etwa 120 mit 600 000 Passagieren werden jährlich am Terminal abgefertigt.

Beim Spaziergang vermitteln 44 Infotafeln Wissenswertes von der Stadtgeschichte bis zu diversen Schiffstypen und Beladungsformen. Der Hafenbetrieb begann 1864 mit dem Export von Zäunen nach Australien. Heute werden jährlich etwa 3000 Schiffe aus über 100 Ländern mit über 83 Mio. t Ladung durch die Anlagen geschleust – ein Handelsvolumen von über 40 Mrd. $. Das **Interpretive Centre** der Port Authority bietet weitere Informationen in unterhaltsamer (interaktiver) Form.

Wem diese Eindrücke nicht ausreichen, der begibt sich zum **Harbour Centre**, wo ein verglaster Aufzug Besucher in 60 Sekunden zum **Lookout** auf 170 m transportiert (umwerfender 360-Grad-Rundumblick über die Stadt).

Canada Place ragt wie ein Schiffsrumpf in den Hafen

KLEINE PAUSE

Eine günstige Einkehrmöglichkeit zu Mittag bietet das **Café** im Canada Place ($), eine etwas aufwendigere am Abend eines der Restaurants im nahen Pan Pacific Hotel ($$$).

---

205 E3 · Canada Place, 100-999 Canada Place · Information 604 6 65 90 00; www.canadaplace.ca · 24 Std. · frei · Café ($) · Waterfront · 4, 6, 7, 8 oder 50 North bis Granville Street

FlyOver Canada

205 E3 · 201-999 Canada Place · 604 6 20 84 55; www.flyovercanada.com · Ende Juni–Ende Sept. tägl. 10–21 Uhr · 19,95 $ · Waterfront · 4, 6, 7, 8 oder 50 North bis Granville Street

Lookout im Harbour Centre

205 E3 · Harbour Centre, 555 West Hastings Street · 604 6 89 04 21; www.vancouverlookout.com · Mai–Mitte Okt. tägl. 8.30–22.30 Uhr, Mitte Okt.–April 9–21 Uhr · 15,75 $ · Food Court ($); Restaurant ($$) · Waterfront · 4, 6, 7, 8, 10, 16, 20 oder 50 North bis Granville Mall

12 Downtown

Die Innenstadt von Vancouver mit ihren Hochhaustürmen, Einkaufszentren, Büros und Läden unterscheidet sich kaum von der anderer nordamerikanischer Großstädte, außer in Aussicht und Lage. Von fast jeder Ecke bieten sich erstaunliche Hafen- und Gebirgspanoramen – als ständige Erinnerung an die pittoreske Naturkulisse, die den Rahmen einer der sicherlich schönsten Städte dieser Welt bildet.

Das Herz von Downtown bildet das Karree um Robson, Granville und Burrard Street, wobei das elegante Viertel besonders Richtung Osten weiter expandiert. An der **Robson Street** als wichtiger Durchgangsstraße drängen sich Läden und Restaurants: Im Sommer führt am pulsierenden Gedränge und bunten Straßenleben kein Weg vorbei. Die Granville Street ist weniger schick (am südlichen Ende fast schäbig, doch beliebte Partymeile mit Bars, Clubs und Kinos), am gepflegtesten die Burrard Street. Ihr nördliches Ende Richtung **Canada Place** (➤ 60) säumen die renommiertesten Hotels, Geschäfte und Bürogebäude der Stadt.

West oder Ost

Mit dem West End schließt sich ein hauptsächlich als Wohngebiet dienendes Viertel an, dahinter setzt erneut der **Stanley Park** (➤ 52) als Urwald auf Stadtgebiet höchst eindrucksvoll Kontraste zu dessen Beton-, Glas- und Stahlfassaden. Richtung Osten folgen **Gastown** (➤ 72) als gelungenes Beispiel von Stadterneuerung, dann ein schäbiger, heruntergekommener Bezirk, der in **Chinatown** (➤ 73) übergeht.

Gastown mit seinen Cafés und Bars

Sehenswertes

Für die **Vancouver Art Gallery**, eines der bedeutendsten Kunstmuseen Kanadas, wurde von Arthur Erickson ein ehemaliges neoklassizistisches Gerichtsgebäude umgestaltet. Die Sammlung mit knapp 10 000 Objekten (nicht alle werden präsentiert) umfasst u. a. Gemälde von Emily Carr als prominentester Künstlerin British Columbias. Zudem zeigt man anspruchsvolle, oft Aufsehen erregende Wechselausstellungen internationaler Kunst. Ein schöner Laden verkauft Kunsthandwerk hiesiger Künstler, während das Museumscafé mit einem hübschen Innenhof lockt.

Seit Anfang 2008 plant man einen neuen Standort für die Galerie auf einem Ufergrundstück der Plaza of Nations am False Creek.

Mit Kaufhäusern und Ladenpassagen ist Downtown auch viel besuchte Einkaufsmeile. Besonders populär: The Bay und Sinclair Centre (➤ 83; dort auch Informationen über weitere Geschäfte).

KLEINE PAUSE

Das **Gallery Café** (➤ 81) mit großzügigem Innenhof ist ein hübscher Treffpunkt zum Mittagessen oder für eine Tasse Kaffee.

Unten: Blick auf Downtown von der Davie Street

Links: Die Vancouver Art Gallery diente einst als Gerichtsgebäude

205 D2

Vancouver Art Gallery

205 D2 750 Hornby Street 604 6 62 47 00 oder 604 6 62 47 19 (Information rund um die Uhr); www.vanartgallery.bc.ca Art Gallery: tägl. 10–17 Uhr (Di bis 21 Uhr). Café: Mo–Fr 9–21, Sa, So 9.30–18 Uhr 20 $ Gallery Café Burrard oder Granville 3 oder 5 und 15 West bis Robson Street

BAEDEKER TIPP

- Wer sich für moderne Architektur interessiert, wandert auf der Robson Street Richtung Osten zum Komplex der **Vancouver Public Library** (➤ 182), die dem römischen Kolosseum nachempfunden ist.
- Der **Stadtspaziergang** (➤ 180) streift verborgene Ecken und weniger bekannte Architekturikonen wie die Christ Church Cathedral, das Marine Building oder die **Bill Reid Gallery** of Northwest Art (639 Hornby/Dunsmuir Street; Tel. 604 6 82 34 55; www.billreidgallery.ca), die u. a. dem Werk des gleichnamigen Künstlers gewidmet ist (➤ 15, 70).

13 Vanier Park Museums

Im Vanier Park sind drei der vier größeren Museen Vancouvers vereint: das stadtgeschichtliche Museum of Vancouver, das verschiedensten Aspekten des Meeres und der Seefahrt gewidmete Maritime Museum sowie das H. R. MacMillan Space Centre als Astronomie-Museum mit breitem didaktischem Angebot. Alle drei liegen nah beieinander und lassen sich sehr gut von Granville Island (➤ 58) aus besuchen, wohin eine Fährverbindung besteht.

Maritime Museum

Die Fähre von Granville Island – als bequemste Anfahrtsmöglichkeit – landet am Heritage Harbour, einem kleinen Kai, wo hübsche alte Boote liegen – eine optimale Einstimmung auf das nahe Maritime Museum, das sich der langen Seefahrttradition Vancouvers widmet.

Attraktion unter den teilweise schon etwas betagteren Schauobjekten im Heritage Habour des Meeresmuseums ist der Grenzschutzschoner *St. Roch* der Royal Canadian Mounted Police (RCMP; ➤ 24). Er bewältigte 1944 als erstes Schiff in einer Saison die Nordwestpassage, den 1500 km langen Seeweg zwischen Kanadisch-Arktischem Archipel und Nördlichem Eismeer. Weiteren Exponaten wie Fotos, Modellen und maritimen Utensilien sollte man sich mindestens eine Stunde lang widmen. Und ein speziell auf Kinder ausgerichtetes **Children's Maritime Discovery Centre** führt den Nachwuchs an maritime Themen heran.

Museum of Vancouver

Das größte Museum Vancouvers muss sich oft den Vergleich mit dem Royal British Columbia Museum (➤ 96) in Victoria gefallen lassen, das die Geschichte der kanadischen Provinz, beginnend mit den Ureinwohnern British Columbias, eindrucksvoller präsentiert. So versucht man Sammlung und Didaktik stärker auf Vancouver zu fokussieren, was auch den Umzug nach Downtown einschließen könnte: ins Gebäude der Vancouver Art Gallery in der Hornby Street, das frei werden soll (➤ 63). Man zeigt historische Wohnungseinrichtungen, einen Posten der Hudson's Bay Company, einen Waggon der **Canadian Pacific Railway** und informiert anhand eines aufschlussreichen Modells über die unmenschlichen Bedingungen, unter dene europäischen Immigranten als billigste Form der Überfahrt auf dem Zwischendeck den Atlantik überquerten.

Das Miniatur-U-Boot *Ben Franklin* im Maritime Museum

Vanier Park Museums

H. R. MacMillan Space Centre

Bei diesem Hightech-Weltraum-Zentrum in Kombination mit Observatorium und Planetarium berechtigt der Eintritt u. a. zu einem »virtuellen« Flug zum Mars in einem Full-Motion-Simulator, bei dem man sich der Sonne nähert, mit einem Meteorenschwarm kollidiert und eine Weltraumsiedlung retten kann. Man bewundert eines der riesigen Treibwerke von **Apollo 17** und durchwandert einen Hof voll mit interaktiven Darstellungen – so kann man ein Raumschiff entwerfen oder einen Mondroboter lenken. Das **Planetarium** bietet eine Auswahl an Sternen- und Lasershows, andere Abteilungen verschiedene Wechselausstellungen.

In einem Ausstellungsraum des Vancouver Museum

Maritime Museum
204 B2 Vanier Park, 1905 Ogden Avenue
604 2 57 83 00; www.vancouvermaritimemuseum.com
tägl. 10–17; 11 $ Automatenrestaurant
2 oder 22 (Macdonald) ab Burrard oder West Pender Street bis Chestnut oder Cornwall Street

Museum of Vancouver
204 B2 Vanier Park, 1100 Chestnut Street
(150 m entfernt vom Maritime Museum)
604 7 36 44 31; www.museumofvancouver.ca
tägl. 10–17 Uhr, Do bis 20 Uhr;
12 $ 2 oder 22 (Macdonald) ab Burrard oder West Pender Street bis Cornwall Street

Rechts: Brunnen vor dem Vancouver Museum

H. R. MacMillan Space Centre
204 B2 Vanier Park, 1100 Chestnut Street
604 7 38 78 27 (Anfangszeiten der abendlichen Sternen- und Laser-Show); www.spacecentre.ca Mo–Fr 10–15, Sa, So und Feiertage 10–17 Uhr
15 $ (inbegriffen: eine virtuelle Tour bei gesundheitlicher Eignung und Mindestgröße von 1 m); weitere Touren: 11 $
2 oder 22 (Macdonald) ab Burrard oder West Pender Street bis Chestnut oder Cornwall Street

BAEDEKER TIPP

- Die beste Zufahrtsmöglichkeit zum Vanier Park bieten die kleinen **Fähren** (► 37), die von Granville Island aus den Vanier Park ansteuern. Einige legen direkt an dem kleinen Steg beim Maritime Museum an, bei anderen muss man zwischendrin umsteigen. Eine unkomplizierte Angelegenheit – fragen Sie einfach den Betreiber. Bezahlt wird an Bord.
- Wenn Ihre Zeit nur für **ein Museum** reicht, entscheiden Sie sich für das Museum of Vancouver – es sei denn, Sie sind mit Kindern unterwegs: Für sie ist das H. R. MacMillan Space Centre interessanter.

14 Grouse Mountain

Wer schon beim ersten Besuch von Vancouver die 40-minütige Fahrt von Downtown über den Fjord Burrard Inlet nach North Vancouver unternimmt, hat meist zwei Gründe: die eindrucksvolle Fahrt dorthin mit dem SeaBus und den von einer Seilbahn erschlossenen Grouse Mountain. Von seinem Gipfel nämlich eröffnen sich umwerfende Panaromablicke über ganz Vancouver und sein Umland.

HIGHLIGHTS
Am Grouse Mountain werden auch diverse **Helikopter-Touren** (Tel. 604 9 80 93 11; www.grousemountain.com/heli-tours) angeboten: von der achtminütigen **Crown Mountain** (138,95 $) bis zur **Coastal Scenic Tour** (238,95 $), die 20 Minuten dauert. Das Packet **Fly, Dine and Drive** (Preis auf Nachfrage) umfasst einen Flug von Downtown zum Gipfel, ein Essen im Observatory und die Rückfahrt mit Chauffeur und Limousine.

Zwei **Seilbahn-Gondeln** aus Schweizer Produktionen – sie gehören zu den größten Nordamerikas – verkehren etwa alle zehn Minuten zwischen Tal- (290 m) und Bergstation auf 1250 m Höhe. Dort lohnt sich ein kurzer Besuch im **Interpretive Centre** (Eintritt im Gondelticket inbegriffen) mit beeindruckender Videovorführung eines Fluges über den Süden British Columbias aus der Perspektive eines Adlers. Restaurant, Bistro, Snackbar und Souvenirshop hebt man sich besser für später auf (► Kasten gegenüber).

Unternehmungen im Sommer

Verschiedenste Aktivitäten locken hier im Sommer – unberührte Wildnis kaum. Man kann sich einer **Führung** durch die Wälder

Mit der Gondel auf den Grouse Mountain

anschließen (stündl., Dauer: 30 Min.) oder bucht einen **Helikopter-Flug** (➤ Kasten gegenüber). Man kann **paragliden**, beim **Zip-Lining** an Stahlseilen gesichert von Station zu Station gleiten und an geführten **Mountainbike-Touren** teilnehmen, es gibt kostenlose **Kinderspielplätze** und Holzfällerdarbietungen (»**Lumberjack Shows**«) aller Art – alles in der Nähe des Interpretive Centre. Oberhalb holpert ein kleiner **Sessellift** weiter auf den Gipfel (8 Min.; im Ticket inbegriffen), wo sich bei klarem Wetter außergewöhnliche **Ausblicke** bieten: Noch mehr von Vancouver und bis hinüber zu den San Juan Islands sieht man von der gläsernen Aussichtskanzel der 58 m hohen Windturbine Eye of the Wind (tägl.).

198 A1 · 6400 Nancy Greene Way · 604 9 80 93 11; www.grousemountain.com · tägl. 9–22 Uhr · Verschiedene Kombitickets, ab 40$ · Cafés ($) und Restaurants ($$) · SkyTrain bis Waterfront, dann SeaBus bis Lonsdale Quay, von dort Bus 236 (oder Bus 232 ab Phibbs Exchange)

Links: Panorama Vancouvers vom Berggipfel

BAEDEKER TIPP

- Für den atemberaubenden Blick benötigen Sie schönes Wetter. Und kommen Sie, bevor sich lange Warteschlangen an der Seilbahnstation gebildet haben.
- Bei einer Tischreservierung zum Abendessen im Restaurant des Observatoriums (tägl. 17–22 Uhr; Tel. 604 9 80 93 11; $$$) kann man kostenlos die Seilbahn benutzen – und speist in stimmungsvollem Rahmen, während sich darunter Vancouver im Lichtermeer ausbreitet.

Außerdem: Die Rückfahrt mit dem Bus zum Lonsdale Quay lässt sich gut zur Erkundung des **Capilano Suspension Bridge Park** (➤ 74) unterbrechen.

15 Museum of Anthropology

Dass eines der besten Museen dieser Stadt eine halbe Fahrstunde mit Bus oder Taxi von Downtown entfernt liegt, sollte Besucher nicht abschrecken, ist es doch eine der führenden Institutionen für die Kultur indigener Völker Nordamerikas, voll faszinierender Exponate wie Totempfähle und andere Kultobjekte.

Lage und Architektur

Das Museum liegt auf dem Campus der University of British Columbia westlich des Stadtzentrums von Vancouver. Sein auffälliges Gebäude aus hellem Sichtbeton und Glas nach einem Entwurf des renommierten kanadischen Architekten Arthur Erickson (1976) ist von der typischen Holzbalkenbauweise der »First Nations« British Columbias inspiriert, deren Kunst und Kultur es in seinen Ausstellungen zeigt.

Rechts: Totempfahl im Außenbereich des Museum of Anthropology

Unten: Präsentation der Objekte im Inneren

Indianische Kulturerzeugnisse und mehr

Ausgestellt sind in erster Linie Kulturerzeugnisse der Nordwestküstenindianer. Weltberühmt ist die Skulptur **»The Raven and the First Man«** des Haida-Künstlers Bill Reid in der nach ihm benannten Rotunda.

In der Great Hall (rechts) wird in pittoresker Folge eine **Sammlung von Totempfählen** der Haida, Salish, Tsimshian und Kwakiutl präsentiert, indigenen Völker Nordamerikas, deren Kultur und Kunst viele Ähnlichkeiten aufweisen. Durch die raumhohen Fenster fällt der Blick auf weitere Totempfähle, eingefasst von den Fluten der Georgia Strait. Zwei nach den Bauprinzipien der Haida errichtete **Langhäuser** in traditioneller Nord-Süd-Ausrichtung blicken über Point Grey.

Neuorganisation

Nach einem ehrgeizigen Umbauprojekt wurde das Museum Anfang 2010 wie-

der eröffnet. Die Ausstellungsfläche wurde um 50 % vergrößert, diese **größeren Präsentationsflächen** stehen nun für Wechselausstellungen sowie ein Café zur Verfügung.

Die **Multiversity Galleries**, die die alten Galerieräume ersetzten, präsentieren eine Auswahl aus der hochrangigen Sammlung des Museums mit 35 000 Artefakten, einige in herausziehbaren Schubladen, darunter auch Stücke aus Indien, China und Südostasien. An Computerterminals können weitere Infos sowie Bilder, Videos und Audiodateien abgerufen werden.

Der neu errichtete **Südflügel** ist für Forschungszwecke vorgesehen und enthält diesbezüglich hochmoderne Einrichtungen. Die Digitalisierung sämtlicher Objekte, die im Rahmen dieser Maßnahmen unternommen wird, macht sie nun für Forscher (auch online) leichter zugänglich. Besucher können in einem »Digitalisierungsstudio« dabei zusehen.

204 bei A1 6393 NW Marine Drive
604 8 22 50 87; 604 8 22 38 25 (Infoband); www.moa.ubc.ca
Mitte Mai–Mitte Okt. tägl. 10–17, Di bis 21 Uhr, Mitte Okt.–Mitte Mai Di–So 10–17, Di bis 21 Uhr 16,75 $ Café $
4, 9, 17, 25, 41, 43, 44, 49, 84, 258, 480

BAEDEKER TIPP

- Nehmen Sie den **Bus 4 oder 10** bis Endstation und folgen Sie auf dem Campus der University of British Columbia der dreispurigen East Mall nach Norden, dann links in den NW Marine Drive. Etwa 15 Minuten Fußweg.

Außerdem: Besuchen Sie auf dem UBC-Campus auch den kleinen **Nitobe Memorial Garden** (Tel. 604 8 22 60 38 oder 604 8 22 42 08; www.botanicalgarden.ubc.ca/nitobe; 15. März–15. Nov. tägl. 9.30–17, sonst Mo–Fr 10–14 Uhr; 6 $, Kombi-Ticket mit UBC Botanical Garden 24 $), der als einer der wenigen authentischen Japanischen Gärten außerhalb von Japan gilt. Noch weiter südlich (16th Avenue/SW Marine) liegt der ebenfalls zur Universität gehörende **UBC Botanical Garden** (Tel. 604 8 22 42 08; www.botanicalgarden.ubc.ca; Mo–Fr 9–17, Sa, So 9.30–17.30 Uhr; 8 $) mit Themengärten (u. a. Asien, Alpine Pflanze, heimische Pflanzen British Columbias).

Nach Lust und Laune!

16 Gastown

Im neu belebten Viertel fünf Fußminuten östlich des Canada Place (➤ 60) konzentrieren sich Cafés, Bars, umgebaute Lagerhallen und interessante Läden. Es ist ein Ort für Touristen, weil immer etwas los ist, befindet sich aber auch in der Nähe der schäbigeren, fast unangenehmen Stadtviertel auf dem Weg nach Chinatown (➤ rechts).

Im Viertel mit den ältesten Gebäuden, um das Vancouver entstand, eröffnete Dampfschiffkapitän »Gassy« Jack Deighton einst eine Kneipe, der das Viertel seinen Namen verdankt (➤ 17). 1886 wurde es Opfer einer Feuersbrunst, doch nach dem Eisenbahnanschluss Vancouvers im Folgejahr schnell neu errichtet. In den 1970er-Jahren war es ein heruntergekommenes, ödes Glasscherbenviertel – eine beachtenswerte historische Substanz und die Zentrumsnähe waren jedoch gute Argumente für eine Sanierung.

Inzwischen umfassend renoviert, erweist sich das Viertel allerdings weniger dynamisch, als die Planer hofften, zumindest im Vergleich mit Granville Island als ähnlichem Projekt (➤ 58). Trotzdem lohnt es, sich dort ein Stündchen aufzuhalten. Infotafeln erklären 23 historische Gebäude. Die meisten Sehenswürdigkeiten liegen an der **Water Street**, die vor Entwicklung des zentralen Hafens direkt am Meer lag: So findet man z. B. eine dampfbetriebene Uhr (1977; links), deren Dampfpeifen alle Viertelstunden lautstark hupen und tröten, ferner Läden, Galerien, Cafés und Restaurants wie das *Water*

Die Steam Clock ist heute ans Fernwärmenetz angeschlossen.

SPIEL UND SPASS IN VANCOUVER

Für Kinder ist in Vancouver einiges geboten, manche Sehenswürdigkeiten sind ganz besonders auf jüngere Besucher ausgerichtet, wie Wasserrutschen und Spielplätze im **Granville Island Waterpark** (Tel. 604 6 66 57 84; www.granvilleisland.com) oder die Fahrgeschäfte im **Playland** (Tel. 604 2 53 23 11; www.pne.ca/playland). Im Stanley Park ziehen **Miniature Railway**, der Nachbau eines historischen Zuges (Tel. 604 2 57 85 31; http://vancouver.ca/parks/parks/stanley/fun.htm), oder Touren mit dem Pferdewagen (www.stanleyparktours.com) die Kleinen magisch an. In Aldergrove, 30 Autominuten östlich des Zentrums, lockt der **Greater Vancouver Zoo** (604 8 56 68 25; www.gvzoo.com), in North Vancouver, 10 Autominuten von Downtown, die **Maplewood Farm** (604 9 29 56 10; www.maplewoodfarm.bc.ca).

UREINWOHNER-KUNST
Ein Tipp für Souvenirs: In Gastown gibt es mehrere Galerien für ausgezeichnetes, allerdings nicht eben preiswertes Kunsthandwerk der kanadischen Ureinwohnerstämme. Im selben Gebiet verkaufen lizenzierte Straßenkünstler ungewöhnliche Stücke aus authentischer Fertigung.

Street Café (► 80), die *Old Spaghetti Factory* oder die *Inuit Gallery of Canada* (► 82).
205 E2 Skytrain: Waterfront
3, 4, 6, 7, 8, 50

17 Chinatown

Chinatown besteht aus Gassen voller Gewimmel, lebhaften Märkten und Lädchen mit exotischen Lebensmitteln und Heilpräparaten. Östlich von Gastown gelegen, erreicht man es am besten auf der Cambie Street Richtung Süden, dann links auf die Pender Street. Von Downtown aus folgt man am Library Square der **Silk Road Route** mit ihren bunten Fahnen und Straßenschildern, die ganz Chinatown mit allen wichtigen Sehenswürdigkeiten erschließt.

Das mit über 100 000 Einwohnern drittgrößte chinesische Viertel Nordamerikas – größer sind noch die Chinatowns in San Francisco und New York – entstand um 1858, als der Goldrausch im Fraser Valley Scharen von Immigranten aus dem Reich der Mitte anzog, denen weitere im Zuge des Eisenbahnbaus folgten. Hier siedelten sie sich an, bei der Eingliederung unterstützt von großen Familienclans.

Diskriminierung war an der Tagesordnung – so blieben Chinesen bis 1947 Bürgerrechte und Staatsbürgerschaft versagt und noch in den 1930er-Jahren war es weißen Frauen verboten, in chinesischen Restaurants zu arbeiten, wären sie doch nach Überzeugung des örtlichen Polizeichefs dort »unweigerlich einem unmoralischen Lebenswandel« verfallen. Zwar ist Integration heute kein Problem mehr, doch bleibt man meist unter sich: Sämtliche Straßenschilder sind chinesisch, die Gebäude deutlich asiatisch geprägt, und fast alle Einwohner haben chinesische Wurzeln.

Das Viertel wird begrenzt von Pender, Carrall, Gore und Main Street. Viele steuern dort zunächst das **Sam Kee Building** (Ecke Pender/Carrall Street) an, mit 1,8 m Breite eines der kleinsten Geschäftshäuser der Welt.

Ebenfalls sehenswert ist der **Dr. Sun Yat-Sen Classical Chinese Garden**, benannt nach dem Gründer der ersten chinesischen Republik, der Vancouver häufig besuchte. Als erster klassisch chinesischer Garten außerhalb Chinas entstand er für die Expo ’86 mit Materialien aus Suzhou nach dem Vorbild von Gärten, die während der Ming-Dynastie (1368–1644) angelegt wurden. Mittels Felsen, Wasser, Pflanzen und Gebäuden wird darin eine Harmonie der Elemente angestrebt: hart/weich, groß/klein, weich/rau, fließend/statisch. Zunächst spröde und asketisch wirkend, zieht er den Besu-

Dr. Sun Yat-Sen Classical Chinese Garden

cher bald mit subtilem Ebenmaß und friedlicher Stille in seinen Bann.
205 F2

Dr. Sun Yat-Sen Classical Chinese Garden
578 Carrall Street, Nähe Pender Street
604 6 62 32 07; www.vancouverchinesegarden.com Mai–Mitte Juni und Sept. tägl. 10–18 Uhr, Mitte Juni–Aug. 9.30–19 Uhr, Okt–April tägl. 10–16.30 Uhr 14 $ Café ($)
Skytrain: Stadium-Chinatown
19 oder 22 East bis Pender Street

18 TELUS Science World

Die silberne geodätische Kuppel hebt sich markant vor der Skyline Vancouvers ab. Der ehemalige Pavillon der Expo '86 dient heute als museales Science Center, dessen zahlreiche interaktive Displays besonders Kinder zum Mitmachen anregen. Nicht in jedem Punkt erfüllen sie allerdings die Erwartungen, die das faszinierende Umfeld häufig erweckt, zudem ist der Weg von

Geodätische Kuppel von Science World

Downtown aus nicht gerade ein Katzensprung. Wer allerdings Kinder dabei hat, wird bei Vorführungen wie Laser- und 3D-Shows oder im Omnimax Theatre mit Riesenleinwand auf seine Kosten kommen.
205 E1 1455 Québec Street
604 4 43 74 40; www.scienceworld.ca

BERÜHMTE BESUCHER

Prominente, die sich auf die **Capilano Bridge** wagten, waren Marilyn Monroe, Katherine Hepburn, die Rolling Stones und Margaret Thatcher – Letztere war so angetan, dass sie die Überquerung wiederholte.

Mo–Fr 10–17, Sa, So 10–18 Uhr 25 $
Triple O's der White Spot-Kette ($)
SkyTrain bis Science World-Main Street
3 und 8 North bis Granville Mall, 19 bis Pender Street

19 Capilano Suspension Bridge Park

Die **Capilano Suspension Bridge** zählt zu den größten Touristenattraktionen: 750 000 Besucher jährlich queren die 137 m lange, frei schwingende Seilbrücke 70 m über dem Fluss. Nach dem schwindelerregenden Erlebnis kann man sich bei **Treetops Adventure** auf sieben schmalen Stegen 30 m über dem Boden zwischen uralten Regenwaldgiganten bewegen, die Ausstellung Living Forest (»Lebender Wald«) besuchen und beim neuen Cliffwalk Nervenkitzel erleben.

Wer solch touristischen Kommerz samt Massenandrang eher ablehnt und eine ruhigere Umgebung sucht,

sollte sich zum weiter nördlich gelegenen **Capilano River Regional Park** begeben. Dort kann man wandern und die Flusslandschaft auf sich wirken lassen. In der Aufzuchtstation der **Salmon Hatchery** (1977) zum Schutz der schwindenden Lachsbestände kann man durch eine Glasscheibe Lachse vor dem Laichen beobachten, wie sie eine Fischleiter hinaufspringen.

Man kann den Besuch des Parks gut an den des Grouse Mountain (► 68) anschließen, von dem aus man zu Fuß oder per Bus etwa 1 km bis zum Haupteingang zurücklegt. (Ein weiterer Zugang liegt im Norden des Parks am Cleveland Dam.) Ein Teil des **Capilano Pacific Trail** verbindet den Damm mit der Hatchery (1,5 km). Alternativ kann man auch am Fluss entlang den Weg von der Aufzuchtstation bis zum Dog's Leg Pool (1 km) zurücklegen.

Der Park ist verglichen mit anderen Schutzwäldern North Vancouvers besonders gut zu erreichen. Informationen über Zufahrt und Aktivitäten in den anderen Parks – wie Lynn Canyon, Mount Seymour, Cypress und Lighthouse Park – erhalten Sie im Visitor Center.

Oben: Capilano Suspension Bridge
Rechts: Whistler, nicht nur ein Winterziel

204 bei B5 3735 Capilano Road, North Vancouver frei 236, 239 oder 246 West bis Georgia Street

Suspension Bridge: 604 9 85 74 74; www.capbridge.com Mitte Mai–Aug. tägl. 8.30–20 Uhr, Anfang Mai, Sept.–Mitte Okt. 9–19.30 Uhr, Mitte–Ende Okt., Mitte März–Mitte April 9–18 Uhr, Mitte–Ende April 9–18.30 Uhr, Nov.–Mitte März 9–18 Uhr 34,95 $

Hatchery: 604 6 66 17 90 tägl. ab 8 Uhr, variabel frei

20 Whistler

Whistler, einer der renommiertesten Wintersportorte Nordamerikas, liegt in atemberaubender Berglandschaft 125 km nördlich von Vancouver und war nicht umsonst Austragungsort der Olympischen Winterspiele 2010. Im Sommer kann man hier radeln, Golf spielen, reiten, mountainbiken oder auf einem der 18 wunderbaren Trails wandern, wie dem Glacier Walk durch Eis und Schnee. Seilbahnen und Lifte erschließen anspruchsvollere Touren. Eineinhalb Stunden Fahrt von Vancouver entfernt, eignet sich der Ort durchaus für einen Tagesausflug. Zudem gibt es zahlreiche (nicht immer günstige) Übernachtungsmöglichkeiten. Informationen im TouristInfo Centre in Vancouver (► 34) oder vor Ort im Whistler Infocentre.

198 A2 604 9 32 39 28; www.whistler.com

Wohin zum ... Übernachten?

Preise
Für ein Doppelzimmer pro Nacht (ohne Steuern)
$ unter 100 CDN $ **$$** 100–200 CDN $ **$$$** 200–300 CDN $
$$$$ über 300 CDN $

Barclay House $$
Was der erste Eindruck dieses historischen Bed & Breakfast im West End verheißt, setzt sich im Innern fort: Mobiliar und Ausstattung sind komfortabel, ultramodern und äußerst elegant. Die meisten Zimmer verfügen über einen eigenen Salon. Zur Ausstattung gehören Bademäntel, Kaffeemaschine, Computerterminal mit WLAN-Internet u. v. m. Continental oder American Breakfast auf Wunsch.
204 C3 ✉ 1351 Barclay Ecke, V6E 1H6 ☎ 604 6 05 13 51 (gebührenfrei 1 800 9 71 13 51); www.barclayhouse.com

The Fairmont Hotel Vancouver $$$/$$$$
Das Fairmont Hotel Vancouver der ehemaligen Canadian Pacific-Gesellschaft mit seinen 556 Zimmern ist seit vielen Jahren ein Fixpunkt im Zentrum von Downtown. Auch wenn jüngere Wettbewerber wie das Fairmont Waterfront (► rechts) in letzter Zeit eine starke Konkurrenz darstellen, ist es genau das Richtige für alle, die ein Luxushotel im traditionellen Stil suchen. Es umgarnt Gäste mit sämtlichen Annehmlichkeiten moderner Technik wie Internetzugang und Fernseher. Zu den Hotelgästen zur Verfügung stehenden Serviceangeboten zählen Health Club und Spa mit Schwimmbad, Whirlpool, Sauna und Massage.
205 D3 ✉ 900 West Georgia Street, V6C 2W6 ☎ 604 6 84 31 31 oder 1 866 5 40 44 52; www.fairmont.com/hotel-vancouver

The Fairmont Waterfront $$$/$$$$
»The Waterfront« mit 23 Stockwerken gehört zum modernen Komplex des Canada Place (► 60). Drei Viertel der 489 elegant mit Möbeln aus hellem Holz und moderner Kunst ausgestatteten Zimmer genießen teils spektakuläre Ausblicke über Hafen und Burrard Inlet bis zu den Berggipfeln im Norden. Modernste Technik (Voicemail-Telefon, WLAN, Flachbildschirm-TV) und besonders kompetente Mitarbeiter. Alle üblichen Serviceangebote eines Luxushotels, darunter Restaurant, Health Club, Spa sowie beheizter Außenpool.
205 E3 ✉ 900 Canada Place Way, V6C 3L5 ☎ 604 6 91 19 91 (gebührenfrei 1 866 5 40 45 09); www.fairmont.com/waterfront-vancouver

Four Seasons $$$$
Das luxuriöse Hotel mit 372 Zimmern liegt in einem Hochhausturm über der Pacific Centre Mall (► 83). Zwei Zimmerkategorien (einfach und Deluxe) sowie großzügigere Suiten. Health Club, Pool und Fitness Center lassen keine Wünsche offen. Jeder Gast wird liebevoll umsorgt: Kinder mit Milch und Keksen vor dem Einschlafen, Tiere mit Mineralwasser.
205 D2 ✉ 791 West Georgia Street, V6C 2T4 ☎ 604 6 89 93 33 (gebührenfrei 1 800 8 19 50 53); www.fourseasons.com/vancouver

Listel Hotel $$/$$$
Das attraktive Boutiquehotel im Herzen von West End legt als

»Vancouver's most art-ful hotel« besonderen Wert auf anspruchs- und stilvolle Ausstattung mit moderner Kunst und Werken regionaler Kunstschaffender. Kostenloses WLAN, gratis Ferngespräche. Im Restaurant »Forage« wird BC's trendige, auf lokalen Produkten basierende »regional cuisine« angeboten.
205 bei D3 1300 Robson Street bei Jervis Street, V6E 1C5 604 6 84 84 61 (gebührenfrei 1 800 6 63 54 91); www.thelistelhotel.com

Sandman Hotel Vancouver City Centre $$/$$$

Das 302-Zimmer-Haus dieser soliden Gruppe im mittleren Preissegment liegt östlich des unmittelbaren Stadtzentrums nahe Vancouver Public Library und Queen Elizabeth Theatre; Gastown (➤ 72) und viele andere Sehenswürdigkeiten sind gut zu Fuß erreichbar. Die bequem ausgestatteten Zimmer – einige mit Kochnische – entsprechen dem Standard von Hotelketten. Zu den Serviceeinrichtungen zählen mehrere gastronomische Betriebe (Restaurant und Bar), Sauna, Whirl- und überdachter Swimmingpool.
205 E2 180 West Georgia Street, V6B 4P4 604 6 81 22 11 (gebührenfrei 1 800 7 26 36 26), www.sandmanhotels.ca

Sylvia Hotel $–$$$

Das Haus von legendärem Ruf als Spielwiese der Bohème mit Alterspatina, das viele Künstler inspirierte, lebt nicht zuletzt von seiner Lage am angesagten Strand der English Bay nahe Stanley Park und Denman Street.

1912 als Mietshaus errichtet und nach der Tochter des Bauherrn benannt, ist der von Efeu überzogene achtstöckige graue Steinbau eines der ältesten – und bis zum Zweiten Weltkrieg auch höchsten – Gebäude Vancouvers. 1954 wurde darin die erste Cocktailbar der Stadt eröffnet. Die 120 Zimmer in unterschiedlichen Kategorien – auch ein Grund für die Beliebtheit! – folgen in ihrer individuellen Ausstattung den Einrichtungsmoden des vergangenen Jahrhunderts. Die der höchsten Preisklasse liegen ganz oben (mit wunderbarem Ausblick), 18 Suiten mit kleiner Küche sind praktisch für Familien. Die Räume im Anbau aus den 1980er-Jahren präsentieren sich etwas schicker, lassen dafür jedoch historisches Flair vermissen. Das Zentrum ist zu Fuß (oder mit dem Bus) recht schnell erreicht. Für einen längeren Aufenthalt im Sommer sollte man rechtzeitig reservieren.
204 B3 1154 Gilford Street, V6G 2P6 604 6 81 93 21; www.sylviahotel.com

Holiday Inn Hotel & Suites Vancouver Downtown $$$

In seiner Lage weniger zentral als mancher Konkurrent, eignet sich das Haus mit 245 Zimmern und 28 Suiten dafür ideal für all jene, die Yaletown und Granville Island mit ihren Läden, Bars und Restaurant besuchen möchten. Doch liegt es deutlich günstiger als vergleichbare Kettenhotels, wie das preiswertere Howard Johnson Hotel Downtown am weniger attraktiven südlichen Ausläufer der Granville Street. Die Preise fallen etwas höher aus als bei dieser Kette üblich. U. a. mit Swimmingpool und Sauna. Einige der Zimmer verfügen über eine Küchennische für Selbstversorger.
205 D2 1110 Howe Street, zwischen Davie und Helmcken Street, V6Z 1R2 604 6 84 21 51 oder 1 800 6 63 91 51 (aus USA und Canada); www.holidayinnvancouverdowntown.com

BED AND BREAKFAST
Über B & Bs informiert die British Columbia Bed&Breakfast Innkeepers' Guild (www.bcsbestbnbs.com). Im Internet bieten www.bedand breakfast.com oder www.bbcanada.com Links zu etwa 10 000 einschlägigen Web-Adressen.

Wohin zum ...
Essen und Trinken?

Preise
Für ein Drei-Gänge-Menü (ohne Getränke und Service):
$ unter 50 CDN $ **$$** 50–100 CDN $ **$$$** über 100 CDN $

RESTAURANTS

Abigail's Party $/$$
Osteria Italiana meets English Pub – einladend und freundlich im coolen Künstlerviertel Kitsilano. Das Küchenteam kreiert jahreszeitlich wechselnd stylishe Fusionsgerichte, *Beef Burger*, Enten-Confit mit karamellisierten Zwiebeln, Bruschetta mit Rosmarin oder Risotto mit Wildpilzen. Zum Brunch am Wochenende gibt es amerikanische Klassiker, belgische Waffeln, Burrito u. v m.
204 A1 1685 Yew Street bei West 1st Ave, V6K 3E6 604 7 39 46 77; www.abigailsparty.ca Mo–Sa 17.30–2, So 5.30–23 Uhr; Sa, So 9–14.30 Uhr Brunch

Bishop's $$$
Das *Bishop's*, ein beliebter VIP-Treff, belegt seit Jahren eine Spitzenposition in sämtlichen Restaurantführern, was der sehr gastfreundlichen Atmosphäre keinerlei Abbruch tut. Die als »contemporary home cooking« beschriebene Ausrichtung entpuppt sich als raffinierte Mischung von Einflüssen diverser Landesküchen – italienisch, französisch, kanadisch, asiatisch. Es ist allerdings ein ganzes Stück vom Stadtzentrum entfernt – und man muss lange im Voraus reservieren.
204 A1 2183 West 4th Avenue, Nähe Yew Street, V6K 1N7 604 7 38 20 25; www.bishopsonline.com tägl. 17.30–23 Uhr

Blue Water Café + Raw Bar $$
Das geräumige, angenehm belebte Restaurant gehört zu den beliebtesten Adressen der kulinarischen Szene Yaletowns. Die Küche ist ambitioniert – Sushi, Fisch und Meeresfrüchte –, das Ambiente angenehm, der Service unprätentiös und freundlich. An den langen Speiseraum mit viel Holz schließt sich eine offene Küche. Die preiswertere »Raw Bar« serviert kleinere Gerichte, eine »Ice Bar« u. a. Wodka on the rocks und frisch gepresste Säfte. Das Restaurant ist Mitglied der Ocean-Wise-Initiative (► 29).
205 D2 1095 Hamilton Street bei Helmcken Street, V6B 5T4 604 6 88 80 78; www.bluewatercafe.net Restaurant: tägl. 17–23 Uhr (Late Menu bis Mitternacht), Bar: 17–1 Uhr

C Restaurant $$/$$$
Der Sieger im Wettbewerb um das beste Restaurant der Stadt, hübsch gelegen am Wasser und mit schönen Ausblicken, liefert sich regelmäßig ein Kopf-an-Kopf-Rennen mit dem *Fish House* im Stanley Park. Die kreative Küche mit Schwerpunkt auf Fisch und Meeresfrüchten zeigt sich deutlich asiatisch inspiriert.
204 C2 2-1600 Howe Street, Nähe Pacific Boulevard, V6Z 2L9 604 6 81 11 64; www.crestaurant.com Mo–Fr 12–15, Dinner tägl. 17–23 Uhr

Cactus Club Café $
Das *Cactus Club Café* mit zahlreichen Filialen in Vancouver und anderen Städten Kanadas (siehe Website) präsentiert sich als Neuzugang einer Reihe ähnlicher **Restaurantketten** im mittleren Preissegment mit vergleichbar hohem

Qualitätsanspruch, zu denen auch die Filialen von *Earl's* (➤ 79), *Milestone's* (➤ 106) und *White Spot* (➤ 74, 80) zählen.

Den Schlüssel ihre Erfolgs bilden ein entsprechendes Ambiente – ausnahmslos witzig und modern, jedoch zugleich einladend und gemütlich –, ein verlässliches Niveau und eine anspruchsvolle Speisekarte mit Gerichten, deren frische Zutaten in der Regel aus der Region stammen: West-Coast-Cuisine mit beliebten Standardgerichten aus vielen Küchen dieser Welt (Italien, Mexiko, Fernost).

205 D3 1136 Robson Street bei Thurlow Street, V6E 1B2 604 6 87 32 78

205 D2 357 Davie Street bei Hamilton Street, V6B 1R2

604 6 85 80 70; www.cactusclubcafe.com

tägl. ab 11 Uhr

Cardero's $$

In unnachahmlichem Ambiente gelegen, im Herzen von Coal Harbour gegenüber dem Stanley Park, bietet das *Cardero's* interessante kulinarische Erlebnisse mit Schwerpunkt auf Meeresfrüchten: u. a. Vorspeisen wie Miesmuscheln mit Lemongras-Kokos-Curry-Sauce oder eine Fishermen-Platte für mehrere Personen, ferner Gerichte aus dem Wok, Steaks und Koteletts, Pasta, Pizza und – als Spezialität des Hauses – auf Zedernholz gegrillten Wildlachs oder gebackenen Hummer mit Limonenbutter.

204 C3 1583 Coal Harbour Quay, V6G 3E7 604 6 69 76 66; www.vancouverdine.com tägl. 11.30–24 Uhr

CinCin $$$

An der belebten Robson Street führt ein Treppenaufgang in die rosa gestrichene Oase, innen geschmackvoll eingerichtet, mit Terrakottawänden, einzelnen Skulpturen sowie offener Küche. Ihr mit Erlenholz befeuerter Grill verleiht Fleisch-, Fisch- und Wildgerichten subtile Röstaromen. Die kulinarische Ausrichtung ist italienisch – *cin cin* bedeutet so viel wie »Prost!« –, neben einer Auswahl internationaler Gerichte. Die Bar serviert Antipasti und Pizzas vom Holzofen. Hervorragend (und preisgekrönt) ist auch die Weinauswahl.

205 D3 1154 Robson Street, Nähe Bute Street, V6E 1B5 604 6 88 73 38; www.cincin.net Restaurant und Bar: 17–24 Uhr; Late Menu 23–24 Uhr

Le Crocodile $$/$$$

Nach einem bekannten Straßburger Nobelrestaurant benannt, verbindet das Lokal herzhafte französische Bistrotradition mit besten regionalen Zutaten zu einer Küche für allerhöchste Ansprüche. Auf der Karte auch diverse Festpreis-Menüs zu Mittag, abends das Degustations-Menü des Küchenchefs.

205 D2 100–909 Burrard Street (Eingang: Smithe Street), V6Z 2N2

604 6 69 42 98; www.lecrocodilerestaurant.com Mo–Sa 11.30–14 und 17.30–22 Uhr

Dockside Restaurant and Brewing Company $$

Das beliebte Lokal im Granville Island Hotel serviert Köstlichkeiten vom deftigen Steak (Holzkohlengrill) bis zum feinsten Lachs. Hier fühlt man sich auch zu Frühstück, Brunch oder Lunch wohl, mit herrlicher Aussicht auf die Stadt durch die großzügige Glasfront. Offene Küche und großes Aquarium sorgen für den nötigen Event-Kitzel. Exquisite Biere aus der hauseigenen Brauerei.

204 C1 1253 Johnston Street, Granville Island, V6H 3R9

604 6 85 70 70; www.docksidebrewing.com

tägl. 7–22 Uhr

Earl's Restaurant on Top $$

Eine in ganz West-Kanada (allein in Vancouver mehrmals) vertretene Restaurantkette der mittleren Preislage, wo man meist unter Einheimischen sitzt und schmackhafte internationale Kost genießt – von fantasievollen Burger-Kreationen über Pasta und Pizza oder

Geflügel-Parmesan-Salat bis zu japanischer Suppe und jamaikanischem Huhn mit Mango-Sauce; natürlich gibt's auch hiesige Spezialitäten wie Lachs.
205 bei D3 1185 Robson Street Ecke Bute Street, V6E 1B5 604 6 69 00 20; www.earls.ca tägl. 11.30–1 Uhr

Lombardo's Ristorante Pizzeria $

Wenig verheißungsvoll in einer Mall gelegen, bäckt man im *Lombardo's* gleichwohl eine der angeblich besten, knusprigsten Holzofenpizzen Vancouvers. Daneben gibt es Pastas, Salate und Sandwiches (alles auch zum Mitnehmen).
Außerhalb der Karte 120–1641 Commercial Drive, V5L 3A4 604 2 51 22 40; www.lombardos.ca Mo–Sa 11–23, So 11–22 Uhr

Pink Pearl Chinese Restaurant $

Essen im China-Restaurant gehört unbedingt zu einem Besuch von Vancouver. Und die seit über 25 Jahren existierende »Rosa Perle« – östlich von Downtown gelegen, am besten mit dem Taxi erreichbar – ist diesbezüglich eine höchst authentische Adresse. Dis Atmosphäre ist lebhaft-ungezwungen, das Publikum besteht hauptsächlich aus chinesisch-kanadischen Familien. Die Küche ist kantonesisch geprägt, besonders die Dim-Sum-Häppchen sind zu empfehlen, ebenso z. B. die Venusmuscheln in Sojasauce oder Hummerkrabben mit Ingwer und Frühlingszwiebeln.
205 östlich von F2 1132 East Hastings Street, Nähe Glen Drive, V6A 1S2 604 2 53 43 16; www.pinkpearl.com tägl. 9–22 Uhr

RainCity Grill $–$$$

Das populäre, mehrfach ausgezeichnete Restaurant, dessen regelmäßig wechselnde Karte auf frischen regionalen Zutaten basiert, steht zuverlässig für kreative, erschwingliche Gerichte. Das Ambiente ist besonderen Anlässen angemessenen, zieht jedoch auch Kurzentschlossene nach einem Spaziergang in der nah gelegenen English Bay an. Anspruchsvolle Weinauswahl.
204 B3 1193 Denman Street, Nähe Morton Street, V6G 2N1 604 6 85 73 37; www.raincitygrill.com Mo–Fr 17–22, Sa, So 10.30–14, 17–22 Uhr

Water Street Café $

Wie in einschlägigen Vierteln anderer Städte stolpert man auch in Gastown allerorten über Touristenfallen. Ein löbliche Ausnahme bildet das *Water Street Café*, direkt an der Hauptstraße nahe der beliebten Dampfuhr. Für einen Fensterplatz oder einen Tisch auf der Außenterrasse empfiehlt sich eine Reservierung). Die schmackhafte Bistroküche umfasst Pasta, fangfrische Meeresfrüchte (Fanny Bay-Austern) oder frische Focaccia.
205 E3 300 Water Street bei Cambie Street, V6B 1B6 604 6 89 28 32; www.waterstreetcafevancouver.ca 11.30–23 Uhr (oder länger)

West $$

Ambiente von moderner Eleganz, mit lederbezogenen Wänden, Spiegeln und gedämpfter Beleuchtung – ideal für ein romantisches Dinner mit West Coast Cuisine der Superlative. Als Entrée empfehlen sich etwa Jakobsmuscheln oder ein warmer Salat vom Oktopus mit Roter Bete, Kartoffeln und Gurke, als Hauptgericht Fraser Valley Filet oder gegrillter Hummer. Unter den Degustations-Menüs ist auch ein vegetarisches. Die Weinauswahl ist exzellent.
199 bei A1 2881 Granville Street, Nähe West 13th Ave, V64 3J4 604 7 38 89 38; www.westrestaurant.com Mo–Sa 11.30–23, So 17.30–23 Uhr

White Spot $/$$

Die Restaurantkette hat Filialen in ganz Vancouver und im Westen Kanadas (www.whitespot.com). Die umfangreiche Fast-Food-Auswahl, bei der das Preis-Leistungs-Verhältnis stimmt, basiert auf Zutaten von guter, verlässlicher Qualität. Der Service ist freundlich, das Ambiente schick und modern. Ideal für Familien.

204 C3 1616 West Georgia Street bei Cardero Street, V6G 2V5 604 6 81 80 34 tägl. 6.30–23 Uhr

CAFÉS UND BARS

The Backstage Lounge

Eine stille Oase im Trubel von Granville Island ist die Backstage Lounge im Theater-Komplex des Arts Club. Schmackhafte Speisen, zuweilen begleitet von Livemusik.

204 C1 1585 Johnson Street, Granville Island 604 6 87 13 54; www.thebackstagelounge.com Mo–Sa 12–2, So 12–24 Uhr

La Bodega

Alteingesessener Spanier der lauten und betriebsamen Art, mit Animation, Sangria und Highlife. Zu Recht sehr beliebt, weshalb sich frühes Erscheinen empfiehlt. Die Tapas gehören zu den besten der Stadt, doch statt zum Essen kommen viele nur zu Trank und Tratsch.

204 C2 1277 Howe Street, Nähe Davie Street 604 6 84 88 15; www.labodegavancouver.com Mo–Fr 16.30–24, Sa 17–24, So 17–23 Uhr

The Diamond

Eine der coolsten Cocktailbars der Stadt, unweit Maple Leaf Square in Gastown: Im ersten Stock eines früheren Bordells servieren Barmixer die ausgefallensten Cocktails, darunter den Sazerac, den ältesten Cocktail der Welt.

205 F3 6 Powell Street, Gastown 604 2 09 74 90; www.di6mond.com Di–Do 17.30–1 Uhr, Fr–Sa 17.30–2 Uhr, So 17.30–24 Uhr

Caffè Artigiano

Kunstvoll versehen in Vancouvers erster Italian Coffee Bar die Baristas den Milchschaum des Cappuccino mit grafischen Motiven. Auch das Dekor präsentiert sich typisch italienisch, sodass man sich drinnen und im Patio fühlt wie südlich der Alpen.

205 D2 763 Hornby Street (Filialen 1101 West Pender Street, 740 West Hastings Street, 574 Granville Street 604 6 94 77 37; www. www.caffeartigiano.com Hornby Street: Mo–Fr 5.30–21 Uhr, Sa 6.30–21, So 6.30–20 Uhr

Gallery Café

Das Café in der Vancouver Art Gallery mit schönem Innenhof (► 63) ist ein ideales Refugium für Kaffee, Lunch und kleine Mahlzeiten – nicht nur für Museumsbesucher.

205 D2 Vancouver Art Gallery, 750 Hornby Street 604 6 88 22 33; www.thegallerycafe.ca Mo, Mi, Fr 9–18, Di, Do 9–21, Sa 9.30–18, So 10–18 Uhr

900 West

Als Besonderheit bietet das beliebte Lokal im Fairmont Hotel Vancouver (► 76) – zugleich Restaurant, Bar und Weinstube – 50 Sorten Rebensaft im offenen Ausschank.

199 E3 900 West Georgia Street 604 6 69 93 78 So–Do 11.30–24, Fr, Sa 11.30–1 Uhr

Sylvia

Die ruhige Bar des gleichnamigen Hotels (► 77) ist keine Nobeladresse, doch vielleicht gerade deshalb (und wegen der strandnahen Lage) ein so beliebter Treffpunkt.

204 B3 Sylvia Hotel, 1154 Gilford Street 604 6 81 93 21; www.sylviahotel.com tägl. 11.30–24 Uhr

Yaletown Brewing Company

Riesiges Brauerei-Lokal in Yaletown, das zum Mark-James-Konzern gehört.

205 D2 1111 Mainland Street 604 6 81 27 39; www.drinkfreshbeer.com tägl. 11.30–24 Uhr (Do bis 1, Fr und Sa bis 3 Uhr)

Wohin zum ... Einkaufen?

KUNST DER UREINWOHNER

Coastal Peoples Fine Arts Gallery

Eine der ersten Kunstgalerien, die sich in Yaletown etablierte. In hellen, luftigen Räumen verkauft sie indianische Kunst und Kunsthandwerk, teils von prominenten Künstlern. Bemerkenswert ist das Angebot an Gold-, Silber- und anderem Schmuck.

205 D2 1024 Mainland Street
604 6 85 92 98; www.coastalpeoples.com
2, 15, 17

Hill's Native Art

Auf drei Etagen bekommt man in dieser größten Filiale der Galerien von Hill's Kunst(-handwerk) der »First Nations«, darunter Textilien, Inuit-Skulpturen, Schmuck, Decken, Trommeln und Bücher – alles direkt vom Hersteller erworben. Versand weltweit auf Anfrage.

205 E3 165 Water Street
604 6 85 42 49; www.hillsnativeart.com
tägl. 9–21 Uhr 1 oder 50 Waterfront

Inuit Gallery of Canada

Sehenswerte, alteingesessene Institution in Gastown mit ausgezeichnetem Kunsthandwerk der Inuit und anderer Ureinwohner Kanadas. Die Preise sind gesalzen, angesichts der hohen Qualität indes gerechtfertigt. Ein Besuch lohnt immer, auch wenn man nichts kaufen will.

205 E3 206 Cambie Street, Gastown
604 6 88 73 23; www.inuit.com 1 oder 50

LEBENSMITTELMÄRKTE

Granville Island Public Market

Mit seiner Fülle an Fleisch, Fisch, Käse, Obst, Wein und Spezialitäten gewiss einer der schönsten Lebensmittelmärkte Nordamerikas – allein optisch. Mit Blick auf den False Creek kann man hier auch prima speisen.

204 C1 Granville Island
604 6 66 57 84; www.granvilleisland.com
tägl. 9–19 Uhr 50, 51

Lonsdale Quay Market

Die Fahrt mit der Fähre über den Burrard Inlet (obligatorisch für jeden Vancouver-Besuch) endet am Lonsdale Quay, nicht weit von diesem Markt entfernt. Er ist zwar nicht so imposant wie die Markthalle von Granville Island, dafür bekommt man Kunsthandwerk, Bücher und Geschenkartikel – mit Blick aufs Wasser.

200 bei C5 Lonsdale Quay, 123 Carrie Cates Court, North Vancouver
604 9 85 62 61; www.lonsdalequay.com
tägl. 9–19 Uhr SeaBus ab Waterfront

FACHGESCHÄFTE

Blackberry Books

Schönes Buchlädchen zum Stöbern auf Granville Island. Es ist spezialisiert auf Kunst, Architektur und Kulinarik, hat aber auch eine gute Auswahl an Romanen, Reiseführern u. v. m.

204 C1 1666 Johnston Street, Unit 3, Net Loft Building, Granville Island 604 6 85 61 88; www.bbooks.ca 50, 51

Chapters

Die riesige Kette hat alte Buchhandelsgeschäfte aus dem Zentrum Vancouvers vertrieben. Enorme Auswahl in hellen Hallen und freundliches Verkaufspersonal. Hier bekommt auch der Tourist alles Notwendige an Reiseliteratur.

205 D2 788 Robson Street, Ecke Howe Street 604 6 82 40 66; www.chapters.indigo.ca tägl. 9–22 Uhr
5, 17, 20 bis Robson Street

Chintz & Company

In dem großzügigen Geschäft im Norden des coolen Yaletown bekommt man alles, was das Haushaltsherz begehrt: Stoffe, Einrich-

tungsgegenstände, Geschenkartikel, antike Betten, Schränke, Tische usw., ferner Kleinigkeiten wie Kerzen, Lampen und Deko-Objekte.
205 D2 950 Homer Street
604 6 89 20 22 oder 1 888 6 48 08 89; www.chintz.com 2, 15, 17

Edible British Columbia
Nachhaltige Landwirtschaft lässt sich in köstlichster Weise erleben in diesem beliebten Laden im Granville Public Market, der grandiose einheimische Produkte anbietet, vom Wein bis zu Eingemachtem und Saucen.
204 C1 565, 1689 Johnston Street
604 5 58 00 40; www.edible-britishcolumbia.com 50, 51

Lululemon Athletica
Mode und Fitness geben sich ein Stelldichein in dem stilvollen Tempel für Yoga, Tanz und Jogging. Auch Unsportliche können hier in einem breiten Angebot von Tanktops, Kapuzenpullovern, Yogahosen, Laufmützen, Tragetaschen und, und, und wühlen.
205 D3 1148 Robson Street bei Thurlow Street 604 6 81 31 18; www.lululemon.com

Murchie's Tea & Coffee
Seit 1894 in Vancouver eine Top-Adresse für Tee und Kaffee bester Qualität, wo man von Geschirr, Gläsern und Kannen bis zu Teeblättern und Kaffeebohnen alles bekommt.
205 D3 825 West Pender Street
604 6 69 07 83; www.murchies.com 8

Seafood City
Hier fischelt es gewaltig, auf hohem Niveau – vom geräucherten Rotlachs (»sockeye«) bis zu Räucherlachs-Bonbons in Ahornsirup mit schwarzem Pfeffer. Am besten als Mitbringsel geeignet ist das lang haltbare Dörrfleisch (*jerky*) vom Lachs.
204 C1 1689 Johnston Street (Granville Island) 604 6 88 18 18; www.seafoodcitygi.com tägl. 9–19 Uhr
siehe Granville Public Market

MALLS & KAUFHÄUSER

The Bay
Die Kaufhauskette ist der Nachfolger der Hudson's Bay Company. Ihr Domizil in Vancouver wirkt nicht sonderlich einladend, doch die Ware ist solide.
205 D2 674 Granville Street bei West Georgia Street 604 6 81 62 11; www.hbc.com Granville 8

The Landing
Kleine Mall in einem Gastowner Warenhaus von 1905 mit gehobenen Lebensmittelgeschäften, Souvenirläden und Designer-Outlets. Empfehlenswert: *Roger's Chocolates* (www.rogerschocolates.com) und *Jade Mine* (www.jademine.com).
205 E3 375 Water Street 604 4 53 50 50; www.vancouverkiosk.ca/the-landing.php

Pacific Centre Mall
Eine der besten Malls von Vancouver – drei Blocks mit über 200 Geschäften sowie unterirdischen Verbindungsgängen zur **Vancouver Centre Mall** (650 West Georgia Street) mit weiteren 115 Läden.
205 D2 609 Granville Street
604 6 88 72 35; www.pacificcentre.ca
Granville

Holt Renfrew
Vancouvers Filiale des kanadischen Nobelkaufhauses fährt mit allem auf, was anspruchsvolle High-End-Shopper gewohnt sind: u. a. kanadische Fashion Designer wie Wayne Clark, Trout und Lida Baday.
205 D3 737 Dunsmuir Street bei Granville Street 604 6 81 31 21; www.holtrenfrew.com Mo–Di 10–19, Mi–Fr 10–21, Sa 10–19, So 11-18 Uhr

Sinclair Centre
Eine Mall für den gehobenen Geschmack in vier restaurierten alten Gebäuden. Mode und mehr um einen gastronomischen Innenhof.
205 E3 757 West Hastings Street
604 4 88 06 72; www.sinclaircentre.com
Waterfront

Wohin zum ... Ausgehen?

KLASSISCHE MUSIK

Das **Vancouver Symphony Orchestra** (Tel. 604 876 34 34; www.vancouversymphony.ca) tritt gewöhnlich im Orpheum Theatre (801 Granville Street) auf. Die **Vancouver Opera** (Tel. 604 683 02 22; www.vancouveropera.ca) hat von Oktober bis Juni Saison im Queen Elizabeth Complex (600 Hamilton Street).

Kleinere, doch sehr renommierte Ensembles sind: der **Vancouver Chamber Choir** (Tel. 604 738 68 22; www.vancouverchamberchoir.com), **Early Music Vancouver** (Tel. 604 732 16 10; www.earlymusic.bc.ca), die **Vancouver Recital Society** (Tel. 604 602 03 63; www.vanrecital.com) sowie die **Vancouver New Music Society** (Tel. 604 663 08 61; www.newmusic.org).

THEATER

Ein beliebtes Ensemble ist das des **Arts Club Theatre** (Tel. 604 687 16 44; www.artsclub.com) auf Granville Island, das über ein Auditorium mit 425 Sitzplätzen und eine kleinere Revue-Bühne verfügt. Ein großes Ereignis im Sommer ist das Musikfestival **Bard on the Beach** (➤ 32; Tel. 604 739 05 59 oder 1 877 739 05 59; www.bardonthebeach.org) im Vanier Park (Ende Mai–Ende Sept.). Kleinere Theatergruppen gibt es natürlich auch – nähere Informationen im **Firehall Arts Centre** (280 East Cordova Street; Tel. 604 689 09 26; www.firehallartscentre.ca).

INFORMATIONEN UND TICKETS

Wissenswertes rund ums Vancouver Veranstaltungsprogramm erfahren Sie in der unabhängigen Wochenzeitung **Georgia Straight** (www.straight.com) und im Monatsblatt **Vancouver Magazine**, gratis erhältlich u. a. in Buchläden, Bibliotheken oder an Veranstaltungsorten (www.vanmag.com). Oft zum halben Preis bekommt man Tickets last minute bei **Tickets Tonight** (www.tickets tonight.ca), die auch eine Filiale im Main Visitor Center (➤ 34) hat. Eine weitere Quelle ist **Ticketmaster** (www.ticketmaster.ca).

KINOS

Zentral gelegenes Multiplex-Kino ist das Granville 7, ein breit gefächertes, anspruchsvolleres Programm bietet die **Pacific Cinémathèque** (1131 Howe Street; Tel. 604 688 82 02); www.cinematheque.bc.ca), ebenso das **Vancouver International Film Festival** (Ende Sept.–Mitte Okt.; Tel. 604 685 02 60; www.viff.org).

CLUBS & LIVE MUSIK

Vancouvers lebendige Club-, Tanz- und Musikszene hat ihre ständig wechselnden Publikumsfavoriten.

Shine (363 Water bei Richards Street; Tel. 604 408 43 21; www.shinenightclub.com) ist ein Mainstream Dance Club in Gastown. Livemusik gibt es im **Roxy** (932 Granville Street; Tel. 604 331 79 99; www.roxyvan.com) und im **Commodore** (868 Granville bei Mithe Street; Tel. 604 739 45 50; www.commodoreballroom.ca); und stilvoll abhängen kann man im Nightclub **Bar None** (1222 Hamilton Street; Tel. 604 689 70 00; http://donnellygroup.ca/locations/night-clubs/bar-none/) oder in der Bar **Afterglow** (1082 Hamilton bei Helmcken Street; Tel. 604 642 05 77; www.glowbalgrill.com).

Victoria

Kleine Erlebnisse

Sweet Memories

Die Bengal Lounge im **Empress Hotel** (➤ 104) punktet mit viktorianischem Gepränge – und den besten Currys der Stadt.

Abends in Tofino

Die friedvolle Stimmung bei Sonnenuntergang lässt sich auf den **Piers im Hafen** besonders gut genießen (➤ 92).

Einbaum im Regenwald

Wer den Pfad neben dem Wickaninnish Inn nimmt, landet im **Workshop** des indianischen Holzschnitzers Joe Martin (➤ 92).

Erste Orientierung

Heute ist Victoria eine lebendige, kosmopolitische Stadt, der man jedoch in positivem Sinne nach wie vor anmerkt, dass sie lange nicht mehr war als ein »Little England« in Übersee. In der Hauptstadt von British Columbia an der Südspitze von Vancouver Island geht es eher beschaulich zu zwischen einem reizvollen Naturhafen, stattlichen Parlamentsgebäuden und dem schönen Viertel rund um die Government Street.

In gewissem Maß strahlt Victoria immer noch etwas steifes und sentimental Britisches aus – symbolträchtig manifestiert in der stolzen, eleganten Statue Queen Victorias vor dem Parlament. Im Empress Hotel zelebriert man feierliche Afternoon Teas und hier und da flattert ein Union Jack im Wind. Im jüngeren Teil ist der einstige Handelsposten der Hudson's Bay Company indes durch und durch kanadisch in seiner attraktiven Mischung aus Tradition und Moderne.

Beispielhaft hierfür sind das Royal British Columbia Museum (eines der besten des Landes) und die wundervollen Butchart Gardens. Wer hier, das milde Klima genießend, durch altertümliche Straßen streift und historische Kleinode entdeckt, findet viel Fußgängerzone vor und verlässlich Erholung in guten Lokalen – und Naturfreunde können sich auf Whale Watching freuen.

TOP 10

3 Inner Harbour ➤ 90
7 Pacific Rim National Park ➤ 92

Nicht verpassen!

21 Old Town ➤ 94
22 Royal British Columbia Museum ➤ 96
23 Butchart Gardens ➤ 99

Nach Lust und Laune!

24 Pacific Undersea Gardens ➤ 101
25 Miniature World ➤ 101
26 Art Gallery of Greater Victoria ➤ 101
27 Helmcken House ➤ 102
28 Beacon Hill Park ➤ 102
29 Craigdarroch Castle ➤ 103

0
400 m
0
400 yd
Government St.
Douglas St.
Blanshard St.
Centennial Square
Market Square
Johnson St. Bridge
Johnson St.
Art Gallery of Greater Victoria 26
Craigdarroch Castle 29
Wharf St.
3 Inner Harbour
21 Old Town
Pioneer Square
Pacific Undersea 24 Gardens
25 Miniature World
Burdett Ave.
Belleville St.
Royal British Columbia Museum 22
Helmcken House 27
Humboldt St.
Superior St.
Southgate St.
Government St.
Simcoe St.
Toronto St.
Douglas St.
Goodacre Lake
28 Beacon Hill Park

In zwei Tagen

Die folgende Route ist eine Möglichkeit, wie Sie einige der interessantesten Sehenswürdigkeiten Victorias in zwei Tagen besuchen können. Die einzelnen Highlights werden im Folgenden (➤ 90ff) näher beschrieben.

Erster Tag

Vormittag

Beginnen Sie mit einem Spaziergang zum ★3 **Inner Harbour** (➤ 90) und einem Besuch des Visitor Centre. Hier können sie auch eine Tour zum **Whale Watching** für den Nachmittag buchen (Kasten rechts). Vom Hafen ist es nicht weit zur ㉑ **Old Town** (➤ 94). Falls Sie die Wale erst am zweiten Tag auf dem Programm haben, bleibt Ihnen noch Zeit für eine detaillierte Besichtigung des ㉒ **Royal British Columbia Museum** (➤ 96).

Mittag

Für ein kleines Mittagsessen empfiehlt sich die **Rebar** (➤ 107) oder ein Café wie **Murchie's Tea & Coffee** (➤ 107).

Nachmittag

Nachmittags also haben Sie die Wahl zwischen einer Wal-Tour oder dem Royal British Columbia Museum – im letzteren Fall sollten Sie sich einen formidablen Afternoon Tea im **Empress Hotel** (oben; ➤ 91) oder, etwas bescheidener, im Café des Museums gönnen.

Abend

Mit einem frühen Abendessen nahe dem Inner Harbour lässt sich der Tag passend beschließen, recht lebendig etwa bei **Il Terrazzo** (➤ 106) und **Pagliacci's** (➤ 106). Ein kleiner Spaziergang im Abendlicht führt in Gesellschaft von Flaneuren und Straßenkünstlern um den Hafen.

Zweiter Tag

Vormittag

Nach der Wal-Tour bzw. dem Besuch des 22 **Royal British Columbia Museum** (➤ 96) geht es vielleicht noch ins 27 **Helmcken House** (➤ 102) beim Thunderbird Park. Wer mit Kindern unterwegs ist, kann die 24 **Pacific Undersea Gardens** (➤ 101) einplanen.

Mittag

Zum Lunch bietet sich das Museumscafé an. Oder eines der **Pubs und Cafés am Hafen** (➤ 107) oder – noch besser – ein Picknick im Inner Harbour oder Beacon Hill Park.

Nachmittag

Treffen Sie nun die Wale oder verwenden Sie die dafür obligatorischen drei Stunden für einen Besuch der 23 **Butchart Gardens** (➤ 99) und des 28 **Beacon Hill Parks** (➤ 102) – oder aber des etwas weiter in der Peripherie liegenden 29 **Craigdarroch Castle** (➤ 103).

Abend

Nach diesem anstrengen Tag haben Sie sich ein gutes Abendessen verdient – entweder gleich in Victoria oder nach der Rückfahrt in Vancouver.

WHALE-WATCHING VERANSTALTER

Cuda Marine (Tel. 250 383 84 11, gebührenfrei 1 888 672 67 22; www.whalewatchingadventure.com)
Five Star Whale Watching (Tel. 250 388 72 23, gebührenfrei 1 800 634 96 17; www.5starwhales.com)
Great Pacific (Tel. 250 386 22 77, gebührenfrei 1 877 733 67 22; www.greatpacificadventures.com)
Ocean Explorations (Tel. 250 383 67 22, gebührenfrei 1 888 442 67 22; www.oceanexplorations.com)
Orca Spirit (Tel. 250 383 84 11, gebührenfrei 1 888 672 67 22; www.orcaspirit.com)

3 Inner Harbour

Im Bezirk des schönen, ausgedehnten Naturhafens schlägt das Herz des alten Victoria: mit Prachtbauten wie Empress Hotel, Parlament und Royal British Columbia Museum, die zu den Wahrzeichen der Stadt gehören. Hier herumzuspazieren ist stets ein Erlebnis, vor allem am Abend, wenn sich Einheimische, Touristen und Straßenkünstler ein Stelldichein geben.

Anfänge der Besiedlung

Die Kulturlandschaft rings um den Hafen ist uralt und geht zurück auf eine Handvoll Dörfer der Salish-Indianer. Mildes Klima und ein geschütztes, zum Ankern ideales Hafenbecken waren zwei weitere Argumente für James Douglas, den Chef der mächtigen Hudson's Bay Company, hier 1842 einen neuen Stützpunkt am Pazifik zu errichten.

Dann entstand in der Nähe des Forts Camoson, das später zu Ehren der britischen Monarchin in Victoria umbenannt wurde und während des Goldrauschs ab 1858 einen Boom erlebte. Victoria avancierte zur Hauptstadt der Kronkolonie Vancouver Island und 1866 des mit ihr vereinigten British Columbia, das 1871 der Kanadischen Föderation beitrat. Heute wirkt es auf den Besucher in angenehmer Weise rückwärtsgewandt.

Das Parlament in abendlicher Festbeleuchtung

Erste Erkundungen

Das **Visitor Centre** hält Informationsmaterial zu Stadt, Umgebung und Vancouver Island bereit. Bevor Sie danach das Royal British Columbia Museum (➤ 96) ansteuern, empfiehlt sich unbedingt ein ausgiebiger Bummel durch Altstadt (➤ 94) und Hafen.

Gleich gegenüber dem Visitor Centre liegt das majestätische, 1908 eröffnete **Empress Hotel** (➤ 104). Im Glanz des Kolonialstils erstrahlen dessen Halle und Nebenräume, darunter auch der Crystal Ballroom und die Bengal Lounge mit ihren tropischen Pflanzen. Von der Veranda hat man einen schönen Blick auf das Panorama des Hafens.

Parliament Buildings

Am Südende des Hafens erhebt sich ein anderes Wahrzeichen der Stadt, das Parlament. In dem von Francis Rattenbury errichteten Zwillingsbau residiert heute die Regierung von British Columbia. Hier können Sie sich (im Sommer) einer der kostenlosen **Führungen** anschließen oder einfach in den schönen Parkanlagen spazieren gehen. Die **Statue auf der Kuppel** ist ein Abbild George Vancouvers, die beiden Figuren, die den Haupteingang flankieren, verewigen

Der Inner Harbour

Sir James Douglas und den Richter Sir Matthew Baillie Begbie, der, für seine Strenge während der turbulenten Tage des Goldrauschs berüchtigt, den Beinamen »Hanging Judge« erhielt.

KLEINE PAUSE

Stilvoll wie Queen Victoria Darjeeling inhalieren kann man in der **Tea Lobby** des **Empress Hotels** – ein teures Touristenvergnügen, und bitte: gewandet comme il faut.

203 A4

Visitor Centre
812 Wharf Street 250 9 53 20 33; Zimmervermittlung/Reservierung (gebührenfrei in Kanada und USA) 1 800 6 63 38 83; www.tourismvictoria.com Mai–Sept. tägl. 8.30–20.30 Uhr, Okt.–April tägl. 9–17 Uhr 5, 6, 27, 28, 30, 31

Parliament Buildings
501 Belleville Street 250 3 87 30 46 (gebührenfrei in B. C. 1 800 6 63 78 67) 45-minütige Führungen Mo–Fr 8.30–17 Uhr (abhängig von den Sitzungszeiten) frei 5, 27, 28 oder 30

BAEDEKER TIPP

- Zum Sonnenuntergang sollten Sie unbedingt runter ans Wasser, um ins **Straßenleben** einzutauchen.
- Machen Sie eine Fahrt durch den Hafen mit einer der kleinen Fähren (Tel. 250 7 08 02 01; www.victoriaharbourferry.com).

Außerdem: Die Mauer der oberen Hafenpromenade ist geschmückt mit der sogenannten **Parade of Ships** – einer Serie von Plaketten mit berühmten Schiffen und nautischen Ereignissen, überragt von einer Statue des Entdeckers James Cook. Abends treten an der unteren Promenade Straßenkünstler auf.

7 Pacific Rim National Park

Das Schutzgebiet auf Vancouver Island ist gut 300 km von Victoria entfernt und hat eine Menge zu bieten: Berge, Regenwald und wilde Küstenlandschaften sowie die Möglichkeit zum Whale Watching – dies erfordert mindestens eine Zwei-Tages-Tour.

Das Areal zieht sich 130 km an der Westküste entlang, mit drei Schwerpunkten: den Broken Group Islands, einem Archipel winziger Inseln, die nur per Segelschiff oder Kajak erreichbar sind, dem West Coast Trail als beliebtem Fernwanderweg, und Long Beach, einem Küstenabschnitt zwischen Tofino und Ucluelet.

Attraktivster Ausgangspunkt ist **Tofino**, ungefähr drei Auto- bzw. sechs Busstunden von Victoria entfernt (wie auch Ucluelet, das aber weniger pittoresk ist). Das ehemalige Fischerdorf am Clayoquot Sound ist im Sommer recht überlaufen.

Rechts: Entspannen in heißem Quellwasser in Tofino

Unten: Schwemmholz bei Long Beach

Von hier aus bietet sich einer von fünf Schiffsausflügen an, als kürzester der zum **Meares Island** (15 Min.); dessen uralter Waldbestand war lange Zankapfel zwischen Naturschützern und Holz verarbeitender Industrie. Auf dem Big Cedar Trail kann man 3 km lang einige der schönsten Partien des alten Regenwalds erkunden. Weitere Exkursionen per Schiff oder Kleinflugzeug gehen auf die Inseln **Vargas** und **Flores**, zu den beliebten Thermalquellen des **Hot Springs Cove** und auf die **Hesquiat-Halbinsel**.

Auf eigene Faust lässt sich die 16 km lange Küste von **Long Beach** erkunden – es warten einsame Sandstrände und schäumende Gischt vor der Kulisse bewaldeter Berghänge. Zum Schwimmen ist das Wasser leider zu kalt, Wanderer und Muschelsammler finden jedoch ein Paradies vor! Man kann einfach am Meer entlanglaufen oder sich einen von acht gut ausgeschilderten Wegen aussuchen: Keiner ist länger als 5 km, alle sind sie leicht erreichbar vom Highway 4 und dem Abzweig nach Ucluelet, der fast überall in Strandnähe verläuft.

Empfehlenswert ist der Besuch im ausgezeichneten **Kwisitis Visitor Centre** (Mai–Mitte Okt. tägl. 10–16.30 Uhr, Ende Okt.–Ende Feb. Fr–So 11–15, März–Ende April Mi–So 10–16.30 Uhr). Zu den attraktivsten Wegen gehören derjenige nach Florencia Beach (Nr. 1, 2, 3 und 5), auch Wreck Beach genannt, und der nach South Beach (Nr. 4) wegen der gewaltigen Brecher dort. Lieb-

haber schöner Aussichten sollten den Aufstieg zum **Radar Hill** (96 m) bei Tofino nicht verpassen – hier gibt es einen der besten Panoramablicke der ganzen Gegend.

202 A1

Tofino Infocentre
455 Campbell Street 250 7 25 34 14 (gebührenfrei 1 888 7 20 34 14); www.tourismtofino.com Mai–Sept. tägl. 9–20/21 Uhr, Okt–März Mo–Fr 9–16 Uhr

National Park Visitor Centre
Long Beach, nahe Highway 4 250 7 26 42 12; www.pc.gc.ca Mitte März–Mitte Juni tägl. 9–17 Uhr, Mitte Juni–Anfang Sept. 9–19 Uhr, Anfang Sept.–Mitte Okt. 9–17 Uhr Park: 7,80 $

BAEDEKER TIPP

Zu den **Broken Group Islands** gelangen Sie am besten mit der MV *Frances Barkley*, die fast rund ums Jahr täglich zu den südlich davon gelegenen Orten Ucluelet und Bamfield segelt. Sie legt in Port Alberni östlich von Long Beach zu einem eintägigen Rundkurs ab. Tipp: rechtzeitig reservieren (Tel. 250 7 23 83 13; www.ladyrosemarine.com)! Für den 77 km langen **West Coast Trail** sollten Sie sieben bis zehn Tage einplanen und gut vorbereitet und ausgerüstet sein. Reservierungen während der Hauptsaison (Mitte Juni–Mitte Sept.) sind bis zu 90 Tage im Voraus möglich (www.pc.gc.ca; Tel. 250 3 87 16 42 oder 1 800 4 35 56 22; geöffnet April–Sept. Mo–Fr 7–21 Uhr). Wer unterwegs übernachtet, muss zuvor an einer Einweisung teilnehmen.

21 Old Town

Als Großstadt lässt Victoria sich eigentlich kaum bezeichnen, und genau dies macht im Wesentlichen ihren Charme aus – hier geht es gemächlich zu, ohne die Wolkenkratzer und Autoschneisen, wie sie sonst typisch sind für nordamerikanische Städte. Hübschester Teil Victorias ist das Viertel hinter dem Inner Harbour (➤ 90), besonders die Wharf, Government und Douglas Street (detaillierte Information siehe Spaziergang, ➤ 183). Ein guter Ausgangspunkt für einen Erkundungsgang von Visitor Centre und Hafen aus ist die Wharf Street, die zum Bastion Square führt – ein Ensemble ehrwürdiger alter Häuser und Straßen umfassen das ehemalige Fort Victoria (einst nordöstlichste Bastion der Hudson's Bay Company).

Maritime Museum

Eines der schönsten alten Gebäude am Bastion Square ist das ehemalige **Provinzgericht** (1889), einst Schauplatz öffentlicher Hinrichtungen und zugleich Gefängnis. Heute beherbergt es das Maritime Museum mit einer ansehnlichen Sammlung von Schiffsmodellen und -glocken, Fotografien und anderen Memorabilien. Der obere Stock des Gerichts ist mit einem ungewöhnlichen offenen Aufzug zu erreichen – in Auftrag gegeben 1901 von Oberrichter Davie, einem Mann von gewaltiger Leibesfülle.

Skulptur von Luis Merino auf dem Market Square

Market Square

Wenden Sie sich nun zur Government Street und gehen nordwärts, dann links durch die Johnson Street zum Market Square (www.marketsquare.ca). 1858 als Herz der Altstadt angelegt, erstrahlt er heute wunderbar restauriert – im doppelten Sinne, denn neben netten Geschäften findet man auch reichlich gute Lokale. Die Mitte des Areals ist etwas abgesunken, da sie über einem ehemaligen Hohlweg liegt.

Weiter nördlich liegt Chinatown, einst die erste ihrer Art im Westen Nordamerikas und ein Gemisch von Bordellen, Läden und Opiumhöhlen, dazu über 20 Fabriken, die jähr-

Historisches Gebäude in der Altstadt

lich 44 t des hier konsumierten Rauschgifts produzierten (legal bis zum 20. Jh. – Grundstein des Wohlstands der ganzen Provinz).

Chinatown

Heute präsentiert sich der Bezirk um die Fisgard Street friedlicher als damals, mit **Fan Tan Alley** als interessantester Straße. Übersehen Sie im Gewirr kleiner Läden nicht die beiden steinernen Chimären am **Gate of Harmonious Interest** – ein Geschenk der chinesischen Stadt Suzhou. Die Legende besagt, sie erwachten zum Leben, sobald ein ehrlicher Politiker hindurchgehe (was bislang wohl nicht der Fall war).

Government Street

Im Nordteil der Fisgard Street gibt es kaum Sehenswertes, weshalb sich nun ein Gang auf Government oder Wharf Street Richtung Süden zum **Inner Harbour** (➤ 90) anbietet. Government Street ist eine lebhafte Geschäftsstraße, in der die meisten größeren Läden der Stadt beheimatet sind, darunter so edle wie **Old Morris Tobacconist** (www.oldmorris.com) in Nr. 1116, wo sich seit der Eröffnung 1892 wenig verändert hat. Eine exzellente Adresse für Tee, Kaffee, Kuchen und Snacks ist seit 1894 **Murchie's Tea & Coffee** (www.murchies.com) in Nr. 1110. Unmittelbar daneben erwartet bibliophile Zeitgenossen in Nr. 1108 mit **Munro's Books** (www.munrobooks.com) ein wahrer Tempel von Buchladen, 1963 gegründet von der Schriftstellerin und Literaturnobelpreisträgerin Alice Munro und ihrem Gatten Jim.

KLEINE PAUSE

Bei schönem Wetter ist der **Bastion Square** mit seinen netten Lokalen und Cafés ein idealer Platz für die Kaffeepause.

---

203 B4

Maritime Museum

28 Bastion Square 250 3 85 42 22; www.mmbc.bc.ca
Mo–Mi 10–17, Fr–Sa 10–21, So 10–17 Uhr 12$ ReBar oder Murchie's Tea & Coffee (➤ 83) 5

22 Royal British Columbia Museum

Das RBCM zählt zu den führenden Museen und Forschungseinrichtungen Kanadas und aufgrund seines dreifachen Ansatzes auch zu den ungewöhnlichsten: Es vereint Exponate zur Naturgeschichte und jüngeren Geschichte British Columbias mit solchen zur Kultur seiner Ureinwohner.

Ausstellungsbereiche

Angesichts der Fülle seiner Exponate empfehlen sich als adäquater Zugang zu diesem Museum eigentlich zwei Besuche, sonst wird es leicht zu viel auf einmal. Recht gut gemeinsam bewältigen lassen sich die **Natural History Gallery** und die **First Peoples Gallery**, die **Modern History Gallery** beansprucht einen separaten Besuch.

Natural History Gallery

Gleich am Eingang begrüßt Sie das Naturkundemuseum mit dem lebensgroßen Abbild eines Mammuts mit riesigen Stoßzähnen vor der minutiös gemalten Kulisse seiner damaligen Welt. Dies bildet den Auftakt einer ganzen Serie grandioser Dioramen zur Naturgeschichte von British Columbia

Vor ihnen entfalten sich Küstenlandschaften, Flussmündungen und Wälder der verschiedenen Natur- und Klimazonen – das Ganze auch noch akustisch untermalt. Es herrscht sogar je nach dem Lebensraum der Tiere, um die es gerade geht, die entsprechende Temperatur. In zahlreichen Filme werden zusätzlich die Besonderheiten dieser Provinz vorgestellt, die nicht nur die wärmste Küste, sondern auch die regenreichsten Berge, den meisten Schnee-

Teilrekonstruktion der HMS *Discovery* Kapitän George Vancouvers in der Modern History Gallery

fall und das trockenste Landesinnere Kanadas aufweist. Keinesfalls den Film über die Biber verpassen!

Die **Ocean Station** widmet sich dem bunten Meeresleben der Provinz, im Stil eines Käpt'n-Nemo-U-Bootes mit Luken und Bedienelementen: Der Besucher kann durch Bullaugen Meerestiere beobachten und die Unterwasserwelt mit einem Periskop erkunden. Durch eine sechseckige Luke öffnet sich der Blick auf ein Diorama mit allen Formen ozeanischen Lebens; vieles darf sogar angefasst werden, vom Computer bis zum getrockneten Seestern. Im angegliederten IMAX läuft begleitend der Film *Deep Sea* mit den Erzählerstimmen von Johnny Depp und Kate Winslet.

Wohnstube aus alter Zeit

Museen zur **Kultur der Ureinwohner** gibt es in Nordamerika eine ganze Reihe – doch keines von ihnen vermittelt wohl so eindrucksvoll und detailliert deren Lebensbedingungen wie die **First Peoples Gallery** am Beispiel der in der Nordpazifik-Region beheimateten Stämme Haida, Salish, Tsimshian und Kwakiutl.

Der Ausstellungsbereich ist in zwei Sektionen gegliedert: zum Leben der Indianer vor Ankunft der Weißen und zur Periode unmittelbar danach, als sie unter Landraub und verheerenden Seuchen litten. Die einzelnen Szenen werden – den mitunter bedrückenden Themen angepasst – vor einer farblich abgestimmten Kulisse und in gedämpfter Beleuchtung präsentiert.

Unter den zahlreichen Highlights sollten Sie sich zwei keinesfalls entgehen lassen: den Kurzfilm *In the Land of the War Canoes* von 1914 und die Rekonstruktion des Blockhauses von Häuptling Kwakwabalasami. Ein exzellentes audiovisuelles Display vermittelt Ihnen dort einen faszinierenden Einblick in die magische Glaubenswelt der Indianer und ihre schamanischen Praktiken, mit Gesängen, Tänzen und Kostümen. Eine ideale Ergänzung hierzu bietet der **Thunderbird Park** außerhalb des Museums, wo der Nachbau des »Bighouse«, des Versammlungsorts bei Stammeszeremonien, zu sehen ist (erbaut 1953). Auf dem

Nachbau eines Gässchens in Chinatown

Gelände stehen außerdem mehrere Totempfähle und das Helmcken House (➤ 102).

Modern History Gallery

Im dritten Stock des Museums ist die Geschichte British Columbias seit der Besiedlung durch die Weißen erlebbar, begleitet von aufwendigen, beeindruckenden Displays in umgekehrter chronologischer Folge.

Gewagt oder nicht, die Dioramen selbst sind einfach umwerfend – so gibt es in Echtgröße eine Straße Victorias, Teile von Chinatown und einer frühen Fischkonservenfabrik sowie ein altes Kino u. v. m. Alle Aspekte des Lebens in der Provinz finden Beachtung, vom Ackerbau und Fischfang bis zu Wohnstätten, Bergbau und dem Goldrausch des 19. Jahrhunderts. Alle Themen werden präsentiert mit zahlreichen Artefakten, Memorabilien und interessanten audiovisuellen Kommentaren.

---

203 B3 · 675 Belleville Street · 250 3 56 72 26 oder 1 888 4 47 79 77; www.royalbcmuseum.bc.ca · Mo–Di 10–17, Fr–Sa 10–22, So 10–17 Uhr (IMAX tägl. 10–20 Uhr) · 21,60$ · Café ($) · 5, 27, 28, 30, 31

BAEDEKER TIPP

- Wenn Sie wenig Zeit für das Museum haben, fragen Sie nach den anderthalbstündigen Highlights-Führungen (4–5 im Monat).
- Rollstühle und Kinderwagen sind gratis an der Garderobe erhältlich.
- Das **Kinderprogramm** kann man online einsehen, drucken oder herunterladen.
- Zu jedem der Ausstellungsbereiche (First Peoples, Modern History, Natural History) werden an bestimmten Tagen eigene Führungen angeboten.

23 Butchart Gardens

Einmalig selbst in der »Gartenstadt« Victoria sind die ein wenig außerhalb des Zentrums gelegenen Butchart Gardens. Sie wurden 2006 zu einer National Historic Site of Canada ernannt und sind ein unbedingtes Muss nicht nur für ausgesprochene Gartenliebhaber, sondern für jeden Besucher der Hauptstadt von British Columbia.

Wunderschöne Beete säumen die Wege

In einem ehemaligen Steinbruch ihres Gatten – Robert Pim Butchart war Minenbesitzer und ein Pionier des Portland-Zements in Kanada und den USA – legte Jenny Butchart 1904 den Sunken Garden (Versunkenen Garten) an. Noch heute gehört dieser zu den fünf Hauptteilen der Anlage, die ferner einen Rosengarten sowie einen japanischen, italienischen und mediterranen Bereich umfasst. Rund 500 000 Besucher zieht diese 21 km nördlich von Victoria gelegene Attraktion jährlich an.

Kein Wunder bei der überwältigenden Pracht von 700 Arten und über 1 Mio. Pflanzen, die sich hier zu einem wahren Paradies zusammenfinden und in ganz Victoria auf Bildern präsent sind.

Im Sommer erwarten den Gast diverse zusätzliche Freuden, teils auch abends, wenn der Garten herrlich illuminiert wird und eine perfekte Kulisse für Konzerte, Feuerwerk und anderen Veranstaltungen auf der Lawn Stage (Rasenbühne) bietet.

KLEINE PAUSE

Man hat die Wahl zwischen dem kleinen **Coffee Shop**, der Cafeteria **Blue Poppy** und dem eleganten **Dining Room Restaurant** im ehemaligen Wohnhaus (zur Besichtigung frei).

202 C1 800 Benvenuto Avenue, Brentwood Bay 250 6 52 44 22; Information vom Band 250 6 52 52 56; www.butchartgardens.com tägl. ab 9 Uhr, saisonal wechselnde Öffnungszeiten 20–30$ Coffee Shop ($), Blue Poppy Restaurant ($/$$), Dining Room ($$$) 75 Central Saanich; Gray Lines Shuttle Mai–Okt. (700 Douglas), Pacific Coach Lines Mitte April–Mitte Okt. tägl. 9.30 Uhr; Bus-Tickets gelten jeweils als Eintrittskarte.

Liebevoll angelegt ist auch diese kleine Wasserlandschaft

BAEDEKER TIPP

- Hier ist **immer eine Menge los**, besonders im Sommer! Am ruhigsten ist meist der Spätnachmittag, sofern nicht abends ein Feuerwerk stattfindet.
- Zwar sind die meisten Pflanzen beschildert, doch empfiehlt sich die Mitnahme des **Faltblatts** (in 18 Sprachen), das im Besucherzentrum ausliegt.
- Mitte Juni bis Mitte September erleuchten abends Tausende kleiner Lichter den Garten – ein festlicher Rahmen für die vielen **Sonderveranstaltungen**: Montags bis samstags finden während dieses Zeitraums Konzerte und andere Events statt, an Samstagen im Juli und August auch spektakuläre **Feuerwerks**-Inszenierungen.
- Unbedingt einen Besuch abstatten sollten Sie dem **Seed & Gift Store**, wo Sie neben Saatgut verschiedener in den Gärten wachsender Pflanzen auch schöne Bücher, Karten, Kalender, Kataloge, Gartengeräte und Geschenkartikel erwerben können.

Nach Lust und Laune

24 Pacific Undersea Gardens

Das Unterwasser-Observatorium zählt, vor allem bei Kindern, zum beliebtesten Attraktionen Victorias. Knapp 5 m unter der Erde entfaltet sich hinter den Glasscheiben der Korridore die Lebenswelt von 5000 Arten – von Lachs, Stör und Seestern bis zu Dornhai, Seewolf, Red Snapper, Seeanemonen und Oktopoden als Stars der Show. Zwischen ihnen schwimmen Taucher umher und füttern sie; und in einem benachbarten Gehege kann man zusehen, wie verletzte Seelöwen verarztet werden.

203 B3 · 490 Belleville Street · 250 3 82 57 17; www.pacificunderseagardens.com · Mai–Juni Mo–Mi 10–17, Do–So 10–19 Uhr; Juli–Aug. tägl. 9–19, Sept.–April tägl. 10–17 Uhr · 12$ · 5, 27, 28, 30, 31

25 Miniature World

Ein weiterer Favorit der Jugend, beheimatet im Komplex des Empress Hotels (▶ 104). Zu den Highlights gehören das größte Puppenhaus (ein Monstrum mit 50 Zimmern) von 1880 und die längste Modelleisenbahn der Welt – auf 34 m Schienenstrang bildet sie Kanadas 8000 km lange transkontinentale Route ab. Das Kunstwerk verschlang 12 000 Arbeitsstunden und Kosten von 100 000 $. Daneben finden sich Miniaturszenen berühmter Schlachten, das London von Charles Dickens, ein Zirkus und der Wilde Westen.

203 B3 · 649 Humboldt Street · 250 3 85 97 31; www.miniatureworld.com · Mai–Anfang Sept. tägl. 9–21, Anfang Sept.–April tägl. 10–17 Uhr · 12$ · 5, 27, 28 oder 30 · Empress Hotel ($$$)

26 Art Gallery of Greater Victoria

Das kleine Kunstmuseum 1,5 km östlich des Hafens zählt zu den besten seiner Art in Kanada – es ist ein schöner Spaziergang dorthin, aber natürlich gibt es auch eine Busverbindung. Der moderne Bau in Nachbarschaft eines alten Palais beherbergt Bestände aus Asien, Europa und Nordamerika, ausgestellt werden jedoch vorwiegend Exponate aus Kanada und Japan.

Zu den Schwerpunkten gehört selbstverständlich Emily Carr, die Doyenne der kanadischen Kunst; auch der kleine Drury-Raum ist ihren eindrucksvollen Gemälden der hiesigen Wildnis gewidmet, zu sehen ist etwa die typische *Lone Cedar*. Dem gegenüber finden sich eher heitere, helle Werke wie *Brittany Coast* (1911), das auf ihre Aufenthalte in Europa zurückgeht.

Die japanische Kunst ist ebenfalls mit einer ständigen Ausstellung vertreten, darunter viele kühne Werke moderner Künstler. Das ans Museum angrenzende, stolze alte **Gyppeswick House** wartet mit antikem Mobiliar und einem hübschen Garten auf.

203 bei C3 · 1040 Moss Street · 250 3 84 41 71; www.aggv.bc.ca · Mitte Mai–Anfang Sept. Mo–Mi, Fr–Sa 10–17, Do 10–21, So 12–17 Uhr, Anfang Sept.–Mitte Mai Mo geschl. · 13$ · 11

Gulliver in der Miniature World

27 Helmcken House

Dies ist eines der ältesten Wohnhäuser von Vancouver Island. Erbaut wurde es 1852 von Dr. John Helmcken, Arzt auf Fort Victoria, für seine Braut Cecilia, die Tochter von Governeur James Douglas (der dem Paar als Hochzeitsgeschenk den Baugrund vermachte). Das Domizil ist sehr hübsch eingerichtet, u. a. mit kunstgewerblichen Gegenständen und allerlei viktorianischem Schnickschnack.

Der weiße Bau des **St. Anne's Pioneer Schoolhouse** war Heim vierer Nonnen aus Québec, die 1858 als Lehrerinnen hierher kamen (Eintritt im Tagesticket des Royal British Columbia Museum eingeschlossen).

203 B3 Thunderbird Park, Douglas und Belleville Street 250 3 61 00 21 nähere Informationen: www.royalbcmuseum.bc.ca/exhibits/tbird-park/html/early/earlhelm.htm 5, 30, 31

28 Beacon Hill Park

Nur wenige Gehminuten vom RBCM liegt der herrliche Stadtpark von Victoria. Mit seinem schönen Ensemble aus Parkland, Wald, verschwiegenen Lichtungen und freien Wiesenflächen ist er wohl einer der reizvollsten Nordamerikas. Auf seiner Südseite bieten sich wunderbare Ausblicke auf die Juan-de-Fuca-Meerenge und die Olympic Mountains im US-Staat Washington.

Das weitläufige Gelände des Parks (81 ha) wurde 1882 der Stadt Victoria von der Hudson's Bay Company gestiftet. Ähnlich wie im Stanley Park (► 52) von Vancouver hat sich hier vielerorts die Atmosphäre eines Urwaldes erhalten. Eindrucksvolle Baumgruppen wechseln sich mit verschiedenen Zonen halbwilder Vegetation ab. Das herrliche Wanderareal ist eine Oase der Stille unweit des so quirligen Inner Harbour (► 90).

Kontrast zu den naturnahen Partien des Parks bilden gepflegte Rasenflächen und Wege zwischen bunten Beeten (jährlich werden ca. 30 000 Blumen gepflanzt) und an kleinen Weihern und Seen, auf denen muntere Enten quaken. Für Kinder gibt es eine **Children's Farm** mit Schafen, Ziegen und Hängebauchschweinen sowie einen Spielplatz und ein Planschbecken nahe dem Eingang an der Dallas Road.

Der Park ist außerdem Hort ausgesprochener »Englishness«, zu erkennen an Cricket-Platz, Lawn Bowling Green und sogar einem Pitch-and-Putt-Golfkurs. Auf dem Gelände kann man ferner den größten Totempfahl der Welt und den Meilenstein Null des Trans-Canada Highway bestaunen, der

Idyllischer Wasserfall im herbstlichen Baecon Hill Park

Gotischer Zierrat am Craigdarroch Castle

hier beginnt und quer über den Kontinent bis an die Ostküste führt.

Der Park ist kein gefährlicheres Pflaster als andere Ecken Victorias, trotzdem sollten Sie die übliche Vorsicht walten lassen. Und vor allem Frauen sollten sich hier nicht allein nach Einbruch der Dunkelheit aufhalten.

203 C2 Karree Dallas Road, Douglas Street, Heywood und Southgate Street 250 3 61 03 64 24 Std. frei 5

29 Craigdarroch Castle

Hinter dem schottischen Namen verbirgt sich kein richtiges Schloss, sondern ein riesiges Wohnhaus im neugotischen Stil des »Richardsonian Revival«, das sich auf einem ausgedehnten Anwesen an der Stadtgrenze von Victoria befindet. Der Unternehmer Robert Dunsmuir gab das extravagante Heim 1887 in Auftrag, auch als Geste gegenüber seiner (wie er in Schottland geborenen) Frau Joan, starb jedoch 1889 noch vor dessen Vollendung.

Dunsmuir, der 1851 nach Kanada gekommen war, stieg mit seiner 1869 auf Vancouver Island eröffneten Kohlenmine zu einem der reichsten Männer des Landes auf. Sein Wohnsitz ist ein Beispiel der »Bonanza Castles«, die hiesige Industriemagnaten sich damals gerne erbauen ließen. Allein in der Vielfalt der verwendeten Edelhölzer – Mahagoni, Rot-Zeder, Kirsche, Walnuss, Koa aus Hawaii – spiegelt es den Wohlstand des Erbauers wider. Das Baumaterial, von den Dachziegeln bis zu den Fenstern, stammte von Top-Adressen in ganz Nordamerika.

Aus Dunsmuirs Unternehmensgewinnen flossen 200 000 $ in den Bau von Craigdarroch, was auf Gälisch so viel heißt wie »Felsiger Eichengrund«. Es wurde wirklich an nichts gespart: Marmor, Granit und Sandstein bester Qualität wurden importiert, Decken und Wände von Eingangshalle und Treppenhaus mit Eichenpanelen versehen. Die fast schon obszöne Demonstration des Reichtums hat 39 Zimmer und prunkt mit veritablen Kostbarkeiten wie herrlichen Buntglasfenstern, Skulpturen, Gemälden und erlesenen Teppichen. Nach dem Tod Dunsmuirs 1908 kam das Anwesen in andere Hände, diente schließlich 1919 als Hospital für Kriegsveteranen und 1921 bis 1946 als Domizil der McGill University von Montréal.

203 bei C3 1050 Joan Crescent, Rockland 250 5 92 53 23; www.thecastle.ca Sommer (meist Mitte Juni–Anfang Sept.) tägl. 9–19 Uhr; Winter (Anfang Sept.– Mitte Juni) 10–16.30 Uhr 13,75$ 11 oder 14 (University ab Fort Street), danach ein kurzer Marsch den Hügel hinauf

TIERISCHES VERGNÜGEN

Die Kleinen haben Spaß auf der **Beacon Hill Children's Farm** (Tel. 250 3 81 25 32; www.beaconhillpark.ca) oder im winzigen **Victoria Bug Zoo** an der Courtney Street (Tel. 250 3 84 28 47; www.bugzoo.bc.ca).

Wohin zum ... Übernachten?

Preise
Für ein Doppelzimmer pro Nacht (ohne Steuern):
$ unter 100 CDN $ **$$** 100–200 CDN $ **$$$** 200–300 CDN $
$$$$ über 300 CDN $

The Magnolia Hotel & Spa $$$

Boutiquehotel, innen mit dem Flair eines englischen Clubs der edwardianischen Ära, doch ohne steifleinen zu wirken. Mit diesem Stil, einem der besten hiesigen Spas und gerade einmal 64 gemütlichen Zimmern hebt es sich deutlich ab von den üblichen Hotels in Victoria. Räume gehobener Kategorie haben sämtlich Blick auf den Hafen.

203 B3 623 Courtenay Street, V8W 1B8 250 3 81 09 99 (gebührenfrei 1 877 6 24 66 54); www.magnoliahotel.com

Swans Suite Hotel $

Ehemaliger Getreidespeicher von 1880 mit hauseigenem Brauereilokal (➤ 107) am nördlichen Rand der Altstadt. Holzbalken und unverputztes Mauerwerk lassen die einstige Funktion des Gebäudes teils auch in den Zimmern (darunter zwei familienfreundliche Suiten für bis zu sechs Personen) noch erahnen; alle Zimmer mit Küchennische. Eher laute Lage.

203 B4 506 Pandora Avenue, Ecke Store Street, V8V 1N6 250 3 61 33 10 (gebührenfrei 1 800 6 68 79 26); www.swanshotel.com

Best Western Carlton Plaza $$

Modernes Hotel, das mit dem üblichen Komfort dieser internationalen Kette aufwartet – 103 gut ausgestattete, bequeme Zimmer mit Klimaanlage, darunter auch Suiten und solche mit kleiner Einbauküche. An einer belebten Straße gelegen. Wichtigste Sehenswürdigkeiten und Geschäfte in geringer Entfernung.

203 B4 642 Johnson Street, V8W 1M6 250 3 88 55 13 (gebührenfrei 1 800 6 63 72 41); www.bestwestern.com

Fairmont Empress $$–$$$$

Eine Institution seit der Eröffnung 1907 und absolut das beste Haus in Victoria – ein Hort der Tradition, wo nach wie vor viele Prominente absteigen. Das ehrwürdige Empress gehört zur Kette der exklusiven Fairmont Hotels.

Schön ist die Lage unmittelbar am Hafen. Die 477 komfortablen Zimmer lassen keine Wünsche offen, Gleiches gilt für Lounges und Speisesäle, Service oder Health Club. Die Nobelbleibe ist aber auch betriebsam, bedingt durch die Zahl der Zimmer und dem legendären »Afternoon Tea«, der hier jährlich 80 000 Besuchern serviert wird.

203 B3 721 Government Street, V8W 1W5 250 3 84 81 11 (gebührenfrei 1 866 5 40 44 29); www.fairmont.com/empress

RESERVIERUNGEN

Zimmerreservierung beim Victoria Infocentre, Tel. 1 800 6 63 38 83.

Auskünfte zu **Bed-and-Breakfast-Adressen** erteilt die Bed and Breakfast Innkeepers' Guild von British Columbia (www.bcbestbnbs.com).

Informationen mit Links zu 10 000 Bed-and-Breakfast-Anbietern in ganz Kanada auch auf www.bbcanada.com.

Haterleigh Heritage Inn $$–$$$$

Das schöne historische Gebäude aus dem Jahr 1901, nur zwei Blocks von der Innenstadt entfernt, rangiert preislich in derselben Kategorie wie das Empress, obschon es nur sechs Gastzimmer hat und sich als »Bed and Breakfast« ausgibt. Geräumige Zimmer mit Bad, eingerichtet mit Antiquitäten. Im Preis inbegriffen sind Frühstück, Nachmittagstee und Begrüßungsdrink.

203 bei A3 ✉ 243 Kingston Street, V8I 1V5 ☎ 250 3 84 99 95 (gebührenfrei 1 866 2 34 22 44); www.haterleigh.com

James Bay Inn Hotel and Suites $$

Drittältestes Hotel der Stadt nahe dem Inner Harbour, eröffnet im Jahr 1911. Großzügige, komfortable moderne Zimmer und vier Luxussuiten in der schönen Dependance nebenan, mit elegantem, altem Mobiliar und komplett ausgestatteten Küchen.

203 B2 ✉ 270 Government Street, V8V 2L2 ☎ 250 3 84 71 51 (gebührenfrei 1 800 8 36 26 49); www.jamesbayinn.bc.ca

The Royal Scot Suite Hotel $$/$$$

Attraktives Anwesen am Inner Harbour mit gut ausgestatteten, ansprechenden Zimmern und Suiten. In fußläufiger Entfernung zur Innenstadt gelegen, bietet das Haus außer seinem Restaurant Pool, Fitnessraum und ein Geschenkelädchen, wo man Kunstgewerbe und Delikatessen kaufen kann.

203 A3 ✉ 425 Québec Street, V8V 1W7 ☎ 250 3 88 54 63 (gebührenfrei 1 800 6 63 75 15); www.royalscot.com

Wohin zum … Essen und Trinken?

Preise
Für ein Drei-Gänge-Menü (ohne Getränke und Service):
$ unter 50 CDN $ **$$** 50–100 CDN $ **$$$** über 100 CDN $

RESTAURANTS

Canoe Brewpub Marina Restaurant $/$$

Brauereilokal im imposanten Ambiente eines ehemaligen Elektrizitätskraftwerks von 1894. Von der Terrasse hat man einen herrlichen Blick über den Hafen mit ankernden Schiffen bis zur Johnson Street Bridge. Im loftartigen Restaurant serviert man geradlinige Kost aus einheimischen Zutaten, beispielsweise geschmorte Lammkeule, Heilbutt oder Sirloin Steak; und in der Bar gibt es Snacks und kleine Gerichte, wie sie für ein solches Pub typisch sind.

203 B4 ✉ 450 Swift Street, V8V 1S3 ☎ 250 3 61 19 40; www.canoebrewpub.com So–Mi 11.30–23, Do 11.30–24, Fr–Sa 11.30–1 Uhr

L'École $$

Gemütliches kleines Lokal mit moderner französischer Bistroküche aus besten einheimischen Zutaten und zu durchaus akzeptablen Preisen. Auch das Ambiente mit dunklem Holzfußboden und weißen Tischtüchern ist französisch. Als Vorspeise werden hier etwa Austern oder Muscheln aufgetragen, als Hauptgericht in Honigwein geschmorte Entenkeulen mit Sauerkraut, Kapern und Kastanien oder

gegrillter Thunfisch mit Lauch und Pfefferragout. Exzellente Weinkarte und fantastische Bier-Auswahl.
203 B4 1715 Government Street, V8W 1Z4 250 4 75 62 60; www.lecole.ca Di–Sa 17.30–23 Uhr

The Mark $$$

Elegant und exklusiv, mit dunkler Holztäfelung, apart gedeckten Tischen und gedämpfter Beleuchtung präsentiert sich das Lokal im Hotel Grand Pacific als eine der besten Adressen der Stadt – erlebbar über ein Sechs-Gänge-Degustations-Menü. Als Entrée winken z. B. Kaninchen-Rillette, gefolgt von Lammkarree mit Kräutern oder knusprig gebratenem Arktis-Saibling, zum Dessert Mandel-Buchweizen-Parfait. Die Weinauswahl ist selbstredend vorzüglich und sogar Teetrinker können hier wählen unter der besten Ware der Welt. Reservierung ist natürlich obligatorisch.
203 B3 Hotel Grand Pacific, 463 Belleville Street, V8V 1X3 250 3 80 44 87; www.themark.ca tägl. 17–21.30 Uhr

Milestone's Grill & Bar $/$$

In prominenter Lage, gleich neben dem Visitor Centre im Inner Harbour, findet sich eine Filiale dieser soliden Restaurantkette – mit zivilen Preisen und Speisen nach West-Coast-Art, zuweilen etwas mediterran und asiatisch akzentuiert. Zum Lunch werden etwa warmer Spinat, Artischocken-Dip oder Shrimps in Filo-Teig mit Honig serviert, abends auch Coho Salmon (Silberlachs), Steaks und Hochrippe.
203 B3 812 Wharf Street, V8W 1T3 250 3 81 22 44; www.milestonesrestaurants.com Mo–Do 11–21.30, Fr 11–23, Sa 10–23, So 9–21.30 Uhr

Pagliacci's $$/$$$

Seit seiner Eröffnung 1979 (als man in Victoria sonst noch vergebens nach Cappuccino oder anderen italienischen Spezialitäten Ausschau hielt) ist dieses Lokal ein Renner – so sehr, dass keine Reservierungen entgegengenommen werden und man brav in der Schlange auf seinen Tisch warten muss. In lebendiger, lässiger Atmosphäre genießt man dann einen exzentrischen kulinarischen Mix mit italienischen, West-Coast-, Brooklyn- und jüdischen Anklängen. Die Zubereitung (sogar des Brots) ist Teil der Show. Und damit das Stimmengewirr nicht allein die Akustik beherrscht, gibt es meist noch Livemusik – ein Event für die ganze Familie!
203 B4 1011 Broad Street, V8V 2A1 250 3 86 16 62; www.pagliaccis.ca Mo–Do 11.30–22, Fr–Sa 11.30–23, So 10–22 Uhr

Spinnakers Gastro Brewpub & Guesthouses $

Noch ein Lokal mit Brauerei (manchmal zu besichtigen), etwas außerhalb, doch die Fahrt dorthin lohnt allein wegen des schönen Blicks auf den Hafen. Auf der Karte finden sich viele Snacks zum Bier, Suppen, Salate und kleine Gerichte wie Pasta, Pizza, Burger, Pies oder »Fish and Chips«. Lassen Sie aber unbedingt noch Platz für eines der ausgezeichneten Desserts wie Blaubeer-Hippen mit Lavendel-Eiscreme. Gelegentlich Livemusik.
203 W von A4 308 Catherine Street nahe Esquimalt Road, V9A 3S8 250 3 86 27 39 (gebührenfrei 1 877 8 38 27 39); www.spinnakers.com tägl. 11–22.30 Uhr 23 bis Esquimalt Road

Il Terrazzo $–$$$

Etwas versteckt in einer kleinen Seitenstraße gelegen, überrascht das Lokal mit freundlichen, großen Räumlichkeiten zwischen roten Ziegelwänden, großen Fenstern und Grünpflanzen, die einem beinahe das Gefühl vermitteln, im Freien zu sitzen. In diesem schönen, zeitgemäßen Ambiente serviert man Einheimischen und Touristen gut zubereitete italienische Kost, von preiswerten kleinen Pizzas bis zu Hauptgängen wie Heil-

butt, Schweineschnitzel und Lammschlegel.
203 B4 555 Johnson Street, jenseits Waddington Alley, V8V 1M2 250 3 61 00 28; www.ilterrazzo.com tägl. 17–22, Mo–Sa auch 11.30–15 Uhr, Okt.–April Sa Mittag geschl.

CAFÉS UND KNEIPEN

Murchie's Tea & Coffee

Nachmittagstee auf englische Art avancierte zu einem regelrechten Ritual (auch der Eitelkeit) für Victoria-Besucher. Will man nicht 60 $ bei Nobeladressen wie Empress Hotel (➤ 104) oder Blethering Place (Oak Bay Avenue 2250) ausgeben, ist das Traditionsunternehmen Murchie's seit 1894 eine gute Alternative.
203 B4 1110 Government Street 250 3 83 31 12; www.murchies.com Mo–Sa 7.30–18, So 8–18 Uhr

Rebar

Vegetarisch-veganes Restaurant der lockeren Art, wo man auch gute exotische Drinks bekommt und in lebendiger Atmosphäre Frühstück, Lunch und andere kleine Mahlzeiten genießen kann.
203 B4 50 Bastion Square bei Langley Street 250 3 61 92 23 Mo–Do 11–22, Sa 8.30–22, So 8.30–20 Uhr

Sticky Wicket

Während die meisten »British Pubs« in Victoria recht kümmerliche Imitationen sind, besitzt dieses Lokal eine gewisse Authentizität und ist entsprechend beliebt. Schöner Dachgarten, mitunter Livemusik. Auf dem Dach kann man sogar Volleyball spielen und im Keller-Club das Nachtleben genießen.
203 B3 919 Douglas Street 250 3 83 71 37; www.strathconahotel.com tägl. 11.30–2 Uhr

Swans Brew Pub

Beliebtestes Pub-Restaurant der Stadt in einem ehemaligen Lagerhaus von 1913. Zehn Biere aus der hauseigenen Brauerei (wie Pumpkin oder Smooth Sailing Honey Ale) und ausgezeichnete Küche mit Salaten, Nachos, »Fish and Chips« und »Sheperds Pie« (Kartoffel-Hackfleisch-Pastete). Hotel (➤ 104) und Nightclub im Hause.
203 B4 506 Pandora Avenue, Ecke Store Street 250 3 61 33 10; www.swanshotel.com Mo–Fr 11.30–2, Sa 9–2, So 9–24 Uhr

Willie's Bakery Café

Die älteste Bäckerei British Columbias (gegründet 1887) residiert in einem hübschen historischen Gebäude nahe dem Market Square. Die Zutaten für Frühstück und Lunch entstammen meist hiesiger biologischer Produktion. Am schönsten sitzt man im blumengeschmückten Wintergarten und Innenhof des Cafés. Auch sonntags geöffnet.
203 B4 537 Johnson Street 250 3 81 84 14; www.williesbakery.com

Wohin zum ... Einkaufen?

Die Einkaufsmeilen von Victoria sind vorwiegend in **Downtown** hinter dem Inner Harbour sowie um den **Market Square** in der Altstadt beheimatet. Hauptgeschäftsstraßen mit Kaufhäusern, kleinen Spezialgeschäften und Souvenirläden sind **Government** und **Douglas Street**. Aber auch am Market Square selbst und seinen kleinen Seitenstraßen wie der **Trounce Alley** warten zahlreiche gute Einkaufsadressen.

Wichtigstes Kaufhaus ist das **Bay Centre** (1150 Douglas Street; Tel. 250 9 52 56 80) mit enormer Auswahl zu günstigen Preisen. Tee, Kaffee und Süßigkeiten kauft man bei **Murchie's** (➤ oben) oder **Rogers' Chocolates** (913 Government

Street; Tel. 250 881 87 71; www.rogerschocolates.com), das exquisite Erzeugnisse aus Schokolade führt. Kanadischen Wein gibt es im **Wine Barrel** (644 Broughton Street; Tel. 250 388 06 06; www.thewinebarrel.com).

Indianisches Kunsthandwerk bekommt man bei **Cowichan Trading** (1328 Government Street; Tel. 250 383 03 21; www.cowichantrading.com); auch auf der Suche nach Souvenirs wie Textilien, Zinn, Schmuck, Kunstobjekte, Masken und T-Shirts wird man hier fündig.

Ein breites Sortiment handgefertigter Schmuckwaren von kanadischen Künstlern bietet **Artina's**. Besondere Aufmerksamkeit verdienen die Objekte der indianischen Hersteller (1002 Government St., Tel. 250 386 70 00, www.artinasjewellery.com).

Stöbern Sie auch mal in den Boutiquen und hübschen Lädchen am und um den **Market Square** (www.marketsquare.ca).

Munro's (1108 Government Street; Tel. 250 382 24 64; www.munrosbooks.com) ist als Buchladen ein Ereignis, in der **Fort Street** finden sich Antiquitäten und Kunst.

Wohin zum ... Ausgehen?

AUF DER BÜHNE

Victoria verfügt über ein eigenes Orchester, das **Victoria Symphony Orchestra** (610–620 View Street; Tel. 250 385 65 15; www.victoriasymphony.ca, Mo–Fr 9–16 Uhr), eine Oper, die **Pacific Opera Victoria** (Suite 500, 1815 Blanchard Street; Tel. 250 385 02 22; www.pov.bc.ca) und für leichte Muse die **Victoria Operatic Society** (744 Fairview Road; Tel. 250 381 10 21; www.vos.bc.ca). Auftrittsort für alle drei ist das **McPherson Playhouse** (3 Centennial Square; Tel. 250 386 61 21 oder 1 888 717 61 21; www.rmts.bc.ca).

Das **Belfry Theatre** (1291 Gladstone Avenue; Tel. 250 385 68 15; www.belfry.bc.ca) bringt pro Saison (Okt.–April) fünf Produktionen auf die Bühne, die **Intrepid Theatre Company** (1609 Blanshard Street; Tel. 250 383 26 63; www.intrepidtheatre.com) organisiert jährlich zwei Festivals von Rang: **Victoria Fringe Festival** (Spätsommer) und **Shakespeare Festival** (Aug.).

JAZZ

Als führender Livemusik-Club gilt **Hermann's** (753 View, bei Blanshard Street; Tel. 250 388 91 66; www.hermansjazz.com). Die **Victoria Jazz Society** (Tel. 250 388 44 23; www.jazzvictoria.ca) informiert über sämtliche Events, auch über das beliebte **International JazzFest**.

BARS UND CLUBS

Unter den vielen Bars und Pubs der Stadt lockt die **Irish Times Bar** (1200 Government Street; Tel. 250/383-7775; www.irishtimespub.ca) mit rustikaler Livemusik. Sehr beliebt sind auch **Swans Pub** (➤ 107), **Spinnakers** (➤ 106) und **Bartholomew's** (777 Douglas Street; Tel. 250 388 51 11; www.executivehouse.com). Musikalisch am interessantesten ist die **Lucky Bar** (517 Yates Street; Tel. 250 382 58 25; www.luckybar.ca) mit buntem Spektrum: vom nostalgischen 1990er-Sound bis zu Rock, Punk, Hip Hop, Folk und Jazz.

INFORMATIONEN UND TICKETS

Neben dem **Visitor Centre** informieren Lokalpresse und Gratisblätter wie das ***Monday Magazine*** (www.mondaymag.ca) über alle Events.

British Columbia

Kleine Erlebnisse

Muffins, Nanaimo Bars & Co.
Die beste Bäckerei weit und breit besitzt das Museumsdorf **Fort Steele Heritage Town** (➤ 125).

Lachse auf Achse
Im Spätsommer können Sie im **Fraser Canyon** (➤ 124) Lachse bei ihren Sprüngen flussaufwärts bewundern.

Fährmann, hol über
Die Überquerung des **Kootenay Lake** (➤ 121) an Bord der Autofähre von Balfour nach Kootenay Bay ist pittoresk – und gratis.

Erste Orientierung

British Columbia erscheint wie der Inbegriff von Kanada – hier zeigt sich das Land in großer Vielfalt von seiner allerschönsten Seite, mit majestätischen Bergen, endlosen Wäldern und kristallklaren Seen sowie einer ungemein reichen Flora und Fauna. Eine Stadt wie Vancouver verleiht diesem Ensemble zusätzlich einen reizvollen kosmopolitischen Akzent.

Als Besucher sieht man sich in British Columbia konfrontiert mit einer immensen Flächenausdehnung: Die Provinz ist so groß wie die US-Bundestaaten Kalifornien, Washington und Oregon zusammen. Wer sie erforschen möchte, beschränkt sich daher zunächst am besten auf drei ihrer attraktivsten Ecken – die Bergseen der Kootenays, die Wildnis von Wells Gray und das ländliche Idyll Okanagan.

Der Weg zum Ziel ist hier oft beträchtlich und nicht alles unterwegs von herausragendem Interesse – so geben sich die Städtchen trotz schöner Lage eher bescheiden, sieht man einmal von Nelson in den Kootenays ab. Verlässlich jedoch geht die Fahrt stets durch eine atemberaubende Landschaft, die eigentlich jeden Kilometer zum puren Vergnügen werden lässt.

Ob man nun per Bus, Auto oder Wohnmobil reist – man findet exzellente Straßen vor und noch das kleinste Nest verfügt meist über ein Hotel. Da stellt sich eher das Problem, an schönen Orten auch verweilen zu wollen, einschließlich der zahlreichen Verlockungen wie Wanderungen oder Ausritte. Trösten Sie sich damit, dass man ja wieder kommen kann …

Links: Seelandschaft im Wells Gray Provincial Park

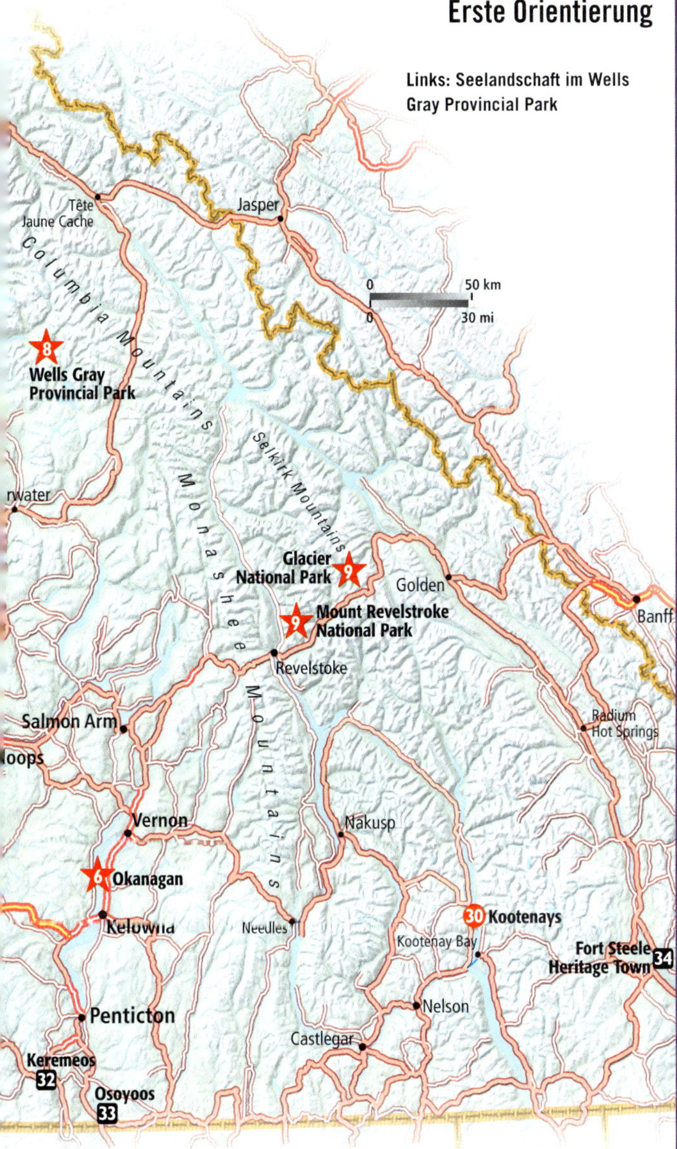

TOP 10

Nicht verpassen!

Nach Lust und Laune!

In fünf Tagen

Die folgende Route ist eine Möglichkeit, wie Sie einige der interessantesten Sehenswürdigkeiten British Columbias in fünf Tagen besuchen können. Die einzelnen Highlights werden im Folgenden (➤ 114ff) näher beschrieben.

Erster Tag

Früh am Morgen geht die Fahrt los von Vancouver ostwärts auf dem Highway 1 nach Hope, dann nördlich nach Lytton entlang dem wildromantischen 31 **Fraser Canyon** (➤ 124) mit atemberaubender Aussicht auf Fluss und Berge. Spektakuläre Bergpanoramen entfalten sich auch auf der Fahrt über Kamloops und Cache Creek auf dem Highway 5 nach Clearwater als schönstem Ziel im 8 **Wells Gray National Park** (➤ 116). Von dort schließlich folgen Sie weiter diesem Highway zum Mount Robson und **Jasper National Park** (➤ 146) in den Rocky Mountains – falls Sie nicht lieber in Kamloops übernachten und sich für den Wells Gray National Park einen ganzen Tag Zeit nehmen. Noch eine andere Möglichkeit ist, von Lytton aus über Merritt nach 6 **Okanagan** (➤ 114) zu fahren.

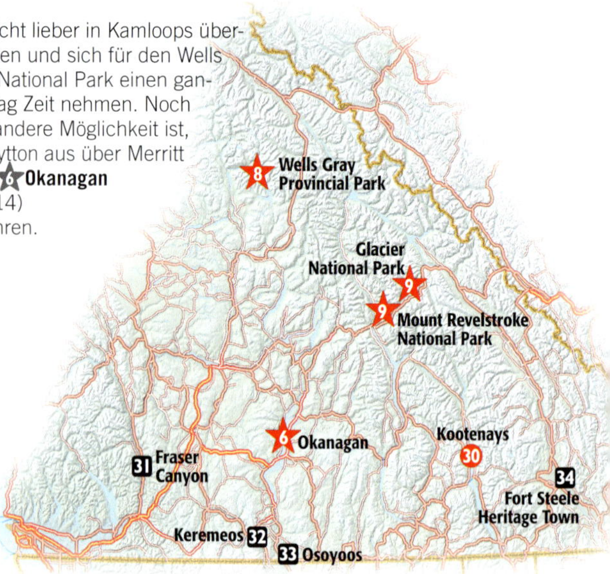

Zweiter Tag

Falls Sie sich für die letztere Lösung und gegen den Nationalpark entschieden haben, erkunden Sie heute Okanagan (und nutzen eventuell den morgigen Tag, um in der Region um die O'Keefe Ranch zu relaxen).

Dritter Tag

Von Okanagan aus haben Sie wieder mehrere Ziele zur Wahl – z. B. über Vernon nach Salmon Arm, dann nach Osten auf dem Trans Canada Highway (Highway 1) zu den 9 **Nationalparks Glacier und Mount Revelstoke** (➤ 118). Nun ist es nicht mehr weit zum Yoho National Park (links; ➤ 150), Lake Louise und Banff National Park (➤ 139). Soll es richtig reingehen in die Rockies, nehmen Sie den Highway 6 Richtung Osten und fahren über Vernon nach Needles, Nakusp und New Denver. So haben Sie ein schönes Programm für Tag 3 und 4, das Ihnen noch Zeit lässt für die 30 **Kootenays** mit dem Kootenay Lake (oben; ➤ 120).

Vierter Tag

Dieser Tag gehört den Kootenays, übernachtet wird in **Kaslo** oder **Nelson**, die mit **New Denver** zu den attraktivsten Ortschaften hier gehören, während die reizvollsten Fahrtrouten zwischen Kaslo und New Denver auf dem Highway 31A sowie auf Highway 3A zwischen Balfour und Creston liegen.

Fünfter Tag

Fahren Sie auf dem Highway 95 nordwärts über Creston nach Cranbrook und zum geschichtsträchtigen 34 **Fort Steele** (➤ 125). Dann geht es auf Highway 93–95 zu den Radium Hot Springs und dem **Kootenay National Park** (➤ 153) – eine weit schönere Strecke ostwärts als auf Highway 3 über den Crowsnest Pass nach Fort Macleod und Süd-Alberta.

6 Okanagan

Diese Region ist für British Columbia wirklich außergewöhnlich – statt der üblichen Berge und Wälder erleben Sie in fast mediterraner Pracht rebenbekränzte Hügel, liebliche Seen, Obstgärten und fruchtbare Flusstäler mit Farmland. Entsprechend beliebt ist die Gegend durch ihr mildes Klima, guten Wein, Wassersport und attraktive Erholungsangebote aller Art.

Jachthafen von Kelowna am Westufer des Lake Okanagan

Kelowna

Zentrum der Region ist Kelowna, das man am besten von Westen über den Okanagan Lake ansteuert. (Der alternative Highway 97 ist nicht sonderlich schön.) Am Ziel erwartet Sie ein hübsches Ensemble von Parks, Gärten, Buchten und schmucken Sträßchen mit interessanten Galerien, Läden und Lokalen. Die wichtigsten Strände – erreichbar über eine kuriose schwimmende Brücke – sind **Rotary Beach**, **Boyce Gyro Park** und **Bear Creek Provincial Park.** Für Panorama-Enthusiasten lohnt sich die fünfminütige Fahrt auf den **Knox Mountain** nördlich des Sees.

Land des Weinanbaus

Manche der **Weingüter** kann man besichtigen, am besten bei einer Fahrt über die ausgeschilderte **Wine Route.** Sie beginnt in Salmon Arm und führt über Shuswap Lake und Highway 97 nach Vernon, Kelowna, Peachland, Kaleden und Osoyoos. Die meisten Güter konzentrieren sich südlich von Kelowna. Wein verkauft fast jedes Gut, manche sind auch zu besichtigen. Interessant ist das Bioweingut **Summerhill Pyramid Winery** (4870 Chute Hill Road; Tel. 250 764 80 00, 1 800 667 35 38; www.summerhill.bc.ca), wo man den Rebensaft in Pyramiden reifen lässt (außerdem schönes Restaurant am See).

Detaillierte Informationen zur Wein-Route bieten die Besucherzentren und das **BC VQA Wine Information Centre** (Tel. 250 490 20 06; www.pentictonwineinfo.com), das dem **Penticton Visitor Center** angegliedert ist. Dessen Name entstammt der Sprache der Salish und bedeutet verheißungsvoll »Platz, an dem man für immer bleiben

OBSTPLANTAGEN
Die Region verdankt ihren Wohlstand vor allem dem **Obstanbau.** Begründet wurde er 1859 von Pater Charles Pandosy, Mitglied einer Oblaten-Mission nahe Kelowna. Es gibt spezielle Touren zu bestimmten Gärten, Saftproduzenten und Obstsorten usw.; Auskunft erteilen die örtlichen Besucherzentren.

Weinberge prägen die Landschaft im Okanagan Valley

möchte«! Neben einem schönen Ortskern hat Penticton mit Skaha und Okanagan auch zwei gute Strände sowie Wassersport etc. zu bieten.

Vernon

Ebenso attraktiv ist das ruhigere, nördlich von Kelowna gelegene Vernon mit seinen schönen Alleen und um die 500 historischen Bauten. Nur 12 km entfernt findet sich die geschichtlich markanteste Adresse der Gegend, die **O'Keefe Ranch**, wo sich an einem faszinierenden Ensemble alter Gebäude und Gerätschaften die Atmosphäre der Pionierzeit des 19. Jhs. nachvollziehen lässt.

199 E2

Kelowna Visitor Centre
544 Harvey Avenue
250 8 61 15 15; gebührenfrei in Nordamerika 1 800 6 63 43 45; www.tourismkelowna.com
Mitte Mai–Juni Mo–Sa 9–17, So 10–15 Uhr, Juli–Aug. tägl. 9–18 Uhr, Sept.–Okt. Mo–Sa 9–18, So 10–15 Uhr, Nov.–April Mo–Fr 9–17, Sa 10–15 Uhr

O'Keefe Ranch
12 km nördl. von Vernon, 9380 Hwy. 97N 250 5 42 78 68; www.okeeferanch.ca Mai–Juni und Sept. tägl. 10–17; Juli–Aug. tägl. 10–18 Uhr 13,50$ Café ($)

Vernon Visitor Centre
701 Hwy. 97 South
250 5 42 14 15; gebührenfrei in Nordamerika 1 800 6 65 07 95; www.vernontourism.com
Mitte Mai–Juni tägl. 9–17 Uhr, Juli–Aug. tägl. 8.30–18 Uhr, Sept.–Mitte Okt. Mo–8.30–16.30 Uhr, Mitte Okt.–Mitte Mai Mo–Fr 8.30–16.30 Uhr

Penticton & Wine Country Visitor Centre
553 Vees Drive
250 2 76 21 70; gebührenfrei in Nordamerika 1 800 6 63 50 52; www.tourismpenticton.com
Mo–Sa 8–19, So 9–18 Uhr

BAEDEKER TIPP

- Östlich des Okanagan Lake herrscht starker Verkehr. Fahren Sie lieber fern der Hauptorte am ruhigen **Westufer** des Sees entlang.
- Ideal für Okanagan ist die **Vor- und Nachsaison**, wenn Seen und Weingüter nicht überlaufen sind; im Frühjahr stehen zudem Obstbäume in voller Blüte.

8 Wells Gray Provincial Park

Mit seinen schäumenden Wasserfällen, stillen Seen, mächtigen Flüssen und tiefen Wäldern ist dies einer der schönsten Parks von British Columbia, auch wenn die Berge hier weniger steil und zerklüftet sein mögen als in den Rockies weiter östlich. Und mitten durch das Herz des Parks führt eine wundervolle Panoramastraße.

Wenn Sie British Columbia nur einen Kurzbesuch abstatten, ist es fraglich, ob Ihnen der Aufwand einer Fahrt hierhin nicht zu groß erscheint. Kommen Sie von **Jasper** und **Mount Robson**, bietet es sich indes an, eine Nacht in Clearwater zu verbringen und am folgenden Tag den Park zu erkunden. Im hervorragenden Visitor Center erfahren Sie nicht nur alles Wissenswerte über die Wanderwege, sondern auch über Wildwasser-Raftings oder Kanu-Trips auf dem Clearwater River und vieles mehr.

Rechts: Aus doppelter Höhe wie die Niagara-Fälle stürzen die Helmcken Falls zu Tal

Panoramafahrt

Falls Sie sich auf eine Autofahrt durch den Park beschränken, biegen Sie vom Highway 5 auf die Wells Gray Park Road ab. Die gut 60 km lange Panoramastraße ist durchweg ausgeschildert. Als erster Halt bietet sich der **Spahats Creek Provincial Park** (8 km von Clearwater) an, von wo ein kurzer Weg zu den 61 m hohen **Spahats Falls** führt. Nächste Station ist der **Green Mountain Lookout** mit kurvenreicher Zufahrt gleich nach der Kreuzung zur Hauptstraße durch den Außenbezirk des Parks. Der Fernblick, der sich Ihnen hier bietet, ist sensationell – eine Bergwildnis mit teils noch unbenannten Gipfeln.

Unten: Die Überreste der Ray Farm

Danach geht es auf der Hauptstraße weiter zu den **Dawson Falls**. Während andere Wasserfälle ihren Reiz aus einem eleganten Kaskadenbogen beziehen, erwächst er hier aus der schieren Menge Wasser, das zu Tal rauscht: Nur 5 m sind die Fälle hoch, aber 90 m breit! Wie alle im Park entstand er einst durch die Rückbildung von großen Gletschern der letzten Eiszeit. Von besonderer Anmut sind die **Helmcken Falls** im Herzen des Parks (zu erreichen über eine beschilderte Straße kurz nach den Dawson Falls). Mit 137 m sind sie zweieinhalb Mal so hoch wie die

Niagara-Fälle und mindestens ebenso schön – in einem natürlichen Amphitheater aus Felsen sprüht die Gischt, farblich untermalt vom Grün und Braun der Flechten und Baumwracks.

BAEDEKER TIPP

- Der Park ist **weitgehend unerschlossene Wildnis**, weshalb Sie nur mit gut gefülltem Tank und ausreichend Picknick-Vorräten losfahren sollten.
- Wildnis heißt auch, dass Ihnen hier jederzeit wilde Tiere wie **Bären** (► 20) begegnen können. Achten Sie auch auf angemessene, wetterfeste Kleidung.
- Da Wells Gray nicht zu den Nationalparks gehört, wird hier auch **kein Eintritt** erhoben.

Zurück auf der Hauptstraße fahren Sie teilweise am Clearwater River entlang und stoßen auf ein Hinweisschild zu einem kurzen Wanderweg Richtung **Ray Farm**, 1912 erbaut von John Ray, einem der ersten Siedler dieser Gegend. Heute sind nur Ruinen davon übrig, die in der einsamen Wildnis einen Begriff vermitteln von der Härte des damaligen Pionierlebens. Die Straße endet am **Clearwater Lake**, wo es einen Campingplatz und ein paar Barkassen gibt. Auf einer Übersichtstafel sind alle Kurzwanderwege um den See eingezeichnet – sicher ein schöner Abschluss Ihrer Fahrt.

---

199 E5

Clearwater Visitor Infocentre
416 Eden Rd.
250 6 74 26 46;
www.clearwaterbcchamber.com
Mai–Juni Do–Mo 10–16 Uhr, Juli–Anfang Okt. tägl. 9–18 Uhr, Rest des Jahres geschl.

9 Glacier & Mount Revelstoke National Parks

Die Gebirgszüge unmittelbar westlich der Rocky Mountains präsentieren sich beinahe ebenso eindrucksvoll wie diese selbst – vor allem die Columbia und Selkirk Mountains in den Grenzen von Glacier und Mount Revelstoke National Park.

Glacier National Park

Der Park verdankt seine Existenz dem Canadian Pacific Railway: Bevor dieser Schienenstrang gebaut wurde, betrat so gut wie niemand das unwirtliche Terrain. In seine eisige Ödnis unter dem gewaltigen Gipfel des **Mount Dawson** (3392 m) und der umliegenden Bergriesen hatten sich weder Entdecker noch Ureinwohner vorgewagt.

Rund 14 % des Gebietes sind eine Region ewigen Schnees mit über 420 Gletschern, davon rund ein Sechstel, die sich auf früheren Eisplatten bildeten (ein ungewöhnliches Phänomen) – die Mehrzahl ist jedoch heute im Schwinden begriffen. Die Eisenbahntrasse wurde 1885 über den **Rogers Pass** (1383 m) durch das Massiv getrieben. Das Hotel auf dem Pass war gut besucht, bis man 1916 die Bahntrasse wegen häufiger Lawinenabgänge verlegte, und gewann wieder an Beliebtheit nach Eröffnung des Trans-Canada Highway 1962.

Dieser ist heute zugleich die attraktivste Route durch den Park, dessen Inneres vorwiegend Reservat für erfahrene Bergsteiger blieb. Im **Visitor Center** 1 km westlich der Passhöhe bekommen Sie alle notwendigen Unterlagen für kleine Exkursionen – und gleich südlich davon einen herrlichen Blick auf den **Illecillewaet Neve**, den eindrucksvollsten Gletscher des Parks.

Rechts: Blick vom Mount Revelstoke auf die gleichnamige Stadt

Unten: Auf dem Giant Cedar Trail im Mount Revelstoke National Park

Mount Revelstoke National Park

16 km westlich des Glacier Parks liegt dieser kleinere Nationalpark, 1916 vorwiegend gegründet zum Schutz der Flora auf dem **Mount Revelstoke**. Der Hauptzugang befindet sich im Westen über den **Meadows in the Sky Parkway** (25,5 km) nahe der Stadt Revelstoke (gute Ausgangsbasis für beide Parks).

IM GLACIER-PARK

Acht Wanderrouten führen durch den Park, vom bequemen Spaziergang bis zur anspruchsvollen Ganztagestour, alle ausgehend vom Illecillewaet Campground. Die kürzesten mit jeweils 1 km Länge sind **Bear Falls Trail** und **Meeting of the Waters Trail**, einer der leichtesten der 1885 **Rails Trail** (3,8 km) entlang der einstigen Trasse des Canadian Pacific Railway. Für geübte Wanderer empfehlen sich besonders **Great Glacier**, **Avalanche** und **Abbott's Ridge Trail**.

Mehrere Wege führen zum Gipfel, wie der befestigte **Meadows in the Sky Trail** (800 m) und der lange **Miller Lake Trail** (6 km, einfach). Ein paar kürzere Wege gehen direkt vom Trans-Canada Highway ab, am schönsten sind der **Giant Cedars Trail** (700 m) und der **Skunk Cabbage Trail** (1,2 km), 500 m bzw. 6 km vom Osteingang entfernt.

---

200 A4

Rogers Pass Discovery Centre

Rogers Pass ☎ 250 8 37 75 00; www.pc.gc.ca/lhn-nhs/bc/rogers/visit/visit2.aspx Apr. tägl. 7–16, 1.–16. Mai geschl., 17. Mai–13. Juni tägl. 9–17, 14. Juni–3. Sept. 8–19, 4. Sept. 15. Okt 9–17, 16. Okt. 22. Nov. geschl., sonst tägl. 7–16 Uhr Park: frei

Revelstoke Town Visitor Centre

204 Campbell Avenue ☎ 250 8 37 53 45, gebührenfrei 1 800 4 87 14 93; www.seerevelstoke.com Juli– Aug. tägl. 9–19 Uhr, Sept.–Mitte Okt. 9–17 Uhr, sonst Mo–Fr 8.30–16.30 Uhr

BAEDEKER TIPP

- Für beide Parks sind **Pässe** erforderlich (erhältlich in den Park Centern). Sie sind etwas preiswerter als die Pendants in den Rockies (www.pc.gc.ca).
- Der Glacier National Park liegt auf der Grenze zwischen **Mountain Time** und **Pacific Time**: Uhren jeweils eine Stunde zurückstellen, wenn Sie westwärts fahren, eine vor auf dem Weg nach Osten.
- Die letzten Kilometer auf dem Meadows in the Sky Parkway zum Mount Revelstoke sind gesperrt – parken Sie am Balsam Lake, dort verkehrt ein **Shuttle Bus** (2 km) zur Gipfelregion.
- Selbst im Sommer ist das **Wetter** im Glacier Park sehr wechselhaft – daher vorsichtig fahren, der Straßenzustand ändert sich schnell.
- Auf dem Campingplatz gibt es **Info-Vorträge** (Mitte Juni–Aug. tägl. 19 Uhr) und gelegentlich Führungen zu Themen wie der Fauna, Geologie und Vegetation des Parks. Auskunft erteilt das Rogers Pass Discovery Centre (oben).

30 Kootenays

Diese reizvollen Berge und Seen im Südosten British Columbias sind noch recht unberührt – und zwar trotz eines hinreißenden Ensembles winziger Dörfchen, Parks, historischer Monumente, Wälder, Geisterstädte, spektakulärer Highways und malerischer Ortschaften am See inmitten einer lieblichen Landschaft.

DAHER DER NAME
Der Name **Kootenays** bedeutet in der Sprache der Ureinwohner »Leute hinter den Bergen«, wohl eine Anspielung auf die Jagdgebiete der Kutenai (oder Kootenai).

Anfahrt

Kootenay Country, wie es auch heißt, liegt vorwiegend an den Tälern des Kootenay und Columbia River sowie zweier großer Seen, Kootenay und Arrow Lake. Eingerahmt und durchzogen wird es von drei mächtigen Gebirgsketten, den Purcells, Selkirks und Monashees.

Die Anfahrt birgt je nach Route unterschiedliche Reize. Von Westen empfiehlt sich der Highway 6 von Vernon nach Needles mit **majestätischem Panoramablick** (➤ 148), der Weg von Osten bzw. den Rockies über Fort Steele, Yahk und Creston ist kurvenreicher und nicht minder hinreißend. In **Fort Steele** (➤ 125) gibt es ein schön rekonstruiertes Pionierdorf. Und in Creston lockt das bekannte **Creston Valley Wildlife Management Area** (9,5 km nordwestlich der Stadt, Tel. 250 4 02 69 08; www.crestonwildlife.ca; Visitor Center 9–16 Uhr, Mitte Mai–Juni Di–Sa, Juli–Aug. tägl.; Sept. Mi–Fr); zu dem Paradies für Vögel und Wildtiere gehört auch eines der weltgrößten Brutgebiete für Fischadler.

Nelson

Die »Queen of the Kootenays« ist wahrlich das Schmuckstück der ganzen Gegend – ein heimeliger Ort zum Wohlfühlen mit schönen Sträßchen, vielen Cafés, Kunstgalerien, Buchläden und gut 350 hölzernen historischen Gebäuden. Das Städtchen und dessen Umgebung dienten nicht zufällig als Kulisse für zahlreiche Kino- und Fernsehfilme (der wohl bekannteste: *Roxanne* mit dem Komiker Steve Martin). Ausführliche Wegbeschreibungen für die Besichtigung der Häuser sind im Visitor Center erhältlich. Besonders schön ist das Courthouse in der Altstadt, erbaut von Francis Rattenbury, der auch Architekt des Empress Hotels und des Parlaments in Victoria (▶ 104) war.

Wie die meisten Ansiedlungen im Kootenay entstand auch Nelson Ende des 19. Jhs. im Zuge der Gold-, Silber- und Kupferfunde im nahen Hügelland. Das **Mining Museum** lässt diese Epoche lebendig werden (215 Hall Street; Tel. 250 3 52 52 42, am besten besichtigen mit **Touchstones Nelson Museum of Art and History,** 502 Vernon

Am 160 km langen Kootenay Lake finden sich immer wieder idyllische Stellen

Street; Tel. 250/ 352-9813; www.touchstonesnelseon.ca; Mo–Sa 10–17, So 10–16 Uhr; 8$). Seine bemerkenswertesten Exponate widmen sich der einst hier verbreiteten Pazifisten-Sekte der Doukhobors. Wer hierüber mehr wissen möchte, sollte das **Doukhobor Discovery Centre** in Castlegar (www.doukhobor-museum.org) besuchen.

Kaslo

Nelson mit seinen vielen Hotels ist sicherlich eine gute Basis zur Erkundung der Region. Wer's beschaulicher mag, wird jedoch ein Dörfchen vorziehen und in Kaslo am Kootenay Lake ein regelrechtes Paradies vorfinden. Es ist malerisch und kuschelig, hat alte Häuser und hübsche Gärten zu bieten und ist zudem Heimathafen von Nordamerikas ältestem Raddampfer, der *SS Moyie* aus dem Jahr 1898. Solche Schiffe, die u. a. Erz transportierten, waren einst auf den Seen hier allgegenwärtig.

Zerklüftete Küste am Kootenay Lake

Kaslo ist ein Kleinod, umgeben von stolzen Berggipfeln und etlichen Ausflugszielen, die zu Fuß oder auf vier Rädern zu erreichen sind. Lohnend ist beispielsweise ein Abstecher nach **Argenta**, einem kleinen Weiler 35 km nördlich, oder zum **Kokanee Glacier Provincial Park**. Das gut ausgezeichnete Wanderwegnetz dieses Bergparks ist an mehreren Stellen von den Highways 6, 31 und 3A aus zugänglich.

Zentren am Seeufer

Einen Besuch wert sind allemal auch **New Denver**, das kaum hinter Kaslo zurücksteht, und **Nakusp** mit seinen Thermalquellen – ein gut ausgeschildertes Spa 13 km außer-

halb des Ortes mit wunderbaren Pools im Freien. In beiden Orten findet sich ein Museum zur Bergbaugeschichte.

Das Hauptaugenmerk wird in den Kootenays indes stets dem einmaligen Zusammenklang von Bergen, Seen und Wälern gelten. Eine der beeindruckendsten Panoramastraßen ist der Highway 3A nördlich von Creston, der entlang dem Kootenay Lake zur mit 9 km »längsten kostenlosen Fährverbindung der Welt« an der Kootenay Bay führt. Unterwegs werden Sie immer wieder halb versteckte Bed-and-Breakfast-Häuschen ausmachen – eine gute Alternative zu den Hotels von Nelson. Einfach die Einheimischen darauf ansprechen! Auf dem Weg erwartet Sie zudem 6,5 km südlich von Boswell das bizarre **Glass House**, das 1955 von einem ehemaligen Bestattungsunternehmer aus 500 000 Flaschen erbaut wurde. Und nach der Fahrt mit der Fähre locken 14,5 km nördlich von Balfour die **Ainsworth Hot Springs** zum Baden.

Im Tal des Kootenay River

200 B2

Nelson Visitor Infocentre
225 Hall Street, Ecke Lake Street ☎ 250 3 52 34 33 oder 1 877 6 63 57 06; www.discovernelson.com Jan.–Mai, Sept.–Dez. Mo–Fr 8.30–17 Uhr, Juni–Aug. Mo–Fr 8.30–17.30, Sa–So 9–18 Uhr

Kaslo Visitor Infocentre
324 Front Street
☎ 250 3 53 25 25; www.klhs.bc.ca
Mitte Mai–Mitte Okt. tägl. 9–17 Uhr, Rest des Jahres geschl.

Nakusp Visitor Infocentre
92 NW 6th Avenue
☎ 250 2 65 42 34 oder 1 800 9 09 88 19; www.nakusparrowlakes.com
Juli–Aug. tägl. 9–17 Uhr, Rest des Jahres wechselnde Zeiten

New Denver Visitor Infocentre
Silvery Slocan Museum, 202 6th Avenue
☎ 250 3 58 27 19; www.slocanlake.com Anfang Juli–Anfang Sept. tägl. 10–18 Uhr, sonst wechselnde Zeiten

BAEDEKER TIPP

- Hier benötigt man **unbedingt ein Auto**, öffentliche Verkehrsmittel fahren nur zu den wichtigsten Ortschaften.
- **Der richtige Weg** durch die labyrinthischen Kootenays ist nicht einfach zu planen. Orientieren Sie sich an Nelson, Kaslo und Nakusp.
- Die **schönsten Strecken**: von Vernon nach Needles, von Creston nach Kaslo sowie von Kaslo oder Nakusp nach Revelstoke mit Fährüberfahrt in Galena Bay.
- Außerhalb von Städten und Dörfern bewegen Sie sich hier praktisch in der **Wildnis**; auch viele auf der Karte eingezeichnete Orte (z. B. Balfour, Kootenay Bay, Needles oder Crawford Bay) sind nicht mehr als eine Handvoll Häuser.

Nach Lust und Laune

31 Fraser Canyon

Die interessanteste Route durch British Columbia ist der Trans-Canada Highway (Highway 1). Anfangs führt er durch eine halbwilde Landschaft, quert den Thompson River und wendet sich dann am Cache Creek südwärts. Zwischen Lytton und Yale geht es am Fraser Canyon entlang, dem Highlight der Strecke – sie wird kurvenreich und mäandert abenteuerlich über die Hänge und offenbart atemberaubender Aussicht auf Fluss und Berge.

Fluss und Canyon sind nach Simon Fraser benannt (1776 bis 1862), einem Entdecker, Pelzhändler und Mitarbeiter der North West Company. Das Unternehmen errichtete die ersten weißen Siedlungen im westlichen Kanada und führte beachtliche Erkundungsreisen durch.

Über dem Abgrund: Airtram am Hell's Gate

Heute geht die Fahrt recht munter geradeaus, ist aber immer noch erlebnisreich, vor allem am **Hell's Gate** (rund 9,5 km nördlich von Yale), wo der Fluss in 61 m Tiefe schäumt. Hinunter zum Ufer geht es mit der **Airtram** genannten Seilbahn bei der Hängebrücke – zur richtigen Jahreszeit können Sie Lachse beobachten, die sich flussaufwärts mühen (auch abgebildet auf Informationstafeln).

Yale wurde 1840 als Niederlassung der Hudson's Bay Company gegründet und war während des Goldrauschs mit 20 000 Einwohnern die größte Stadt Nordamerikas westlich von Chicago und nördlich von San Francisco. Heute leben hier noch 200 Seelen – nur ein kleines, aber sehenswertes Museum kündet von den einst bewegten Zeiten des Ortes.

Knapp 20 km südlich von Yale ist **Hope** eine Stippvisite wert, mit einem kleinen Museum voller Pionier-Memorabilien, schönen Spazierwegen und (ungewöhnlich!) Gelegenheit zum Segelfliegen. Auskunft im örtlichen Visitor Center.

198 C2

Airtram

43111 Trans Canada Hwy., Boston Bar, 9,5 km nördlich von Yale ☏ 604 8 67 92 77; www.hellsgateairtram.com Mitte April–Mitte Mai, Anfang Sept.–Mitte Okt. tägl. 10–16 Uhr, Mitte Mai–Anfang Sept. 10–17 Uhr 21$ Cafe ($)

Hope Infocentre

919 Water Avenue ☏ 604 8 69 20 21, gebührenfrei 1 866 4 67 38 42; www.hope.ca Juni–April, Okt.–Dez. Mo–Sa 10–16 Uhr, Mai, Sept. tägl. 9–17 Uhr, Juli–Aug. tägl. 8–20 Uhr

Yale Museum Visitor Info Booth
31187 Douglas Street 604 8 63 23 24
3. Mai–30. Sept. tägl. 10–17 Uhr

32 Keremeos

Der Highway 3 verläuft nahe der Grenze zu den USA und bietet diverse landschaftliche Reize, von den Wäldern der Coast Mountains bis zum wilden Manning Provincial Park. Auch östlich von Princeton bleibt die Szenerie höchst malerisch, wird aber sanfter, je näher man Keremeos kommt. Das hübsche Dörfchen liegt klimatisch in einer der wärmsten Zonen des Landes: In dem weiten Tal gedeihen Gemüse und sogar exotische Früchte, was der Region den Titel »Fruit Stand Capital of Canada« eintrug.

Keremeos Infocentre
199 E1 417 7th Avenue
250 4 99 52 25; www.similkameencountry.org Jan.–Juni, Sept.–Dez. Mo–Fr 9–17, Juli–Aug. tägl. 9–17 Uhr

33 Osoyoos

Die Wüstenlandschaft um Osoyoos gehört zweifelsohne zu den eindrucksvollsten von British Columbia. Sie ist die regenärmste Kanadas und hat eine 10 °C höhere Jahresdurchschnittstemperatur als Nelson. Seit jeher ist die Nk'Mip-Wüste Heimat der Osoyoos-Indianer oder **Nk'Mip**, die hier eine famose Ferienanlage errichtet haben, sich ansonsten aber dem Naturschutz verschrieben haben.

Es gibt gut ausgeschilderte Wanderwege, und im **Desert Cultural Centre** erfahren Sie mithilfe interaktiver Exponate, zweier Multimedia-Theater und eines Klapperschlangenforschungsprojekts viel über die Gegend und ihre Ureinwohner. Besichtigt werden können auch Tiergehege, Skulpturengarten und Nachbauten von Wohnstätten. Im Sommer ist es oft sehr belebt, da Badegäste scharenweise zum See kommen.

199 E1

Osoyoos Infocentre
9912 Nähe Kreuzung Hwy. 3/Hwy. 97
250 4 95 54 10 oder 1 888 6 76 96 67; www.destination osoyoos.com Jan.–Mitte Mai, Sept.–Dez. tägl. 9–16 Uhr, Juni 9–17, Juli–Aug. 8–18 Uhr

Nk'Mip Desert Cultural Centre
1000 Rancher Creek Road
250 4 95 79 01 oder 1 888 4 95 85 55; www.nkmipdesert.com Ende Mai–Anfang Juli, Sept.–Mitte Okt. tägl. 9.30–16.30 Uhr, Anfang Juli–Aug. tägl. 9.30–18 Uhr, Mitte Sept.–Ende Okt. Di–Sa 9.30–16 Uhr, Rest des Jahres geschl. Eintritt: 14$

34 Fort Steele Heritage Town

Die Stadt besteht zur Hälfte aus Originalbauten, zur anderen aus Nachbauten, die einen Eindruck vermitteln, wie es hier Ende des 19. Jhs. aussah. Gegründet wurde das Fort um 1884 von Inspector Sam Steele von der North West Mounted Police, der einen Streit um Land und zwei zu Unrecht inhaftierte Ktunaxa schlichten sollte.

Das Fort wuchs aufgrund naher Funde von Silber, Blei und Zink und in Erwartung, dass der Canadian Pacific Railway hier vorbeiführen würde. Dessen Trasse wurde dann jedoch über Cranbrook geführt und Steele versank in Bedeutungslosigkeit, um schließlich 1961 durch den Wiederaufbau als historisches Monument dem Dornröschenschlaf entrissen zu werden.

Heute kümmern sich Angestellte in historischen Kostümen um Besucher, die sich Schmiede, Bäckerei, Kramladen, Druckerei und andere »Werkstätten« anschauen, mit Dampfmaschine und Kutsche fahren oder beim Brotbacken und Nähen eines Quilts dabei sein können.
201 D1 9851 Hwy. 93/95
250 4 17 60 00 oder 250 4 26 73 52; www.fortsteele.ca Mai–Juni, Anfang Sept.–Mitte Okt. tägl. 9.30–17 Uhr (Gelände bis 18 Uhr); Juli–Anfang Sept. 9.30–18.30 Uhr (Gelände bis 19 Uhr); Mitte Okt.–April 10–16 Uhr 12$

Wohin zum ...
Übernachten?

Preise
Für ein Doppelzimmer pro Nacht (ohne Steuern):
$ unter 100 CDN $ **$$** 100–200 CDN $ **$$$** 200–300 CDN $
$$$$ über 300 CDN $

OKANAGAN

Grapevine Bed and Breakfast $$

Ruhiges Gästehaus in Kelowna, ein wenig außerhalb des Ortes gelegen. Vier aparte, luxuriöse Zimmer mit Bad. Gepflegter Garten mit Swimming- und Whirlpool.

199 E2 ✉ 2621 Longhill Road in Kelowna, V1V 2G5 ☎ 250 8 60 55 80 oder 1 800 9 56 55 80; www.grapevineokanagan.com

Walnut Beach Resort $$$

Wenngleich etwas südlich des Kernlands von Okanagan gelegen, ist Osoyoos hierfür eine gute Übernachtungsadresse: schönes Ambiente und mildes Klima, quasi mit Sonnenscheingarantie. Das Walnut Beach gehört zu den neuesten und besten Resorts und punktet mit großem Swimmingpool und Privatstrand an Kanadas wärmstem See. Klare Linien und sanfte Farben dominieren das Interieur der minimalistisch-modernen 112 Suiten. Freizeitaktivitäten gibt es ringsum zuhauf und mehrere große Weingüter, die nur eine kurze Autofahrt entfernt sind.

199 E1 ✉ 4200 Lakeshore Drive, Osoyoos, V0H 1V6 ☎ 250 4 95 54 00, gebührenfrei 1 877 9 36 54 00; www.walnutbeachosoyoos.com

Lake Okanagan Resort $$/$$$

Sehr ansprechendes, ruhiges Hotel am See (17 km von Kelowna entfernt). Hier warten ein Golfplatz (Par 3), zwei Pools, Tennisplätze, Jachthafen, Strand und Reitpferde. Die meisten der 125 Zimmer verfügen über Seeblick.

199 E2 ✉ 2751 Westside Road, Kelowna, V1Z 3T1 ☎ 250 7 69 35 11; gebührenfrei in Nordamerika 1 800 6 63 32 73; www.lakeokanagan.com

WELLS GRAY PROVINCIAL PARK

Dutch Lake Motel $/$$

Eine ausgezeichnete Adresse für Parkbesucher, herrlich am See gelegen. Alle Zimmer mit Klimaanlage, Kabel-TV und Kaffeemaschine (manche Zimmer auch mit Küche) sowie Balkon mit Blick auf den See. Zum Gelände gehören eine Münzwäscherei, Mietboote, ein Restaurant und ein Wohnmobil-Parkplatz.

199 E5 ✉ 333 Roy Road, Clearwater, V0E 1N8 ☎ 250 6 74 33 25 oder 1 877 6 74 33 25; www.dutchlakemotel.com

KOOTENAYS

Best Western Baker Street Inn $$/$$$

Nette, preiswerte alte Hotels mit Patina gibt es in Nelson überreichlich, doch ist man sicher mit diesem besser beraten. Es vermietet über 70 Zimmer mit leidlich moderner und stilvoller Einrichtung und dem für die Kette eigentlich obligatorischen Komfort, den man auch von anderen Häusern kennt.

200 B1 ✉ 153 Baker Street, Nelson, V1L 4H1 ☎ 250 3 52 35 25; gebührenfrei in Nordamerika 1 888 2 55 35 25; www.bwbakerstreetinn.com

Hillside Lodge and Chalets $$/$$$

Ein stattliches Haupthaus und diverse Holzhäuschen (mit einem oder zwei Schlafzimmern) erwarten einen hier im Wald. Herrlicher Blick auf Berge und Fluss. 13 km westlich von Golden gelegen, ist es ein guter Ausgangspunkt für die Nationalparks Glacier und Yoho. Nicht weit von hier liegt das Kicking Horse Mountain Resort, so bietet es sich auch im Winter als Ski-Quartier an. Touren und anderes mehr werden gern arrangiert.

200 B4 1740 Seward Frontage Rd, Golden, 500 m von Hwy. 1, V0A 1H0 250 3 44 72 81; www.hillsidechalets.com

William Hunter Cabins $/$$

Idealer Abschluss eines Aufenthaltes in den Kootenays kann eine Nacht in einem Blockhaus sein. Hinterwäldlerisch ist das hier nicht – die Zimmer sind schön ausgestattet mit Fichtenholzmöbeln, Queen-Size-Betten und Daunendecken. Alle verfügen über Küchennische, Wohnzimmer mit Bettsofa und Zugangstüren auf die Veranda.

196 C2 303 Lake Avenue, Silverton, V0G 2B0 250 3 58 28 44 oder 1 866 7 41 12 38; www.williamhuntercabins.com

GLACIER NATIONAL PARK

Coast Hillcrest Resort Hotel $$/$$$

Wer es schafft, die Augen einmal abzuwenden vom Superblick auf die schneebedeckten Gipfel und den Mount-Begbie-Gletscher, kann sie kurz auf das prachtvolle Foyer mit Holzsäulen richten. Großzügig sind auch die Zimmer und Maisonette-Suiten. Ein zugehöriges Spa bietet den Gästen Whirlpool, Sauna und diverse Sportgeräte.

196 B3 2100 Oak Drive, Revelstoke, V0E 2S0 250 8 37 33 22, gebührenfrei 1 800 6 63 11 44; www.hillcresthotel.com

Wohin zum ... Essen und Trinken?

Preise
Für ein Drei-Gänge-Menü (ohne Getränke und Service):
$ unter 50 CDN $ **$$** 50–100 CDN $ **$$$** über 100 CDN $

OKANAGAN

Minstrel Café and Bar $/$$

Stilvolle Adresse zum Speisen und Musikhören (u. a. Livejazz, -blues donnerstags und samstags). Zum Lunch serviert man gerne Salate, gefüllte Teigrollen und Pasta, zum Dinner Paella (mit Riesengarnelen, Muscheln, Huhn und Chorizo), Pad Thai oder geschmortes Lamm.

199 E2 4638 Lakeshore Road, Kelowna 250 7 64 23 01; www.minstrelcafe.com tägl.11.30 Uhr–open end

Ric's Grill $$

Traditionelle Fleisch- und Fischgerichte in guter Qualität, außerdem Pasta, Pfannengerichte, Burgers und Sandwiches.

199 E2 210 Lawrence Avenue, Kelowna 250 8 69 15 86; www.ricsgrill.com tägl. 16.30–22 Uhr

KOOTENAYS

All Seasons Café $$

Das elegante Restaurant in einem alten Gebäude gehört zu den führenden der Kootenays. Der Kü-

chenchef verwendet beste einheimische Zutaten wie Bio-Fisch von Ocean Wise (➤ 29) und einen superben Schafsmilch-Brie und zaubert daraus exzellente Gerichte. Wie wäre es mit knusprigen Riesengarnelen, gefolgt von Lammkarree?
200 B1 ✉ 620 Herridge Lane, Nelson, V1L 6A7 ☏ 250 3 52 01 01; www.allseasonscafe.com ◷ tägl. ab 17 Uhr; So Brunch 10–14 Uhr

GLACIER NATIONAL PARK

The Wolf's Den $
Der neue Name passt: Die »Wolfshöhle« bietet in zünftiger Hüttenatmosphäre saftige Steaks, Burger im XL-Format und beachtliche Salate. Für einen kleinen Ort wie Golden ganz außerordentliches Wein-, Bier- und Cocktailangebot!
200 B4 ✉ 1105–1109th Street South, Golden, V0A 1H0 ☏ 250 3 44 98 63; www.thewolfsdengolden.ca

Wohin zum ... Einkaufen?

20 Künstler bieten ihre Werke feil bei **Craft Connection** (378 Baker Street, Nelson; Tel. 250 3 52 30 06; www.craftconnec tion.org). Eine gute Adresse für Kunst und Kunsthandwerk ist auch **Hazeldean** (105–405 Baker Street; Tel. 250 3 52 06 60; www.hazeldeangallery.com), ein schönes Antiquariat **Packrat Annie's** (411 Kootenay Street; Tel. 250 3 54 47 22). Kunstgewerbe wie Seidenschals und Bären-Warnglocken findet man in Kaslo bei **Your Art's Desire** (423 Front Street; Tel. 250 3 53 75 00) und **Figment's Fine Canadian Crafts** (408 Front Street; Tel. 250 3 53 25 66). Für Weinliebhaber lohnend ist die Broschüre des British Columbia Wine Institute (Liste aller Weingüter Okanagans).

Wohin zum ... Ausgehen?

OKANAGAN

Rose's Waterfront Pub (1352 Water Street, Kelowna; Tel. 250 8 60 11 41; www.rosespub.com) ist ebenso beliebt wie die Bar des **Hotel Eldorado** (500 Cook Road; Tel. 250 7 63 75 00; www.hoteleldoradokelowna.com) mit Veranda zum See (manchmal Livemusik). Musikalische Unterhaltung und ausgezeichnetes Essen bietet **The Grateful Fed** (509 Bernard Avenue; Tel. 250/ 862-8621; www.thegratefulfed.ca). Auskunft über die Bühnen in Kelowna erteilt das **Rotary Centre** (421 Cawston Avenue at Water Street; Tel. 250 7 17 53 04; www.rotarycentreforthearts.com). Empfehlenswert in Vernon ist der Pub **Sir Winston's** (2705 32nd Street; Tel. 250 5 49 34 85; www.sirwinstons.ca).

KOOTENAYS

Die Kootenays scheinen ein wahrer Brutplatz für künstlerische Talente zu sein. In wunderschönem Rahmen findet am ersten August-Wochenende das **Kaslo Jazz Festival** (Tel. 250 3 53 75 77; www.kaslojazzfest.com) statt. Für Kunst und Theater ist die **Langham Cultural Society** (A Avenue; Tel. 250 3 53 26 61; www.thelangham.ca) zuständig. Eine klassische Taverne ist **Mike's Place Pub** im Hume Hotel (422 Vernon Street, Nelson; Tel. 250 3 52 53 31; www.humehotel.com), mit hervorragender Auswahl an lokalem Ale. Gemächlicher geht es zu in der **Library Bar** des Hotels. Musikfans sind gut aufgehoben im **Royal** (330 Baker Street, Nelson; Tel. 250 3 52 12 69).

Rocky Mountains

Kleine Erlebnisse

Streifenhörnchen füttern

Zugegeben, das können Sie überall in Kanada, doch am türkisblauen **Moraine Lake** (➤ 144) ist es besonders schön.

Trüffelschwein

Unverhofft kommt oft: feine Küche im **Truffle Pigs Bistro** (➤ 161) mitten im Yoho National Park.

Wapiti-Garantie

Wenn Sie von Jasper aus zum nahen **Pyramid Lake** (➤ 147) fahren, nehmen Sie sich Zeit, um Wapitis zu entdecken.

Erste Orientierung

Die kanadischen Rockies können sich durchaus sehen lassen im Gesamtensemble dieses majestätischen Felsengebirges im Westen Nordamerikas: himmelhoch ragende Gipfel, weite urtümliche Wälder, stille smaragdgrüne Seen und oft einsame, beinahe jungfräuliche Wildnis bis zum Horizont.

Die meisten Besucher hier streben in die vier herrlichen Nationalparks Banff, Jasper, Yoho und Kootenay, die 1985 zum UNESCO-Weltnaturerbe erklärt wurden. Banff ist der berühmteste von ihnen, Jasper der größte – doch auch die beiden kleineren müssen sich keineswegs verstecken: Alle vier garantieren Naturgenuss!

Sie lassen sich bequem mit dem Auto erkunden, doch das lässt man gerne immer wieder einmal stehen, um die Reize der Landschaft abseits der Straße zu genießen – und sei es nur zu einem kurzen Spaziergang auf gut markierten Wegen.

Nicht nur die Wege sind in bester Verfassung – es gilt für alle Einrichtungen, zumindest an Hauptanlaufpunkten wie Banff Town, Lake Louise und Jasper, wo auch ganz schön was los ist. Doch nur einen Steinwurf entfernt wartet bereits die Wildnis.

Gott sei Dank vermag all der Trubel in den Rockies der Natur nichts anzuhaben – man achtet in Kanada peinlichst genau auf eine perfekte Balance von Belangen des Tourismus und des Landschaftsschutzes. Wer hier eine Woche weilt, kratzt lediglich an der Oberfläche – aber was für einer!

Im Jasper National Park

TOP 10

1 Icefields Parkway ➤ 134

Nicht verpassen!

35 Banff ➤ 136
36 Banff National Park ➤ 139
Lake Louise ➤ 142
Moraine Lake ➤ 144
37 Jasper National Park ➤ 146
38 Yoho National Park ➤ 150
39 Kootenay National Park ➤ 153

Nach Lust und Laune!

40 Mount Robson ➤ 155
41 Head-Smashed-In Buffalo Jump ➤ 156
42 Waterton Lakes ➤ 156

Kanu-Verleih am Pyramid Lake im Jasper National Park

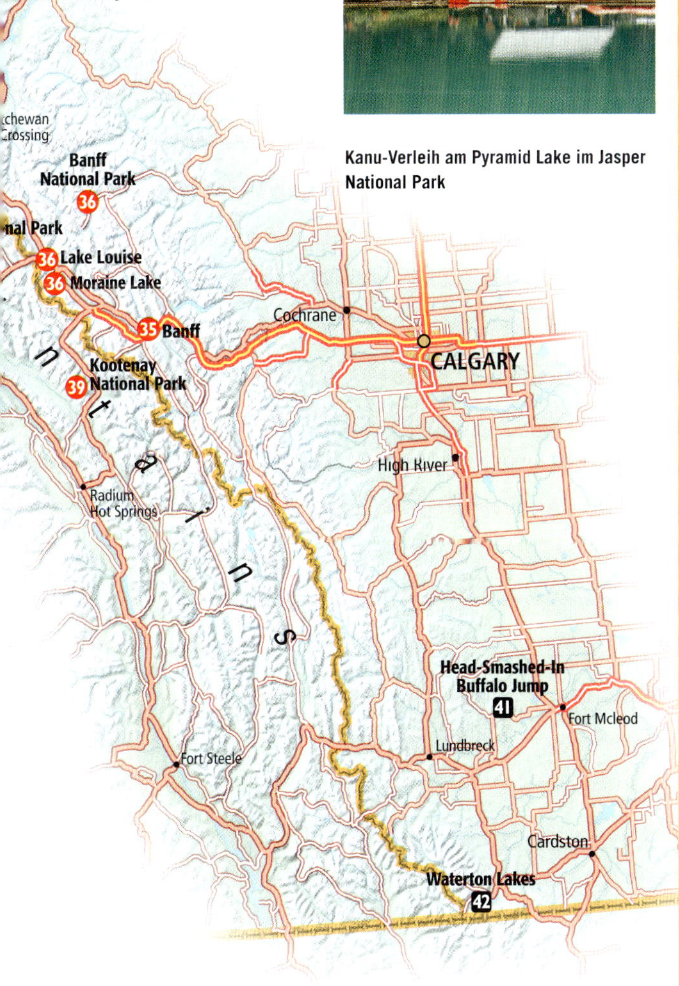

In acht Tagen

Die folgende Route ist eine Möglichkeit, wie Sie einige der interessantesten Sehenswürdigkeiten der Rockies in acht Tagen besuchen können. Die einzelnen Highlights werden im Folgenden (➤ 134ff) näher beschrieben.

Erster Tag

Vormittag
Beginnen Sie die Erkundung von (35) **Banff** (➤ 136) im Park Visitor Center, Banff Park Museum und Whyte Museum. Mittagspause in einem Café an der **Banff Avenue** (➤ 136).

Nachmittag
Nun geht es weiter mit einer Wanderung im Nationalpark, einer Fahrt mit der **Banff Gondola** oder einer kleinen Schiffstour auf dem **Lake Minnewanka**.

Abend
Spazieren Sie am Bow River entlang zu den **Bow Falls** (➤ 137), danach geht's auf einen Drink ins **Fairmont Banff Springs Hotel** (➤ 157). Kehren Sie auf gleichem Weg zurück (die Spray Avenue ist nicht schön zum Laufen).

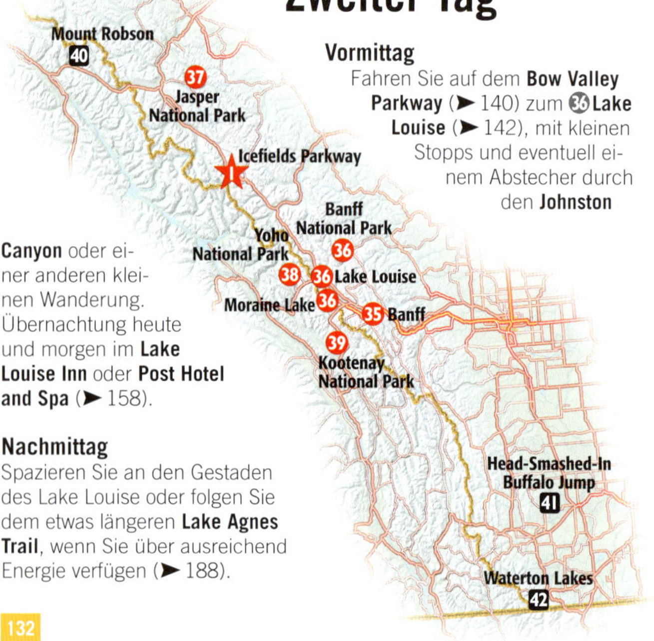

Zweiter Tag

Vormittag
Fahren Sie auf dem **Bow Valley Parkway** (➤ 140) zum (36) **Lake Louise** (➤ 142), mit kleinen Stopps und eventuell einem Abstecher durch den **Johnston Canyon** oder einer anderen kleinen Wanderung. Übernachtung heute und morgen im **Lake Louise Inn** oder **Post Hotel and Spa** (➤ 158).

Nachmittag
Spazieren Sie an den Gestaden des Lake Louise oder folgen Sie dem etwas längeren **Lake Agnes Trail**, wenn Sie über ausreichend Energie verfügen (➤ 188).

Dritter Tag

Heute ist der 36 **Moraine Lake** (➤ 144) an der Reihe – auf dem Consolation wie dem (anspruchsvolleren) Eiffel Lake–Larch Valley Trail.

Vierter Tag

Folgen Sie dem ★1 **Icefields Parkway** (➤ 134) mit mehreren Zwischenstopps, vor allem am **Columbia Icefield** und **Peyto Lake Lookout**. Nach einem Picknick am Saskatchewan River Crossing geht es für zwei Tage und Nächte nach Jasper im gleichnamigen Nationalpark.

Fünfter Tag

Vormittag
Fahrt über die Maligne Lake Road zum **Maligne Lake** (➤ 147), mit Schiffstour als Krönung.

Nachmittag
Bleiben Sie im 37 **Jasper National Park** (➤ 146) oder fahren Sie des schönen Ausblicks wegen zum 40 **Mount Robson** (unten; ➤ 155).

Sechster Tag

Gemächlich geht es zurück entlang dem Icefields Parkway nach Lake Louise, mit Besuch des **Mistaya Canyon** und Wanderung auf dem **Parker Ridge Trail.**

Siebter Tag

Dieser Tag ist ganz dem 38 **Yoho National Park** (links; ➤ 150) gewidmet, bevor Sie abends nach Banff oder Lake Louise zurückkehren. Lunch kaufen Sie in **Truffle Pigs Bistro** (➤ 161) in Field.

Achter Tag

Von Banff wie Lake Louise ist der 39 **Kootenay National Park** (➤ 153) gut zu erreichen. Versorgen Sie sich für diese Fahrt unbedingt mit Proviant, denn im Park selbst können Sie nichts kaufen.

Icefields Parkway

Der gut 200 km lange Parkway zwischen Lake Louise und Jasper ist vermutlich eine der eindrucksvollsten Panoramastraßen der Welt: Sie führt mitten durch eine majestätische Berglandschaft mit schneebedeckten, himmelhoch ragenden Zinnen, gewaltigen Wasserfällen, schimmernden Seen, weiten dunklen Wäldern und blumenübersäten Wiesen.

Unterwegs Pausen einlegen

Hier fährt man meist durch reine Wildnis: Möglichkeiten zum Tanken und Einkaufen bieten nur **Saskatchewan River Crossing** und **Columbia Icefield** (77 bzw. 127 km von Lake Louise entfernt). Neben Campingplätzen und Jugendherbergen gibt es nur drei Hotels am Weg, die alle stets Monate im Voraus ausgebucht sind.

Wanderwege und Sehenswürdigkeiten sind gut ausgeschildert. Selbst wenn Sie die Fahrt am Stück absolvieren: Halten Sie hier und da an einem Wasserfall oder Aussichtspunkt. Gelegenheit zu längeren Wanderungen gibt es zuhauf.

Der Saskatchewan-Gletscher ist Teil des Columbia Icefields am Icefields Parkway.

Wanderwege

Das erste Highlight nach Verlassen von Lake Louise ist der zweitgrößte See des Parks, der **Hector Lake**. Wer eine schöne Seewanderung vorhat, fährt aber besser weiter zum **Bow Lake** (37 km von Lake Louise) und wählt dort den Bow Lake und Bow Glacier Falls Trail (4 km, 55 m Steigung). Bald erklimmt die Straße nun den **Bow Summit** (2082 m), den höchsten Punkt auf einem kanadischen Highway, und gelangt kurz darauf zum Hinweisschild zum **Peyto Lake Lookout**. Den sollten Sie nicht links liegen lassen: Nach 20 Gehminuten (91 m Steigung) hat man hier einen der herrlichsten Fernblicke der Rockies.

Danach geht es hinab Richtung **Mistaya Canyon** (mit einem schönen Spazierweg von nur 300 m) nach **Saskatchewan River Crossing**. Bei Kilometer 134 von Lake Louise führt der Parkway wieder aufwärts, und zwar zum »Big Hill«, einer Riesenkurve mit sensationeller Aussicht. Weitere beeindruckende Panoramapunkte in der Nähe sind der **Cirrus Mountain Lookout** und die **Bridal Veil Falls**, von wo aus man über einen Saumpfad zu den **Panther Falls** gelangt, den wohl beeindruckendsten Wasserfällen auf der ganzen Route. 5 km weiter beginnt der **Parker Ridge Trail** (2,5 km, einfach, 214 m Steigung) – wieder ein Wander-

Atemberaubender Blick auf den Peyto Lake vom gleichnamigen Aussichtspunkt

weg mit bemerkenswerten Ausblicken, der eine kleine Unterbrechung lohnt.

Der Saskatchewan-Gletscher gehört zum **Columbia Icefield**, an dem die Straße vorbeiführt, wenige Kilometer hinter dem Sunwapta Pass (2035 m). Beim Athabasca-Gletscher erreichen Sie das **Icefield Centre** (Tel. 780 8 52 62 88; Mai–Mitte Okt. tägl. 9–17 Uhr, Mitte Juni–Aug. bis 18 Uhr; Rest des Jahres geschl.) mit Besucher- und Informationszentrum, Lebensmittelladen und Gästezimmern. Brewster Transportation bietet Fahrten zum Gletscher an (1,5 Std.; www.explorerockies.com/columbia-icefield), wobei man auch auf dem Eis herumspazieren darf. 55 bzw. 30 km bevor Sie nach Jasper (► 147) kommen, warten noch zwei weitere Highlights auf Sie: die schäumenden Kaskaden der **Sunwapta Falls** und der **Athabasca Falls**; Letzterer liegt gleich neben dem Athabasca Parkway, der parallel zum Icefields Parkway verläuft und keine schlechte Alternative bildet für die allerletzten Kilometer bis Jasper.

200 C4

BAEDEKER TIPP

- Auf dem Icefields Parkway gilt ein Tempolimit von 90 km/h (55 mph), teilweise auch weitere. Von November bis März gibt es keine Straßendienste. **Brewster Transportation** (► 162) bietet diverse Touren an und im Sommer täglich eine Busverbindung entlang des Icefields Parkway zwischen Banff und Lake Louise.
- Den **Peyto Lake Lookout** dürfen Sie sich nicht entgehen lassen.
- Keinesfalls auf eigene Faust Gletschertouren unternehmen: Jedes Jahr verunglücken hier Menschen tödlich durch den Sturz in verborgene Eisspalten. Also immer eine Führung buchen (3 Std.) oder nur vom Fuß des Gletschers einen Blick auf die Eismassen erspähen (Parkplatz am Sunwapta Lake).
- Hinter dem Icefield Centre beginnt der ausgeschilderte **Wilcox Pass Trail** (4 km, einfach, 322 m Steigung), der allgemein als einer des besten Kurzwanderwege der Rockies gilt.

35 Banff

Rund 4,5 Mio. Besucher strömen jährlich in den Banff National Park und lassen die Einwohnerschaft der namensgebenden Stadt im Sommer von bescheidenen 7500 auf gut 30 000 anschwellen – laut Statistik ist Banff bel(i)ebtestes Zentrum aller Nationalparks der Welt. Allemal bildet der touristische Betrieb hier einen tiefgreifenden Kontrast zur Stille und Weite der umliegenden Felswildnis der Rocky Mountains, wie man sie sich vorstellt.

Der Bahnhof von Banff

Banff hat einiges zu bieten: ein exzellentes Besucherzentrum, Museen, hübsche Geschäfte, gute Hotels und Restaurants. Zudem ist die Stadt Ausgangspunkt interessanter Fahrten und Wanderungen – ein idyllischer Spaziergang am Bow River beginnt direkt im Zentrum. In Banff lässt es sich also leicht ein paar Tage aushalten, erst recht, wenn man hier sein Lager zur Erkundung des Parks aufschlägt.

Im Ortszentrum

Geschäftige Hauptmagistrale des Ortes ist die Banff Avenue, an deren südlichem Ende das **Banff Park Museum** gelegen ist. In dem hübschen alten Haus ist anhand ausgestopfter Vögel und Säugetiere die Fauna der Gegend zu studieren. Zwar wurde die Jagd auf Raubtiere in Banff 1913 verboten, Wölfen, Luchsen und Adlern aber trotzdem noch bis in die 1930er-Jahre nachgestellt. Hinter dem Mu-

seum zieht sich ein Park hinab zum Bow River. Und das benachbarte moderne **Whyte Museum of the Canadian Rockies** veranschaulicht mit Gemälden, Fotografien und Wechselausstellungen die Geschichte der Rockies und deren touristische Erschließung.

Im Banff Park Museum

Etwas außerhalb

Ein schöner Weg führt über die Bow River Bridge am Fluss und unter Bäumen entlang zu den mächtigen **Bow Falls**, die auch über einen stilleren Pfad am anderen Ufer zu erreichen sind. Von den Wasserfällen aus kann man dem Spray River weiter südwärts folgen oder zum nahen **Fairmont Banff Springs Hotel** (➤ 157) gehen, das eine Sehenswürdigkeit für sich darstellt. Hier eines der 770 Zimmer zu bewohnen, ist natürlich grandios, aber ein Kaffee oder Snack im Lokal bei der Rezeption hat auch schon etwas – in jedem Fall bekommt man von der Terrasse aus einen fantastischen Blick auf die Bergwelt.

Die **Cave and Basin National Historic Site** ist ein Informationszentrum zur gleichnamigen Grotte mit Thermalquelle, die 1883 entdeckt wurde. Als leichte Spazierwege bieten sich hier der Discovery Trail (1,2 km, 15 Min.) und der Marsh Loop Trail (2,4 km, 30 Min.) an. Letzterer führt zu den **Vermilion Lakes**, die trotz relativer Nähe zum Ort ein Pflanzen- und Tierparadies sind. Mit dem Auto kann man es vom Vermilion Lakes Drive aus erleben (Abzweigung von

BAEDEKER TIPP

- Alles Wissenswerte über den Park, seine Wanderwege, Übernachtungsmöglichkeiten und dergleichen erfahren Sie im Banff Information Centre (Adresse ➤ 138), einem Gemeinschaftsunternehmen der Touristenbüros von Banff und Lake Louise.
- Ihre Unterkunft in Banff sollten Sie rechtzeitig buchen, eventuell über das hiesige Informationszentrum oder entsprechende Vermittlungen, die Ihnen gegen geringe Gebühr behilflich sind (www.skibanff.com; www.banfflakelouise.com; www.enjoybanff.com).
- Zur **Banff Gondola** fährt von der Banff Avenue der »Roam« Shuttle (Route 1) von **Banff Transit**. Busfahrten mit Führung bietet **Brewster Transportation** (Tel. 403 762 67 00 oder 1 866 606 67 00; www.brewster.ca) an, wobei der Preis für die Gondelfahrt inbegriffen ist.
- Straßen und Wege rund um Banff lassen sich prima per **Fahrrad** erkunden (diverse Verleiher am Ort).
- Schönste Schiffstour auf dem Minnewanka Lake im Hochsommer ist der **Sunset Cruise**.
- Im Park Center erhalten Sie Kombitickets für Cave and Basin Hot Springs, Banff Park Museum und Whyte Museum.

der Mount Norquay Road gleich südlich ihrer Kreuzung mit dem Trans-Canada Highway).

Eine weitere Attraktion in kurzer Reichweite von Banff ist die **Banff Gondola** (➤ 138), eine 3 km lange Seilbahn, die zu Kanadas höchstgelegenem Restaurant führt, mit atemberaubendem Panoramablick und Wanderwegen gleich vor der Tür. Unweit von hier befinden sich auch die herrlichen **Banff Upper Hot Springs**, ein von Thermalquellen gespeister, 32 °C warmer Pool.

Eine 25 km lange Rundfahrt führt um den von Bergen gesäumten Stausee **Lake Minnewanka**. Dort lässt sich eine eineinhalbstündige Schiffstour unternehmen – Auskunft erteilen das Banff Information Centre oder Banff Lake Cruise (Tel. 403 7 62 34 73; www.explorerockies.com/minnewanka).

Cave and Basin Hot Springs – Schwefelquelle mit heilsamer Wirkung

200 C4

Banff Information Centre
224 Banff Avenue
403 7 62 84 21; 403 7 62 15 50 (Park-Information); www.banfflakelouise.com
Mitte Mai–Mitte Juni und Mitte Sept.–Ende Sept. tägl. 9–19 Uhr, Mitte Juni–Mitte Sept. 8–20 Uhr, Okt.–Mitte Mai 9–17 Uhr frei

Banff Park Museum
91 Banff Avenue
403 7 62 15 58
www.pc.gc.ca/lhn-nhs/ab/banff/index.aspx tägl. Mitte Mai–Sept. 10–18 Uhr, Okt.–Mitte Mai 13–17 Uhr; Führungen: Sommer tägl. 15 Uhr; Winter Sa–So 14.30 Uhr 3,90$

Whyte Museum of the Canadian Rockies
111 Bear Street
403 7 62 22 91; www.whyte.org
1. Juni–15. Sept. tägl. 9.30–18 Uhr, sonst 10–17 Uhr; Archiv Mo–Sa 13–17 Uhr Eintritt gegen Spende

Cave and Basin National Historic Site
311 Cave Avenue
403 7 62 15 66; www.pc.gc.ca/lhn-nhs/ab/caveandbasin/index.aspx
Mitte Mai–Juni Di–So 10–17, Juli–Aug. tägl. 10–17, Sept.–Mitte Okt. Mi–So 10–17, Mitte Okt.–Mai Mi–So 12–16 Uhr 3,90$

Banff Gondola
Mountain Drive
1 800 7 60 69 34; www.explorerockies.com/banff-gondola Ende Nov.–Mitte Jan. tägl. 10–16 Uhr; Ende Jan.–März 10–17 Uhr, April–Ende Mai 8.30–18 (Sa 21) Uhr; Ende Mai–Mitte Aug. 8.30–21 Uhr, Mitte Aug.–Anfang Sept. 8.30–20 (Sa 21) Uhr; Anfang Sept.–Anfang Okt. 8.30–18.30 Uhr, Anfang Okt.–Ende Nov. 8.30–16.30 Uhr
34,95$

Banff Upper Hot Springs
Mountain Avenue, 5 km vom Zentrum 403 7 62 15 15, gebührenfrei 1 800 7 67 16 11; www.pleiadesmassage.com/banff/index.html
Ende Mai–Mitte Okt. tägl. 9–23 Uhr, Mitte Okt.–Ende Mai So–Do 10–22, Fr–Sa 10–23 Uhr
7,30$

36 Banff National Park

Der bekannteste und beliebteste der vier Nationalparks in den kanadischen Rocky Mountains verfügt mit Banff und Lake Louise über hochkarätige Mountain Resorts sowie zwei außergewöhnliche Panoramastraßen, eindrucksvolle Bergriesen, zahllose Seen, ausgedehnte Wälder, Wasserfälle und immer wieder Aussichtspunkte – ein wahres Dorado für Wanderer, Reiter, Wildwasserkanuten, Golfer und Mountainbiker.

Lake Louise im Banff National Park

Der Park lässt sich leicht erschließen, bevorzugt über das quirlige **Banff** (➤ 136), das nur anderthalb Autostunden von Calgary entfernt ist. Dort kann man sich problemlos mit allem Notwenigen für die Erkundung des Nationalparks versorgen.

Von Banff aus bietet sich als erstes Ziel die weit kleinere Ortschaft **Lake Louise** (➤ 142) an, die in einer Dreiviertelstunde per Auto oder Bus über den Trans-Canada Highway erreicht ist. Ruhiger und schöner ist die parallele Strecke über den **Bow Valley Parkway** (➤ Kasten 140). Auf beiden Routen warten zahlreiche Aussichtspunkte und Gelegenheiten zu einer kleineren oder längeren Wanderung abseits der Straße.

Am wunderschönen Bergsee **Lake Louise** (➤ 142) liegt der gleichnamige Ort, ein »Dorf« mit einer Handvoll Hotels, Läden, Ausflugsanbietern und einem wenige Autominuten außerhalb gelegenen Einkaufs- und Besucherzentrum. Auch Lake Louise ist ein idealer Ausgangspunkt für halb- oder ganztägige Fahrten und Wanderungen (➤ 143); in der Hochsaison ist es allerdings so überlaufen, dass Zimmer kaum zu bekommen sind.

Weniger bekannt und doch recht reizvoll ist der von hier nur 13 km Richtung Osten gelegene **Moraine Lake** (➤ 144). Da er ebenfalls ein gutes Standquartier für längere oder kürzere Wanderungen und Ausflüge abgibt, ist die Moraine Lake Lodge am Ort (➤ 144) meist ziemlich ausgebucht.

In der Umgebung des Thompson Mountain

Auf dem Trans-Canada Highway

Während der Trans-Canada Highway von Lake Louise westlich zum Yoho National Park (➤ 150) führt, verwandelt er sich gen Norden auf dem Weg zum Jasper National Park (➤ 146) in eine der vielleicht hinreißendsten Panoramastraßen der Welt, den Icefields Parkway (➤ 134). Schon die Autofahrt über diese 230 km ist faszinierend – doch sollten Sie sich Zeit zumindest für einen der zahlreichen Wanderwege nehmen, die unterwegs abzweigen (auch wenn Übernachtungsmöglichkeiten und selbst Campingplätze hier sehr dünn gesät sind).

Den Endpunkt des Icefields Parkway markiert schließlich Jasper (➤ 147), Ausgangspunkt zum gleichnamigen Nationalpark (➤ 146). Wer nun wieder nach Banff möchte, sollte am besten auf demselben Weg über den Icefield Parkway zurückfahren. Anderenfalls wäre man zu einem erheblichen Umweg gezwungen: Richtung Westen auf dem Highway 5, vorbei am Mount Robson, dem mit 3956 m höchsten Gipfel der kanadischen Rocky Moun-

BOW VALLEY PARKWAY

Von der Landschaft am Highway 1 auf dem 58 km langen Abschnitt zwischen Banff und Lake Louise werden Sie nicht enttäuscht sein; noch besser aber dürfte Ihnen die parallele Route über den Bow Valley Parkway gefallen – die Panoramen sind einfach großartig. Die ältere der Straßen ist gesäumt von **Aussichtspunkten und abzweigenden Wanderwegen**, wo sich die Fahrt angenehm unterbrechen lässt. Den schönsten Fernblick genießen Sie vom Merrent-Abzweig und dem Backswamp Viewpoint (8 km Richtung Norden), ein attraktiver Spazierweg (400 m) ist der Johnston Canyon Trail, der über ein System geschickt angelegter Holzbohlenpfade zu zwei Wasserfällen führt (1 km bzw. 2,5 km vom Parkplatz an der Straße). Oder wandern Sie die etwa 400 m Richtung Lizard Lake. Am Muleshoe Picnic Area (21 km südöstlich von Castle Junction) haben Sie Gelegenheit, Vögel und andere Wildtiere zu beobachten.

tains (➤ 129), und am Wells Gray Provincial Park (➤ 116) im Herzen British Columbias.

🗺 200 C4

✋ **Park: 9,80 $, Tickets erhältlich an den Eingängen und den Park Visitor Centers**

GEBURT EINES PARKS

Der Banff National Park entstand im Zuge der Erschließung der Rockies durch den Bau der Canadian Pacific Railway (CPR) – zuvor hatten sich allenfalls Ureinwohner und einige wagemutige Forscher wie Simon Fraser und Alexander Mackenzie hierher verirrt. Am 8. November 1883 stießen drei Bahnarbeiter bei der Goldsuche während der winterlichen Aussetzung der Gleisarbeiten auf heiße Schwefelquellen: die heutigen Cave and Basin Hot Springs. Um den Erwerb von Besitzrechten daran bemühten sie sich vergebens, vielmehr erklärte die Regierung die Hot Springs Reserve 1885 zum Schutzgebiet. Zwei Jahre später wurde sie umgetauft in Rocky Mountains Park und bildete nun, nach dem Royal National Park in Australien und Yellowstone National Park in den USA, den dritten Nationalpark der Welt.

Das regierungsseitige Interesse am Park bezog sich nicht nur auf den Landschaftsschutz: Man spekulierte darauf, dass Besucherscharen die Region aufwerten und die Investitionen in die CPR teilweise wieder ausgleichen könnten. William Cornelius Van Horne, Vize-Präsident der Eisenbahngesellschaft, bemerkte lapidar: »Die Landschaft können wir nicht exportieren, wohl aber die Touristen hierher bringen.« Aus diesem Grunde initiierte er den Bau großer Hotels, als Vorgänger heutiger Paläste wie des Fairmont Banff Springs (➤ 157), des Chateau Lake Louise und der Emerald Lake Lodge in Yoho (➤ 152, 162).

Lake Louise

Kein Bild vermag den Zauber dieses einmaligen Sees einzufangen, dessen saphirfarbenes Wasser vor der Kulisse eines gewaltigen, von Gletschern durchzogenen Bergmassivs in der Sonne glitzert.

Der See liegt versteckt in den Bergen 5 km von Lake Louise Village entfernt. Den bescheidenen Ort lassen die meisten Touristen (im Sommer bis zu 10 000 täglich) links liegen, denn hier gibt es in der Tat wenig Aufregendes: ein paar Hotels, Jugendherberge, Tankstelle, Besucher- und kleines Einkaufszentrum. Auf den zweiten Blick aber registriert man dann das imposante Chateau Lake Louise Hotel – eine kleine Welt für sich, die wie das Banff Springs (➤ 157) zu den Flaggschiffen der Fairmont-Kette gehört.

Der erste Weiße, der den See sah, arbeitete für die CPR – ein Stoney-Indianer, dessen Stamm das Gewässer »See der kleinen Fische« nannte, führte ihn 1882 hier her. Wilson nannte ihn »Emerald Lake« (»Smaragdsee«); doch nur zwei Jahre später erhielt er seinen jetzigen Namen zu Ehren der Prinzessin Louise Caroline Alberta, einer Tochter Queen Victorias, die mit dem kanadischen Generalgouverneur verheiratet war.

Wer hier den Massen entfliehen möchte, unternimmt eine Wanderung zum Lake Agnes (➤ 188 und 189) oder der **Plain of Six Glaciers** (➤ 190). Auch hier ist man nicht gerade allein unterwegs, genießt aber stets einen herrlichem Blick.

Die spezifische Lichtabsorption winziger Steinpartikel verleiht dem Lake Louise sein hinreißendes Blau-Grün

WARUM SIND DIE SEEN BLAU?
Lake Louise, Moraine Lake und andere Seen der Rockies erhalten ihr intensives Blau durch feinste Partikel von Möranenablagerungen aus den Gletschern (auch Mergel oder »Felsmehl« genannt). Diese absorbieren sämtliche Farben des Lichtspektrums außer den grün-blauen. Frischen Nachschub waschen die Gletscher regelmäßig im späten Frühjahr und Sommer während der Schneeschmelze aus.

200 C4

Lake Louise Gondola
Nahe Whitehorn Road, 0,8 km von Lake Louise Village
403 5 22 35 55 oder 1 877 9 56 84 73; www.lakelouisegondola.com
Mitte Mai–Mitte Juni Mo–Fr 9.30–16 Uhr, Sa–So 9–16 Uhr, Mitte Juni–Juli tägl. 9–17 Uhr, Aug.–Anfang Sept. tägl. 9–18.30 Uhr, Mitte/Ende Sept. tägl. 9.30–16.30 Uhr
28,75 $

Lake Louise Visitor Centre
neben der Samson Mall
Parks Canada: 403 5 22 38 33; www.pc.gc.ca/eng/pn-np/ab/banff/visit/visit1b.aspx
Tourismus: 403 7 62 84 21; www.banfflakelouise.com
Jan.–April und Ende Sept.–Dez. tägl. 9–16 Uhr, Mai–Mitte Juni und Anfang Sept.–Ende Sept. 9–17 Uhr, Mitte Juni–Anfang Sept. 8–20 Uhr, Mitte Okt.–April 12.30–13 Uhr geschl.

BAEDEKER TIPP

- Wenn Sie den größten Menschenandrang vermeiden wollen, kommen Sie frühmorgens hierher oder außerhalb der Saison. Eine Unterkunft ist hier teurer und auch schwerer zu bekommen als in Banff.
- Eine fantastische Panoramasicht, ohne dass Sie hierfür einen längeren Fußmarsch unternehmen müssen, verheißt eine Fahrt mit der **Lake Louise Gondola**, einer Seilbahn, die östlich vom Skizentrum des Ortes gut 2000 m hoch auf den Mount Whitehorn führt. Ein Familienausflug geht zwar hübsch ins Geld – andererseits erhält man für nur 3 $ Aufpreis mit dem »Ride'n Dine«-Package Zugang zum leckeren Büfett in der Lodge of the Ten Peaks an der Bodenstation.

Moraine Lake

Nur einen Bruchteil der Besucher des Lake Louise verschlägt es an diesen nur 13 km entfernt liegenden kleineren See – zu Unrecht, denn nach Überzeugung vieler ist er mindestens so reizvoll wie der berühmtere Nachbar.

Das tiefblaue Wasser steht in wunderbarem Kontrast zu den schneebedeckten Gipfeln der nahen Wenckchemna Mountains, die eine atemberaubenden Kulisse für den »Moränen-See« bilden. Dieser trägt eigentlich einen falschen Namen (die vermeintliche Moräne am Nordende geht auf einen Erdrutsch zurück).

Wer etwas länger verweilen möchte, hat in der Moraine Lake Lodge (Hotel, Café, Restaurant; Tel. 403 5 22 37 33, 1 877 5 22 27 77; www.morainelake.com) eine vorzügliche Unterkunft, die auch Kanus verleiht und unterschiedlich lange Wanderungen organisiert, vom Spaziergang bis zur Tagestour. Der schönste Weg führt um den See herum, der attraktivste kurze zum Consolation Lake. Als Tagesausflug bietet sich der Trail Moraine Lake–Larch Valley–Sentinel Pass mit Abstecher zum Eiffel Lake an.

Oben: Farbenspiel im stillen Wasser des Moraine Lake

Rechts: Auf Schusters Rappen durch die Bergwelt

200 C4

STRASSENSCHLIESSUNG

Die 19 km lange Moraine Lake Road ist von Mitte Oktober bis zur Schneeschmelze (gewöhnlich Mitte Mai) **geschlossen**.

WANDERN IN DEN ROCKY MOUNTAINS

Wandern ist in Banff und den anderen drei Nationalparks der kanadischen Rocky Mountains ohne große Schwierigkeiten möglich. Allein Banff verfügt über ein insgesamt 1600 km langes Netz gepflegter, gut markierter, bestens begehbarer Wege. Hier ist etwas für alle Geschmäcker dabei, entspannte Spaziergänge sind genauso möglich wie mehrtägige Touren mit Rucksack. Man muss kein Supersportler sein und auch nicht eine professionelle Ausrüstung dabeihaben – für die Mehrzahl der meist perfekt ausgeschilderten Wanderwege benötigt man nicht einmal Karten! Unentbehrlich sind natürlich ordentliche Wanderschuhe und Schutzkleidung gegen schlechtes Wetter. So hat man eher die Qual der Wahl unter einem Riesenangebot – einen Tourenvorschlag finden Sie auf ➤ 188, auf andere ist im Text verwiesen. In den Besucherzentren der Parks erhalten Sie wertvolle Tipps und Unterlagen.

Der überall erhältliche, englischsprachige Führer *Canadian Rockies Trail Guide* von Brian Patton and Bart Robinson (Summerthought Books) listet fast alle Trails der vier Nationalpark auf und gilt als Standardwerk.

37 Jasper National Park

Mit über 1000 km² umfasst der Park eine Fläche so groß wie die anderen drei Nationalparks der kanadischen Rocky Mountains zusammen – und bei den Besucherzahlen rangiert er gleich hinter dem Banff National Park. Die Landschaft sowie sein Hauptort Jasper sind ursprünglicher und ruhiger und atmen noch spürbarer den Geist der Pionierzeit. In puncto reizvoller Natur und Freizeitangebot steht Jasper aber hinter keinem seiner nordamerikanischen Konkurrenten zurück.

Oben: Patricia Lake

Im Gegensatz zum höchst quirligen Banff Town (➤ 136) besitzt Jasper Townsite ein weit kleinstädtischeres Gepräge; auch was die Szenerie angeht, ist es weniger aufregend, da die Berge wesentlich weiter entfernt liegen. Hier erwartet den Gast wenig Sehenswertes (die Jasper Tramway Cable Car ausgenommen), dafür aber finden Besucher einen angenehmen Ort zum Übernachten vor – ein solider Standort für Ausflüge in die wirklich reizvolle Umgebung.

Große Teile des Parks sind nur per Auto oder geführter Ausflugstour zugänglich, kurze Wanderwege gibt es weit weniger als im Banff National Park. Zu den Attraktionen gehören vor allem das südöstlich gelegene **Maligne Valley** und die **Miette Hot Springs** (ein Komplex natürlicher Teiche rund um die heißeste Thermalquelle der Rockies). Ein Dorado ist Jasper für Freunde des W(ildw)assersports, die hier alles vorfinden von abenteuerlich tosenden Stromschnellen bis zu gemächlichen Flussläufen. Und, last but not least: Gleich in der Nachbarschaft, 16 km von der westlichen Parkgrenze am Yellowhead Highway (Highway 16) entfernt, befindet sich mit dem Mount Robson (➤ 155) der höchste Gipfel der Rocky Mountains.

Auf dem Maligne Lake kann man eine Bootsfahrt unternehmen, Kajaks und Kanus ausleihen oder angeln.

Jasper

Namengeber der Stadt war Jasper Hawes, Angestellter der North West Company, der hier – nach erster Erschließung der Region Anfang des 19. Jhs. – eine Handelsstation aufbaute. Der Ort, wie man ihn heute kennt, entstand erst vor 100 Jahren, als die Grand Trunk Pacific Railway den Erfolg der CPR durch den Bau einer eigenen transkanadischen Linie zu wiederholen suchte. Auch hier hatte man die Landschaft als Lockmittel für Besucher auserkoren, weshalb 1908 der Jasper Forest Park gegründet wurde. Drei Jahre später legte man eine Zeltstadt auf dem Terrain der jetzigen Townsite an: Fitzhugh, benannt nach dem Vizepräsidenten der Gesellschaft, wurde nach der offiziellen Registrierung umgetauft in Jasper. 1930 schließlich wurde der Jasper National Park eröffnet.

Das heutige Jasper gruppiert sich um die Magistralen **Connaught Drive** (einst Standort von Bahnhof und Bus Terminal) und **Patricia Street**. Dort findet man auch das exzellente Park Visitor Center, die Chamber of Commerce, Stadtinformation sowie diverse Läden, Hotels und Restaurants. Maligne Tours, das wichtigste ortsansässige Transportunternehmen (➤ 162), residiert gleichfalls auf dem Connaught Drive, gut 100 m südlich des Bahnhofs.

Einzige Attraktion im Ort selbst ist das **Yellowhead Museum** und sein Archiv, das in bescheidener Art einen Eindruck der Geschichte von Stadt und Umgebung vermittelt. Schönster Spaziergang hier ist der Old Fort Loop östlich des Ortes (Auskunft beim Park Visitor Center).

Rund 6,5 km südlich des Städtchens wartet am Ende der Whistler Mountain Road, die vom Icefields Parkway abzweigt, eine Besonderheit: die **Jasper Tramway**. Im Sommer kommen die Fahrgäste in Scharen für einen Ausflug

BAEDEKER TIPP

- Vor der Parkbesichtigung unbedingt das **Information Center** (➤ 149) besuchen.
- Falls Sie nicht motorisiert sind: Im Sommer unterhalten alle größeren Hotels in Jasper Shuttle-Busse zur Jasper Tramway.
- Maligne Tours bieten außerdem von Jasper einen Shuttle-Bus zum Maligne Lake an, abgestimmt auf die Abfahrtszeiten der Schiffe.

Außerdem: Per Auto oder Rad können Sie einen schönen Ausflug zum **Patricia Lake** und **Pyramid Lake** unternehmen, rund 5 km nordwestlich von Jasper. Dort kann man picknicken, wandern, Boot fahren und Wassersport treiben. Ruhiger und durch ihre grasig-sandigen Ufer schöner sind die 6 km nordöstlich gelegenen Seen Edith Lake und Annette Lake.

Maligne Falls im gleichnamigen Canyon

mit der Seilbahn – doch allein die Fernsicht von der 2300 m hoch gelegenen Bergstation macht eine kleine Wartezeit wert! Dort gibt es auch ein Restaurant, ein Info-Center und einen Wanderweg zum Whistler Mountain (2495 m), auf dem ein noch schönere Panoramablick lockt.

Maligne Valley

Beliebtestes Ausflugsziel bei Jasper ist das Maligne Valley. Auf knapp 50 km Länge führt die Maligne Lake Road durch dieses Tal, mit zwei bemerkenswerten Zwischenstopps: Maligne Canyon und Medicine Lake. Höhepunkt jedoch ist der Maligne Lake, der größte (und in den Augen vieler schönste) See der Rocky Mountains (➤ rechts). Wer seine Faszination wirklich auskosten möchte, beschränkt sich nicht auf eine Autofahrt um das Gewässer, sondern entschließt sich zu einer eineinhalbstündigen Schiffstour. Da gewöhnlich großer Andrang herrscht, reserviert man am besten Tickets über Maligne Tours (➤ 162).

Die Schlucht des etwa 11 km östlich von Jasper gelegenen **Maligne Canyon** grub einst der gleichnamige Fluss tief in den Felsen. Vom Parkplatz aus führt ein bequemer, etwa halbstündiger Weg hinab, gesäumt von Informationstafeln zur Entstehung des Canyons. Sein Name entstammt dem Französischen und bedeutet »böse« – ein Epitheton, das ein belgischer Jesuitenpater dem Fluss nach einer Überquerung im Jahre 1846 verlieh. Da Pater de Smet als erfahrener Reisender angeblich an die 300 000 km zurückgelegt hatte, muss es wohl tatsächlich ziemlich übel gewesen sein …

32 km weiter trifft man auf den **Medicine Lake** mit unerklärlich stark schwankendem Pegel ohne oberirdischen Abfluss – Resultat sogenannter Schlucklöcher (einer Art unterirdischer Dränagen). Wie der riesige unterirdische Komplex von Quellen und Kanälen im Kalkstein genau funktioniert, hat man bis heute nicht herausgefunden. Die meisten Besucher streben jedoch schnell weiter zu der von Bergen und Wäldern gesäumten Pracht des **Maligne Lake**, wo man außer dem Parkplatz eine Betreuerstation, Restaurant und Kai vorfindet sowie mit dem **Lake Trail** einen leichten Wanderweg (3 km) auf der Ostseite des Sees.

Oben: Schwarzbär beim Patricia Lake

Oben rechts: Kanuten auf dem Lake Maligne

200 A5

Parks Canada Information Centre
500 Connaught Drive, Jasper 780 8 52 61 76 oder 780 8 52 61 77 (Trail Office); www.pc.gc.ca/jasper Mitte März–Mitte Mai tägl. 9–17 Uhr, Mitte Mai–Mitte Juni 9–18 Uhr, Mitte Juni–Mitte Sept. 8.30–19.30 Uhr, Mitte Sept.–Okt. 9–17 Uhr, Nov.–Mitte Dez Fr–So 9–17 Uhr, Rest des Jahres geschl. 9,80$

Jasper Tourism and Commerce
500 Connaught Drive 780 8 52 62 36, gebührenfrei 1 800 4 73 81 35; www.Jasper.travel Juli–Aug. tägl. 9–21 Uhr

Yellowhead Museum and Archives
400 Bonhomme Street 780 8 52 30 13; www.jaspermuseum.org Juni–Sept. tägl. 10–17, Okt.–April Do–So 10–17 Uhr 6$

Jasper Tramway
Whistler Mountain Road 780 8 52 30 93 oder 1 866 8 50 87 26; www.jaspertramway.com Mitte April–Mitte Mai, Ende Aug.–Anfang Okt. tägl. 10–17 Uhr, Mitte Mai–Ende Juni 9.30–18.30 Uhr, Ende Juni–Ende Aug. 9–20 Uhr 32$

38 Yoho National Park

Der Name dieses Parks entstammt der Sprache der Cree und bedeutet »Wunder« oder »Ehrfurcht« – diese überkommt den Besucher durchaus angesichts eines der majestätischsten Bergmassive der kanadischen Rocky Mountains, ob er es nun als Wanderer erkundet oder von einer der herrlichen Panoramastraßen aus erlebt.

Der Trans-Canada Highway und die alten Trasse des Canadian Pacific Railway, die in Ost-West-Richtung dem Tal des Kicking Horse River folgen, teilen den Park in zwei Hälften. Im Herzen des Parks befindet sich als einzige Siedlung Field mit seinem Besucherzentrum. Von dort führen zwei Nebenstraßen zu einigen der schönsten Wanderwege – einer durch das Yoho Valley, der andere zum Emerald Lake.

Kurzwanderwege und einige wenige Unterkünfte findet man am Trans-Canada Highway. Eine dritte Ausflugsoption eröffnet sich zum **Lake O'Hara** mit einem wunderschönen Lodge Hotel und mehreren exzellenten Wanderpfaden, die Zufahrt ist allerdings streng reglementiert (► 152).

Das Dörfchen Field

Wie Banff entstand auch Field während des Baus der Canadian Pacific Railway. Hier erbaute die Gesellschaft 1886 ihr erstes Hotel, verbunden mit der Einrichtung eines kleinen Schutzgebiets. 1911 erweitert, entstand daraus der zweite Nationalpark des Landes. Die Eisenbahntrasse gehört heute noch zu den Sehenswürdigkeiten des Parks, vor allem die **Spiral Tunnels**, 7 km lange Wendetunnel östlich von Field. Dort kann man beobachten, wie die Zugspitze schon wieder aus dem Berg heraustritt, während die letzten Waggons noch hineinfahren.

Field hat sich ein Erscheinungsbild des 19. Jhs. bewahrt: ein bescheidenes Grenzdorf, überragt von den Massiven des Mount Stephen und Mount Dennis. An dessen Hängen ist die berühmte Schieferfossilien-Lagerstätte **Burgess Shale** zu besichtigen: Sedimentgesteinsschichten mit 500 Mio. Jahre alten Fossilien von Weichtieren (rund 120 Arten), die sich eigentlich wegen ihrer Schalenlosigkeit für den Versteinerungsprozess nicht eignen. Es gibt nur zwei weitere solcher Fundorte; dieser zählt zum UNESCO-Weltnaturerbe. Der Zugang ist reglementiert, am besten buchen Sie eine geführte Wanderung (Infos: Visitor Center oder Tel. 1 800 7 59 24 24; www.burgess-shale.bc.ca).

Trans-Canada Highway

Ohne solchen Aufwand lassen sich die genannten Nebenstraßen des Trans-Canada Highway befahren. Der erste, eine schmale Straße mit Haarnadelkurven (nichts für Wohnmobile!) kommt von Lake Louise und führt rund 3 km östlich von Field nach Norden zum **Yoho Valley**. Nach etwa 15 km trifft man auf die **Takakkaw Falls**, mit 256 m Höhe

Bergpanorama am Emerald Lake

Die Takakkaw Falls

einer der spektakulärsten Wasserfälle Nordamerikas; er ist direkt mit dem Auto zu erreichen. Vom Parkplatz gehen zahlreiche Wanderwege ab: beliebtester ist der zu den Point Lace Falls (3 km einfach, kaum Steigung) und Laughing Falls (3,5 km einfach, 60 m Steigung).

Die attraktivste Tagestour bildet der Twin Falls Trail (8 km, einfach, 300 m Steigung), den Geübte mit dem Whaleback Trail (20 km Rundgang) verbinden können – einem der meist begangenen Trails der ganzen Rockies.

Die zweite Nebenstraße führt westlich von Field 8 km geradewegs nach Norden zum **Emerald Lake** – er ist sehenswert auch wegen der Emerald Lake Lodge (➤ 162), dem hiesigen Pendant zu den Hotels Chateau Lake Louise und Banff Springs: Man kann sich in Bar und Restaurant stärken für leichte Wanderungen zu den **Hamilton Falls** (1,6 km Rundgang) oder auf dem **Nature Trail** um den See (5 km).

Anspruchsvoller sind die Wanderwege zum **Emerald Basin** (4,3 km, einfach, 252 m Steigung) und **Hamilton Lake** (5,5 km, einfach, 856 m Steigung).

---

200 B4

Park Visitor Centre
Highway 1, 1,6 km östlich von Field 250 3 43 67 83; www.pc.gc.ca/yoho
Mai–Mitte Juni tägl. 9–17 Uhr, Mitte Juni–Aug. 8.30–19 Uhr, Sept.–Mitte Okt. 9–17 Uhr, Rest des Jahres geschl. 9,80$

BAEDEKER TIPP

Der Yoho National Park eignet sich gut als Ziel für einen Tagesausflug von Lake Louise aus (er liegt etwa 50 km entfernt). **Unterkünfte** sind hier teurer und schwerer zu bekommen als in Banff. Um das fragile Ökosystem um den **Lake O'Hara** südlich des Trans-Canada Highway zu schützen, ist die Zufahrtsstraße für sämtliche Motorfahrzeuge gesperrt. Der Zugang zu Hotel, Campingplatz und Wanderwegen ist nur möglich mit einem Bus, der dreimal täglich verkehrt (Vorausbuchung erforderlich unter Tel. 250 3 43 64 18).

39 Kootenay National Park

An mangelndem landschaftlichem Reiz liegt es ganz bestimmt nicht, dass dieser Nationalpark weniger Besucher anzieht als seine drei Konkurrenten in den kanadischen Rockies – obendrein lässt sich seine grandiose Bergwelt mit schneeweißen Gipfeln und grünen Wäldern völlig unproblematisch von einem Highway aus erkunden.

Einem Teil des Marble Canyon folgt ein Wanderweg

Immerhin 3 Mio.Besucher zieht der Park alljährlich an. Dass es nicht noch mehr sind, liegt vermutlich daran, dass die meisten Touristen lieber auf dem Trans-Canada Highway durch den Yoho National Park fahren, obwohl sie es hier auf dem Kootenay- oder Banff-Windermere Parkway (Highway 93) fast genauso bequem hätten.

Der Park hat seinen Ursprung in der 1910 gebauten Verbindungsstraße zwischen Prärien und Häfen an der Westküste. Nach gut 20 km ging das Geld aus, weshalb man beiderseits der Route 8 km an die kanadische Regierung abtrat, die im Gegenzug die Finanzierung des Projekts sicherte. Im Jahr 1920 wurden dann 1406 km² Landes als Nationalpark ausgewiesen.

Auf Schusters Rappen

Auch diesen Park können Sie als Sightseeing-Tour im Auto »abhaken«, lohnender ist allerdings, sich Zeit für die eine oder andere Wanderung zu nehmen. Erste Station aus Richtung Lake Louise ist der **Vermilion Pass**, wo der Fireweed Trail (1 km) durch eine Zone führt, die 1968 von Feuer heimgesucht wurde und sich allmählich regeneriert. 3 km südlich lockt der **Stanley Glacier Trail** (5 km, 366 m Steigung) mit schöner Sicht auf den gleichnamigen Gletscher.

Sehr leicht zu bewältigen ist der 1 km lange Wanderweg, der teilweise durch den **Marble Canyon** führt, eine 40 m tiefe Schlucht. Man kann ihn gut verbinden mit dem Trail zu den **Paint Pots** (»Farbtöpfe«, vom Highway auch zugänglich 2 km weiter südlich) – einer Reihe sumpfiger Tümpel, die vom eisenhaltigen Wasser kochend heißer Mineralquellen rötlich gefärbt sind. Die Ureinwohner Albertas und British Columbias sahen sie als Heiligtümer an und gewannen aus der hiesigen Tonerde kostbaren Ocker, der ihnen – vermischt mit tierischem Fett oder Fischtran – als Farbe zur schmückenden oder rituellen Bemalung von Felsen, Tipis und Haut diente.

Am Vermilion River

Im kleinen Weiler bei Vermilion Crossing findet man neben Laden und Tankstelle Unterkünfte und ein Besucherzentrum (nur im Sommer) mit Blick auf den Mount Verendyre. Als weiterer Aussichtspunkt lockt, kurz bevor die Straße bei den Radium Hot Springs den Park verlässt, der **Kootenay Valley Viewpoint**. Südlich davon, nahe den roten Felsen des Sinclair Passes, beginnt der Kindersley Pass Trail (9,5 km, Tagesausflug).

---

200 C3

Park Visitor Centre
7556 Main Street East, Radium Hot Springs 250 3 47 95 05, außerhalb der Saison: 250 3 43 67 83; www.pc.gc.ca/kootenay Mitte Mai–Mitte Okt. tägl. 9–17 Uhr, sonst geschl.

BAEDEKER TIPP

- Am besten besichtigt man den Park als **Tagesausflug** von Banff oder Schlenker eines Kootenay-Trips. Danach geht es von den Radium Hot Springs nordwärts auf dem Highway 95 nach Golden zum Trans-Canada-Highway und zurück nach Banff oder Lake Louise durch den Yoho National Park.
- Kootenay ist benannt nach dem Indianerstamm der Kootenai oder Ktunaxa, der »Leuten hinter den Bergen«, die die Thermalquellen am Südende des heutigen Kootenay Parks einst entdeckten. Heutzutage ergötzen sich 300 000 Badegäste jährlich in den **Hot Springs Pools** (Mai–Mitte Okt. tägl. 9–23 Uhr, Mitte Okt.–Mai So–Do 12–21, Fr–Sa 12–22 Uhr; 6,30$), 1,5 km nördlich von Radium Hot Springs. Die Quellen wurde 1890 für 160 $ von Roland Stuart erworben, der sie wenige Jahre später zur Integration in den Park für 40 000 $ an die kanadische Regierung veräußerte. Beinahe geruchlos entspringt deren minimal radioaktives Wasser 44,5 °C heiß der Erde. Keine Bange wegen des Radiums: Die Strahlung entspricht lediglich derjenigen einer Uhr mit Leuchtziffern!
- Wenn Sie an den Hot Springs Pools **das größte Gedränge vermeiden** wollen (bis zu 3000 Badegäste tägl.), kommen Sie ganz früh oder abends.
- Radium Hot Springs hat diverse Unterkünfte zu bieten, ist als Ort jedoch nicht sonderlich interessant, weshalb man besser in Banff oder irgendwo in den Kootenays nächtigt.

Nach Lust und Laune

40 Mount Robson

Mit 3956 m ist der Mount Robson die höchste Erhebung der kanadischen Rocky Mountains und zugleich eines ihrer beeindruckendsten Massive, nicht zuletzt wegen der recht isolierten Lage und der gewaltigen Südwand, eines Kolosses von allein gut 3000 m Höhe. Woher sein heutiger Name stammt, ist umstritten – die Ureinwohner nannten ihn »Berg der Serpentinen«, da seine markanten Felsformationen wie ein Pfad wirken, der sich rings um den Berg schlängelt.

Umgeben ist er vom Mount Robson Provincial Park, eigentlich ein Ableger des Jasper National Parks. Den schönsten Blick vor allem auf die Südwand hat man rund 90 km hinter Jasper vom Yellowhead Highway (Nr. 16). Außerdem führt ein schöner Wanderweg, der Berg Lake Trail (22,4 km, einfach) zum See am Fuß des Bergs (komplett begehbar). Es ist die beliebteste Mehrtagesroute für Backpacker in den Rockies; unterwegs gibt es Campingplätze. Tagesausflügler beschränken sich am besten auf das erste Drittel des Weges zum Kinney Lake (7 km). Achtung: Hier wartet Wildnis pur, sobald Sie das Besucherzentrum hinter sich lassen!

200 bei A5 Mount Robson Visitor Centre und Viewing Area, Hwy. 16 250 5 66 48 46; www.env.gov.bc.ca/bcparks/explore/parkpgs/mt_robson Mai–Mitte Juni, Sept. tägl. 8–17 Uhr, Mitte Juni–Aug. 8–19 Uhr, Anfang–Mitte Okt. 9–16 Uhr; Mitte Okt.–April geschl.

Südseite des Mount Robson

Dieser Büffel im Waterton Lakes National Park führt ein friedliches Dasein – einen Buffalo Jump hat er nicht zu befürchten

41 Head-Smashed-In Buffalo Jump

Streng genommen liegt dieser außergewöhnliche Schauplatz des Todes nicht in den Rockies, sondern in den Foothills unterwegs zum Waterton Lakes National Park, ist aber allemal den kleinen Umweg wert. Wie vergleichbare Orte in Nordamerika geht er zurück auf eine Jahrtausende alte Praxis der Ureinwohner bei der Büffeljagd: Sie kreisten die Tiere ein und trieben sie zu einer Felskante, über die sie hinabstürzten. Dann ließen sich die Kadaver bequem bis auf die Knochen ausweiden.

Der Name dieses Buffalo Jump geht wohl auf einen unerfahrenen Jäger zurück, der sich die Sache von unten besah, bis ihm die Büffel den Kopf zerschmetterten … In rund 10 000 Jahren entstand hier eine 10 m tiefe Schicht aus Asche und Knochen, nunmehr Teil der Unesco-Weltkulturerbestätte, zu der ein gutes Besucherzentrum gehört.

201 F2 Porcupine Hills, Hwy. 785, 18 km von Fort Macleod 403 5 53 27 31; www.head-smashed-in.com Juli–Labour Day tägl. 9–18 Uhr, sonst 10–17 Uhr 10$ Café ($) Regelmäßige Greyhound-Bus-Verbindung von Calgary nach Fort Macleod

42 Waterton Lakes National Park

Im Südwesten Albertas, nahe der Grenze zu den USA, liegt dieser 523 km² große Nationalpark. Seiner bescheidenen Abmessungen (nur ein Achtel der Größe von Banff) und Randlage wegen wird er von Besuchern der kanadischen Rockies meist links liegen gelassen, es sei denn, sie kommen aus Montana oder anderen nördlichen US-Bundesstaaten herüber. Die Anreise innerhalb Kanadas erfolgt am besten von Calgary auf dem Weg zum Banff National Park.

Die Natur ist hier nicht weniger schön erlebbar als in den bekannteren Parks im Norden. Gute Tages- und Halbtagestouren bieten sich von Waterton aus an, dem einzigen Ort. Zu den beliebtesten gehört der Waterton Lakeshore Trail (13 km) über die Grenze zu den USA, der nach Goat Haunt im Glacier National Park führt, dem größeren Pendant des Waterton Park. Gemeinsam bilden sie den Waterton-Glacier International Peace Park, seit 1995 Unesco-Weltnaturerbe. Von dort aus kann man den Rückweg nach Waterton auf einem der Linienschiffe über den See antreten. Einzelheiten auch zu grenzüberschreitenden Wanderungen erfahren Sie im Besucherzentrum. Fahren Sie auf jeden Fall eine der Panoramastraßen ab, die beide gleich in Waterton beginnen.

201 F1 Entrance Road, Waterton Townsite 403 8 59 51 33; www.pc.gc.ca/waterton Park: ganzjährig; Visitor Center: Mai–Ende Juni tägl. 9–17 Uhr, Ende Juni–Aug. 8–19 Uhr, Sept.–Mitte Okt. 9–17 Uhr, sonst Mo–Fr 8–16 Uhr 7,80$

Wohin zum ...
Übernachten?

Preise
Für ein Doppelzimmer pro Nacht (ohne Steuern):
$ unter 100 CDN $ **$$** 100–200 CDN $ **$$$** 200–300 CDN $
$$$$ über 300 CDN $

BANFF

Banff Aspen Lodge $$/$$$
Beliebte, stadtnahe Lodge mit zivilen Preisen und herrlicher Sicht auf die Berge, auch von den meisten Zimmern aus. Swimmingpool, Dampfraum, Sauna, Wäscherei und Internetzugang sind vorhanden. Im Zimmerpreis ist jeweils Continental Breakfast enthalten.
200 C4 ✉ 401 Banff Avenue, T1L 1A9 ☎ 403 7 62 44 01, Reservierung: 1 877 8 86 88 57; www.banffaspenlodge.com

Buffaloberry Bed and Breakfast $$$
Schönes Haus mit allem erdenklichen Komfort. Vier geräumige Gästezimmer mit Bad, Fußbodenheizung, Internetzugang, TV/DVD und Musikanlage. Exquisiter Aufenthaltsraum für die Gäste mit offenem Kamin und Patio (wunderbarer Blick auf das Skigebiet des Mount Norquay). Ein reichhaltiges, exzellentes Frühstück ist im Zimmerpreis inbegriffen.
200 C4 ✉ 417 Marten Street, T1L 1G5 ☎ 403 7 62 37 50; www.buffaloberry.com

Castle Mountain Chalets $$/$$$
In einem der attraktivsten Teile des Nationalparks zwischen Banff und Lake Louise gelegenes Ensemble von Hütten und Chalets mit Schlafplätzen für vier bis sechs Personen. Bestens ausgestattet mit Küchennische, manche mit Spülmaschine, Whirlpool und Kamin.
200 C4 ✉ Bow Valley Parkway, nahe Castle Junction, TL1 1B5 ☎ 403 7 62 38 68, gebührenfrei 1 877 7 62 22 81; www.castlemountain.com

Fairmont Banff Springs $$$/$$$$
Die Berühmtheit des 1888 von Stararchitekt Bruce Price erbauten Hotels lässt zuweilen seine Dimensionen vergessen: Es ist ein Monstrum mit über 750 Zimmern, von denen durchaus nicht alle schönen Bergblick haben, stets jedoch ihren Preis – nächtigt man hier doch im Bewusstsein, ein Stück Historie unter dem Kopfkissen zu haben. Das Fairmont liegt außerhalb des Orts im Nirgendwo. Diese Einsamkeit wird jedoch kompensiert durch größtmöglichen Komfort inklusive Mini-Bar, Telefon, Fernseher und Kaffeemaschine. Auf den Gast warten zudem Golf- und Tennisplatz, Reitpferde, Fitnessraum und eines der besten Spas der ganzen Gegend. Shuttle-Busse bringen Skifahrer direkt zu den Liften der Umgebung.

RESERVIERUNG
Bei der Reservierung der Unterkunft sind Ihnen die örtlichen Besucherzentren in Banff, Lake Louise und Jasper (➤ 34) behilflich, ferner auch Agenturen wie www.banfflakelouise.com (gebührenfrei) oder www.skibanff.com (gegen geringe Gebühr).
Privatunterkünfte findet man auf www.canadianbandbguide.ca oder www.bbalberta.ca.

200 C4 405 Spray Avenue, T1L 1J4
403 7 62 22 11, gebührenfrei
1 800 2 57 75 44; www.fairmont.com

Rimrock Resort $$–$$$$
Wenn Sie sich etwas gönnen wollen in Banff, ist dieses moderne Hotel 2,5 km außerhalb sicher eine gute Wahl. Es liegt nahe der Banff Gondola (Shuttles von/nach Banff gratis) inmitten einer herrlichen Landschaft. Architektonisches Prunkstück ist die Haupthalle mit riesiger Glasfront und kolossalem Kamin; auch die 351 großzügigen Zimmer sind hervorragend ausgestattet. Der Gast kann sich zudem freuen auf einen Indoor-Pool, Zimmerservice rund um die Uhr, zwei Restaurants, Sauna, Massagen, Fitnessraum und Squashplatz.
200 C4 300 Mountain Avenue, T1L 1J2
403 7 62 33 56, gebührenfrei
1 888 7 46 76 25; www.rimrockresort.com

LAKE LOUISE

Lake Louise Inn $$–$$$$
Das Lake Louise Inn ist mit seinen fünf großzügigen Gebäuden immer noch die preiswerteste Unterkunft in und um Lake Louise. Freundliche, komfortable Zimmer in unterschiedlicher Preislage, darunter 27 mit Klimaanlage und 55 mit Küchennische. Indoor-Pool und andere Annehmlichkeiten sind ebenfalls vorhanden.
200 C4 210 Village Road, Lake Louise Village, T0L 1E0 403 5 22 37 91, gebührenfrei 1 800 6 61 92 37; www.lakelouiseinn.com

Post Hotel and Spa $$$/$$$$
Luxushotel in wunderbarer Tallage, preislich weniger atemberaubend als das exklusive Chateau Lake Louise. Das Angebot reicht von geräumigen Zimmern und Suiten bis zu Häuschen und großen Domizilen mit acht Betten, sämtlich mit Whirlpool im Bad, manche auch mit Kamin und Sitzgruppe, Balkon oder Terrasse. Die ruhigeren Zimmer gehen nach hinten hinaus und blicken auf Garten und Wälder, die vorderen haben eine fantastische Sicht auf die Berge. Das Spa ist ausgestattet mit allen Schikanen, das Restaurant im Haus genießt besten Ruf (► 160).
200 C4 200 Pipestone Road, T0L 1E0
403 5 22 39 89 oder 1 800 6 61 15 86;
www.posthotel.com

JASPER

Alpine Village $$–$$$$
Klassisches Ensemble von Blockhäusern (mit ein bis zwei Schlafzimmern) in herrlicher Umgebung, 2 km südlich von Jasper und mit Blick auf den Athabasca River und den Mount Edith Cavell. Stilvolle Interieurs, in traditionellem hellem Fichtenholzdesign gehalten.
196 C5 93A Highway South, Jasper, T0E 1E0 780 8 52 32 85;
www.alpinevillagejasper.com

Fairmont Jasper Park Lodge $$$/$$$$
Das ehemalige Canadian Pacific Hotel, Pendant zu den Fairmont-Hotels Banff Springs und Chateau Lake Louise, liegt 5 km außerhalb des Orts am Lac Beauvert inmitten idyllischer Natur und ist eigentlich ein eigenständiges Resort Village. 442 Zimmer (modern oder im Landhausstil), Golfkurs, Tennisplätze, Reitstall, Bootsverleih, Anglerequipment, sechs Restaurants, beheizter Außen-Pool und Fitnessraum.
196 C5 1 Old Lodge Road, T0E 1E0
780 8 52 33 01, gebührenfrei
1 800 5 40 44 54; www.fairmont.com

BED & BREAKFAST
In Jasper findet man zahlreiche Bed-&-Breakfast-Adressen, die preiswerter und individueller sind als die durchschnittlichen Stadthotels. Auskunft erteilen die örtlichen Handelskammern und Informationszentren (► 149).

Jasper House Bungalows $/$$
Mitten im Nationalpark, am Ufer des Athabasca River, stehen diese Blockhütten (vier Kategorien) für zwei oder vier Personen, alle ausgestattet mit Bad, manche mit separatem Schlafzimmer und Küchenzeile. Die »Executive Suites« haben außerdem einen offenen Kamin und einen Balkon mit Blick auf den Fluss. Frühstück und Abendessen werden im Speisesaal serviert, auf Wunsch auch in den Bungalow geliefert.

Mehrere Wanderwege gehen gleich vor der Haustür los.

196 C5 Am Icefield Parkway 3,5 km südlich von Jasper T01 1ED 780 8 52 45 35; www.jasperhouse.com

Wohin zum … Essen und Trinken?

Preise
Für ein Drei-Gänge-Menü (ohne Getränke und Service):
$ unter 50 CDN $ **$$** 50–100 CDN $ **$$$** über 100 CDN $

BANFF

Eden $$$
Das Restaurant im Rimrock Resort bietet beste kanadische »regional cuisine«. Wer das kulinarische Spektrum ganz ausschöpfen möchte, bestellt das zehngängige »Grand Degustation«-Menü; dazu gibt es preisgekrönte Weine, tadellosen Service und superbe Ausblicke.
200 C4 Rimrock Resort, 300 Mountain Avenue, Banff, T1L 1J2 403 7 62 18 40, gebührenfrei 1 888 7 46 76 25; www.rimrockresort.com/eden.html Mi–So 18–21.30 Uhr

Le Beaujolais $$$
Die Speisesäle der Spitzenhotels in Banff sind ein Erlebnis, dieses stilvolle Restaurant nicht minder. Holzgetäfelte Wände, schneeweiße Leinentischtücher und eine hervorragende, durchgängig französische Küche sprechen für sich. Man kann à la carte speisen oder ein Festpreis-Menü nehmen und hat die Wahl unter 600 Weinen. Jackett und Krawatte sind obligatorisch, Tischreservierung ebenso.
200 C4 212 Banff Avenue, Ecke Buffalo Street, T1L 1B5 403 7 62 27 12; www.lebeaujolaisbanff.com Mo–Fr ab 17, Sa, So auch 11.30–15.30 Uhr

Juniper Bistro and Lounge $$/$$$
West Coast Cuisine ist Trumpf im auch »Muk-a-muk« (Chinook-Wort für Fest) genannten Bistro des Juniper Hotels. Zu den Spezialitäten des Lokals gehören Bison-Stew und eine aparte Platte mit Elch-Pastrami, Bison-Wurst mit Whisky, kandiertem Lachs, Artischocken, Oliven, Chutney und Pickles. Abends bieten sich an: Tomatensuppe mit Bio-Gin (Juniper!) oder ein Fischeintopf mit Jakobsmuscheln, Wildlachs, Heilbutt, Garnelen und Pfahlmuscheln in einer leichten Fenchel-Tomaten-Brühe.
200 C4 1 Juniper Way (Mount Norquay Road), T1L 1E1 403 7 63 62 05, gebührenfrei 1 866 5 51 22 81; www.thejuniper.com Mai–Okt. 7–22 Uhr, Nov.–April 8–21 Uhr

Maple Leaf Grille & Spirits $$/$$$
Canadian Cuisine? Die gibt es tatsächlich, und zwar hier in zeitgemäßer Form und mit ausgezeichneten Zutaten: Filet vom Bison mit

deftigem Räucherspeck, Blauschimmelkäse aus Québec mit Rotwein oder Ente vom Brome Lake mit Vanilleschoten-Risotto und einer Sauce aus Rhabarber und geschmortem Ingwer. Zum Lunch serviert man etwa Wild (Hirsch oder Reh, Bison und Ente), Bison Stroganoff oder Salt-Spring-Island-Muscheln in Sake, Kokos und Ingwer gedünstet. Auch der Brunch hier hält für den Gast manch angenehme kulinarische Überraschung bereit.
200 C4 137 Banff Avenue, T1L 1C8 403 7 60 76 80, gebührenfrei 1 888 7 60 76 80; www.banffmapleleaf.com tägl. 11–15 und ab 17 Uhr

Saltlik $$/$$$
Tolles modernes Restaurant mit klassischen Alberta-Gerichten – vor allem Steaks, aber auch Fisch und Meeresfrüchte. Kleine Mahlzeiten gibt es, falls das Hauptrestaurant geschlossen ist, auch in der gemütlichen Bar nebenan.
200 C4 221 Bear Street, T1L 1B3 403 7 62 24 67; www.saltlik.com tägl. 11.30–2 Uhr

Silver Dragon $/$$
Chinese (mit Filiale in Calgary, Chinatown), der eine exzellente Melange von Kanton- und Peking-gerichten serviert. Tagsüber hat man von den Tischen am Fenster einen herrlichen Blick auf die Berge, während Peking-Ente, scharfes Rindfleisch mit Ingwer oder frischer Schellfisch auf der Zunge zergehen. Im Sommer wird auch im Innenhof serviert. Essen zum Mitnehmen.
200 C4 211 Banff Avenue, 3. Stock, T1L 1C4 403 7 62 39 39 tägl. 11.30–22 Uhr

LAKE LOUISE

Laggan's Mountain Bakery and Deli $
Schönes Lokal für den Imbiss zwischendurch mit einer guten Auswahl an Suppen, Sandwiches, Bagels und Salaten sowie köstlichem Gebäck. Dazu gibt es diverse Kaffeespezialitäten. Hier lässt sich ausgezeichnet ein wahres Festmahl als Picknick zusammenstellen.
200 C4 Samson Mall, Lake Louise, T0L 1E0 403 5 22 20 17 tägl. 6–19 Uhr

Lake Louise Station $–$$$
Einnehmendes Lokal im ältesten und schmucksten Gebäude der Stadt, dem renovierten alten Bahnhof von 1909. Dazu gehört sogar ein historischer Speisewagen (»The Delamere«), in dem es etwas vornehmer zugeht als im »Bahnhofsrestaurant«. Mit Lachs in Kräuterkruste, Burgern, Caesar Salad, Steaks und Büffelfleisch serviert man hier typische West-Coast-Gerichte. Es gibt außerdem noch eine Lounge Bar, bei schönem Wetter mitunter ein Barbecue im Garten.
200 C4 200 Sentinel Road, T0L 1E0 403 5 22 26 00; www.lakelouisestation.com Bahnhof: tägl. 11.30–22 Uhr (Tagesmenüs), Speisewagen: Fr, Sa 18–21 Uhr

Post Hotel $$$
Bei einer der führenden Gourmet-Adressen der Rocky Mountains wird der Gast verwöhnt mit einer Mischung aus europäischen, kanadischen, kalifornischen und asiatischen Elementen: So findet man neben Alberta Beef, Foie gras und englischer Erbsensauce frische Jakobsmuscheln auf Jicamawurzeln oder Jasminreis mit einer Salsa aus Paprika, Mango und Korianderöl. Im Keller schlummern 850 verschiedene Weine.
200 C4 200 Pipestone Road, T0L 1E0 403 5 22 39 89, gebührenfrei 1 800 6 61 15 68; www.posthotel.com tägl. 11.30–14 und 17–21.30 Uhr

JASPER

Syrahs of Jasper $$/$$$
Paradies für Gourmets und Weinkenner: Zwischen alten Weinfässern und bei gedämpftem Licht

werden hier raffinierte Rezepte aus aller Welt mit den passenden Weinen gepaart. Nicht umsonst wurde der Weinkeller des Syrah of Jasper mit dem begehrten Wine Spectator Award of Excellence ausgezeichnet. Renner auf der Speisenkarte sind Schwertfisch aus Alaska und die vegetarischen Gerichte.

196 C5 606 Patricia Street, TOE 1EO
780 8 52 45 59, gebührenfrei 1 877 2 32 63 97; www.syrahsjasper.ca
Dinner tägl. ab 17 Uhr

Bear's Paw Bakery $

Gemütliches, beliebtes Café mit gesunder hausgemachter, gut zubereiteter Kost. Empfehlenswert ist ferner Coco's Café (608 Patricia Street).

196 C5 4 Cedar Avenue, TOE 1EO
780 8 52 32 33; www.bearspawbakery.com
tägl. 6–18 Uhr (im Spätsommer)

Villa Caruso $$–$$$

Angesagte Adresse für Fleischliebhaber, außer Rind kommen aber auch Fisch und Holzofen-Pizza auf den Tisch. Die Steaks werden effektvoll in der offenen Küche gebrutzelt.

196 C5 2. Stock, 640 Connaught Drive, TOE 1EO 780 8 52 39 20; www.villacaruso.com tägl. Frühjahr–Herbst 11–24, Winter 15–23 Uhr

YOHO

Truffle Pigs Bistro $$/$$$

Das »Trüffelschwein«-Bistro in der Kicking Horse Lodge ist gewissermaßen konkurrenzlos im Yoho National Park, da es in der Gegend kaum andere Lokale gibt. Dennoch werden Frühstück, Mittagessen und Abendmahl hier sorgsam aus regionalen und bevorzugt biologischen Zutaten zubereitet, wobei man sogar auf spezielle Diätwünsche Rücksicht zu nehmen versucht. Gerichte zum Mitnehmen.

200 B4 100 Centre Street, Trans-Canada Highway, Field, VOA 1GO 250 3 43 63 03; www.trufflepigs.com tägl. 11–21, in der Hochsaison auch Frühstück 7.30–10.30 Uhr

Wohin zum ... Ausgehen?

KULTURELLES

Musik, Theater, Tanz und andere kulturelle Veranstaltungen in Banff finden vorwiegend im **Banff Centre**, St. Julien Road (Tel. 403 7 62 61 00; www.banffcentre.ca) statt, das alljährlich im Sommer auch das renommierte **Banff Festival of the Arts** ausrichtet.

NACHTLEBEN

In Banff haben Restaurants und Bars oft bis spätabends geöffnet, so **Elk and Oarsman** (119 Banff Avenue; Tel. 403 7 62 46 16; www.elkandoarsman.com) und **Rose and Crown** (202 Banff Avenue; Tel. 403 7 62 21 21; www.roseandcrown.ca), wo es Livemusik und Tanz gibt (meist Do–Sa). Für Filmfreunde existiert das **Lux Cinema** (229 Bear Street; Tel. 403/ 762-8595); außerhalb des Orts ist nachts tote Hose.

In **Lake Louise** empfehlen sich die **Bars und Lounges** der Hotels, wobei die Post vor allem im **Post Hotel** (200 Pipestone Road; Tel. 403 5 22 39 89) und **Lake Louise Inn** (210 Village Road; Tel. 403 5 22 37 91) abgeht.

Ähnlich sieht es in **Jasper** aus, wo es im **Athabasca Hotel** (510 Patricia Street; Tel. 780 8 52 33 86) abends oft **Tanz und Livemusik** gibt.

EINKAUFEN

Die Rocky Mountains sind ein Natur-, kein Einkaufsparadies, es gibt kaum Einkaufmöglichkeiten außerhalb von Banff. Im Ort selbst findet man zahllose Läden mit Freizeitkleidung und -ausrüstung, die meisten in der Banff Avenue und den angrenzenden Straßen. Einer der größten ist **Mountain Magic Sportswear** (225 Bear Street; Tel. 403 7 62 25 91; www.mountain magic.com). Bücher führt **Mooseprint Books** (208 Buffalo St.; Tel. 403 7 62 33 55, www.moose print.com).

Ein paar Geschäfte hat auch Lake Louise Village aufzuweisen, vor allem in der zentralen **Samson Mall** (die kaum eine echte Mall ist). Im besten Outdoor Store des Ortes, **Wilson Mountain Sports** (Tel. 1 866 9 29 36 36; www.wmsll.com), kann man Kleidung und Ausrüstung wie Zelte und Fahrräder nicht nur kaufen, sondern auch leihen und reparieren lassen.

Leihen und kaufen kann man in Jasper derartiges bei **On-Line Sports & Tackle** (600 Patricia Street; Tel. 780 8 52 36 30).

TOUREN

Einer der ältesten und größten Veranstalter im **Banff National Park** ist **Brewster Transportation** (Tel. 1 866 6 06 67 00; www.brewster.ca) mit Bussen und Ausflügen zu den Columbia Icefields von Banff, Lake Louise und Jasper aus. Sein Pendant in Jasper ist **Maligne Tours** (Tel. 780 8 52 33 70, gebührenfrei 1 866 6 25 44 63; www.malignelake.com) mit Touren zum Maligne Lake, Schiffsfahrten, Wildwasser-Rafting, Ausritten, geführten Wanderungen und Angelausflügen. In Banff organisieren **Lake Minnewanka Boat Tours** (Tel. 403 7 62 34 73; www.explorerockies.com/minnewanka) Bootsfahrten auf dem gleichnamigen See.

OUTDOOR-AKTIVITÄTEN

Neben organisierten Touren der Veranstalter können Sie in den Rocky Mountains eine Menge auf eigene Faust unternehmen – z. B. die Gegend per Mountainbike erobern. In Banff und Jasper gibt es zahlreiche Fachgeschäfte, die Räder stunden-, tage- oder wochenweise verleihen.

Auch das Glück **auf dem Rücken der Pferde** ist leicht zu haben, ob nun für eine Stunde oder bis zu zwei Wochen. Zu den Veranstaltern gehören **Holiday on Horseback** in Banff (Tel. 403 7 62 45 51, gebührenfrei 1 800 6 61 83 52; www.horseback.com), **Emerald Lake Lodge** in Yoho (Tel. 250 3 43 63 21) oder **Skyline Trail Rides** in Jasper (Tel. 780 8 52 42 15, gebührenfrei 1 888 8 52 77 87; www.skylinetrail.com).

Freunde des Wildwasser-Raftings kommen auch auf ihre Kosten – ob gemächlich auf dem Bow River in Banff oder rasant in den schäumenden Fluten des Kicking Horse Canyon. Erkundigen Sie sich bei **Wild Water Adventures** in Lake Louise (Tel. 403 5 22 22 11, gebührenfrei 1 888 6 47 64 44; www.wildwater.com), in Jasper, wo die Auswahl am breitesten gefächert ist, bei **Jasper Raft Tours** (Tel. 780 8 52 26 65, gebührenfrei 1 888 5 53 56 28; www.jasperraft tours.com) und **Whitewater Rafting** (Tel. 780 8 52 72 38, gebührenfrei 1 800 5 57 72 38; www.whitewater raftingjasper.com).

Golf spielen kann man auf dem Banff Springs Golf Course und in der Jasper Park Lodge, die auch Ausrüstung verleihen. Gleiches gilt in den meisten Parks für Angler, in Banff z. B. bei **Alpine Anglers** (Tel. 403 7 60 11 33; www.alpine anglers.com). Schwimmbäder gibt es in Jasper und Banff.

INFORMATIONEN

Detaillierte, aktuelle Informationen zu Ausrüstern, Veranstaltern und Freizeitaktivitäten vermitteln die Besucher- und Parkzentren in Banff (➤ 136), Lake Louise (➤ 142), Jasper (➤ 146), Field (Yoho National Park, ➤ 150) und Radium Hot Springs (Kootenay, ➤ 154).

Calgary

Kleine Erlebnisse

Urzeitliche Klettertour

Im **Royal Tyrrell Museum** (➤ 168) steht ein 25 m hohes Sauriermodell. 106 Stufen führen zur Aussichtskanzel im Rachen.

Schwitzen und schwimmen mit Aussicht

Der Sauna- und Poolbereich auf dem Dach des Westin Calgary (➤ 176) punktet mit tollem Blick auf Fluss, Markt und Downtown.

Leutegucken und mehr

Wer ein wenig Alltagsluft schnuppern will, sollte sich im **Eau Claire Market** (➤ 173) einen hübschen Coffeeshop aussuchen.

Erste Orientierung

Zwischen den Weiten der Prärien und den Rocky Mountains erhebt sich mit Calgary, als Phalanx glitzernder Türme und Wolkenkratzer, eine der modernsten Großstädte Nordamerikas. Ende des 19. Jhs. buchstäblich aus dem Nichts entstanden, konnte sie ab den 1970er-Jahren vom Boom in der Gas- und Ölindustrie profitieren, von deren einträglichen Geschäften moderne Kathedralen aus Glas und Stahl in Downtown Zeugnis ablegen.

Zunächst Jagdrevier indianischer Blackfoot-, Sarcee- und Stoney-Stämme, wurde Calgary später Viehzüchterstadt – bis heute ist Rindfleisch ein wichtiger Wirtschaftsfaktor. Heute lässt besonders die **Calgary Stampede** die Cowboy-Vergangenheit wieder aufleben, während die Kultur der **»First Nations«** im hervorragenden **Glenbow Museum** (➤ 170) höhere museale Weihen erfuhr.

Das Museum allein ist schon einen Besuch wert – denken Sie bei der Reiseplanung daran, denn viele betrachten Calgary primär als Ausgangsbasis zur Weiterfahrt in die Rockies: Schon nach etwa neunzig Autominuten erreicht man vom Flughafen aus das Städtchen Banff (➤ 136) im Schatten hoher Berggipfel.

Widerstehen Sie also (erst einmal) dem Sirenengesang der Rocky Mountains und widmen Sie sich ein paar Tage lang dieser unprätentiösen, sympathischen Stadt.

TOP 10

Nicht verpassen!

Nach Lust und Laune!

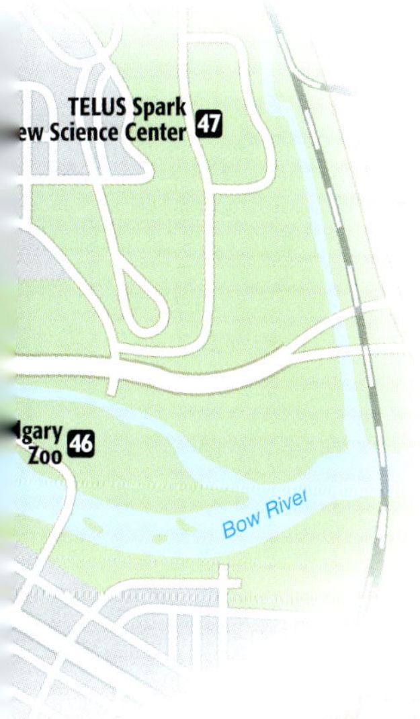

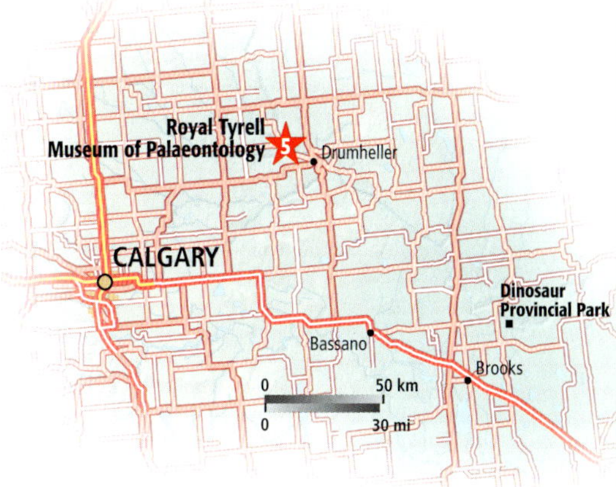

Bürotürme im Zentrum Calgarys – vom Calgary Tower ist der Blick auf die Innenstadt am besten (oben).

An einem Tag

Die folgende Route ist eine Möglichkeit, wie Sie einige der interessantesten Sehenswürdigkeiten Calgarys an einem Tag besuchen können. Die Highlights werden im Folgenden (➤ 167ff) näher beschrieben.

9:00

Nach Besuch des Calgary Visitor Information Center im Komplex des 4 **Calgary Tower** (➤ 167) bietet sich oben ein atemberaubender Panoramablick.

10:00

Über die 9th Avenue SE geht es zum 35 **Glenbow Museum** (➤ 170), wo sich der ganze Morgen verbringen lässt – ein Café sorgt für Erfrischung.

12:00

Richtung Norden durch Downtown lockt der 44 **Eau Claire Market** (➤ 173) mit breitem Lebensmittelangebot, Cafés und Restaurants. Oder Sie decken sich bei schönem Wetter an den Marktständen für ein Picknick auf dem nahe gelegenen **Prince's Island** (➤ 173) ein.

14:00

Nach einem Spaziergang auf der Insel geht es wieder nach Downtown zu einem Einkaufsbummel in Läden und Malls der **8th Avenue SW** (➤ 178). Versäumen Sie dabei nicht die **Devonian Gardens**, eine »Wintergartenanlage« auf den obersten Etagen des Toronto Dominion Square.

15:30

Ab 7th Avenue SW verkehrt der C-Train Richtung Osten zur City Hall. Vier Blocks weiter östlich wartet der 45 **Fort Calgary Historic Park** (➤ 174). Oder man fährt mit Taxi oder C-Train zum 46 **Calgary Zoo** (➤ 174), wo in der Nähe Ende 2011 47 **Telus SPARK. The New Science Center** (➤ 175) sein neues Domizil bezogen hat (nach Norden auf dem St. George's Drive SE, Buslinien 17, 19 und 119).

4 Calgary Tower

Der Calgary Tower zählt seit seiner Errichtung zu den auffälligsten Wahrzeichen der Stadt, auch wenn ihm seither immer wieder neue, noch höhere Gebäude diesen Rang streitig machen wollen. Er bietet indes nach wie vor unvergessliche Rundblicke über Stadt und Umland – an klaren Tagen sieht man sogar bis zu den Rocky Mountains.

Bis heute wirkt der Turm – bei Fertigstellung 1968 mit 191 m eines der höchsten Gebäude Calgarys – wie ein Symbol einer auf Öl basierenden Dynamik und enormen Wirtschaftskraft. Mittlerweile hat sich deren Fokus allerdings verlagert, was auch ihn selbst samt seiner unmittelbaren Umgebung in Downtown ein wenig in den Schatten geraten ließ. Und neue Bürotürme, wie das nahe, 2012 eröffnete **The Bow** (236 m), bilden heute markantere Dominanten in der Skyline.

Keine Sorge: Der Ausblick von seiner **Observation Gallery** ist heute nicht weniger eindrucksvoll, reicht er doch über die niedrige Bebauung der Vorstädte bis weit in die Prärie, hinter der hohe Gipfel aufsteigen. 2005 wurde dieses Erlebnis noch gesteigert durch den Einbau eines **Glasbodens** in die Aussichtsplattform: Dort kann man beim Blick in 160 m Tiefe das Gefühl genießen, man schwebe in der Luft.

KLEINE PAUSE

Oben in der Turmkanzel lockt das Drehrestaurant **Sky 360** (Tel. 403 5 32 79 66; www.sky360.ca).

---

206 B3
101-9th Avenue SW **403 2 66 71 71; www.calgarytower.com** **Juli–Aug. tägl. 9–22, sonst 9–21 Uhr**
15,24$** **Drehrestaurant und Steak House im Turm ($$ / $$$)
C-Train bis Centre Street **433**

Markant: die Turmkanzel des Calgary Tower

5 Royal Tyrrell Museum of Palaeontology

Das Royal Tyrrell Museum (140 km östlich gelegen) ist wahrlich ein guter Grund, um von Calgary in die Rockies zu fahren. Es ist eines der populärsten Museen im gesamten Westen Kanadas.

Es ist nicht nur das attraktive Thema Dinosaurier, dem das Royal Tyrrell Museum seine Beliebtheit verdankt. Es profitiert auch von der Lage in den **Alberta Badlands**, geologischen Formationen wie eine Mondschaft, mit kargen, sonnengebackenen Hügeln, Lehmfurchen und aufsteigenden **Kalkstein-Hoodoos** im Herzen der Prärie.

Die Alberta Badlands, entstanden durch Schmelzwasser-Erosionen im Schiefer-, Ton- und Lehmboden, würden einfach als geologische Eigentümlichkeit abgetan, wäre die Gegend nicht einer der ergiebigsten Fundorte für Dinosaurierfossilien. So gehen hier drei Sehenswürdigkeit der Provinz eine treffliche Verbindung ein: das moderne **Royal Tyrrell Museum**, das sich den Saurierfunden widmet; der Dinosaur Provincial Park (➤ rechts), UNESCO-Weltnaturerbe und Fundort vieler Museumsobjekte; und der **Dinosaur Trail**, der als 52 km langer Rundweg von Drumheller aus die interessantesten Formationen der Badlands streift.

Highlight ist das **Museum** in der wüstenhaften Landschaft am Stadtrand von Drumheller. Es wurde nach dem Geologen Joseph Tyrrell benannt, der 1884 einen *Albertosaurus* entdeckte – als erstes von Hunderten Dinosaurierskeletten, die man in den Badlands barg.

Saurier-Diorama im Museum

Das Haus selbst besitzt 35 vollständige Skelette, der weltgrößte Bestand in einem Museum. Unnachahmlich präsentiert, stehen sie im Zentrum ergänzender Exponate, die sich Evolution und allmählichem Verschwinden der Dinosaurier widmen. Unter den Skeletten finden sich der erwähnte *Albertosaurus* und Publikumslieblinge wie *Tyrannosaurus rex* (unten), aber auch ausgefallenere Arten wie der Raubfisch *Xiphactinus* mit großer, gegabelter Schwanzflosse sowie der Flugsaurier *Quetzalcoatlus*, das vermutlich größte flugfähige Tier der Erdgeschichte.

Das spannend inszenierte Museum bietet mehr als fossile Knochen, nämlich eine chronologische Übersicht über die gesamte Evolutionsgeschichte, wozu man sich technischer Hilfsmittel wie Computer-Animationen, audiovisueller Medien und interaktiver Displays bedient. Man kann Wissenschaftlern vor Ort in ihren Laboren bei der Arbeit zusehen, erfährt Interessantes über die Schiefer-Fossilienlagerstätte **Burgess Shale** im Yoho-Nationalpark (► 150) oder kann im ungewöhnlichen »Paleo-Conservatory« prähistorische Pflanzen an sich vorbeiziehen lassen, von denen viele laut Fossilienfunden zur Zeit der Saurier vor über 65 Mio. Jahren wuchsen.

Hoodoos, geologische Formationen nahe dem Royal Tyrrell Museum

201 F4 6,5 km nordwestlich von Drumheller 403 8 23 77 07, gebührenfrei 3 10 00 00 in Alberta, 1 888 4 40 42 40 in Nordamerika; www.tyrrellmuseum.com Mitte Mai–Anfang Sept. tägl. 9–21 Uhr, Anfang Sept.–Mitte Mai Di–So 10–17 Uhr 11$ Museumscafé ($) Greyhound-Busverbindung bis Drumheller

BAEDEKER TIPP

Sie können mit dem Greyhound-**Bus** bis Drumheller fahren und dort bis zum Museum ein **Taxi** nehmen. Noch besser ist es allerdings, in Calgary **für einen Tag einen Leihwagen zu mieten** – so können Sie anschließend noch die Badlands von Alberta erkunden.

Außerdem: Etwa 48 km von Brooks entfernt, 100 km südöstlich von Drumheller, liegt der zum UNESCO-Welterbe zählende **Dinosaur Provincial Park** mit Field Station zur wissenschaftlichen Forschung, eine der ergiebigsten Fundstellen von Dinosaurierfossilien. Viele kommen hierher im Rahmen einer organisierten Busreise durch die Badlands, die auch Bereiche des Parks erschließt, die Besuchern sonst nicht zugänglich sind (Infos und Reservierung unter Tel. 403 3 78 43 42; www.albertaparks.ca/dinosaur.aspx).

43 Glenbow Museum

Stürzen Sie sich kopfüber von Calgary in die Rockies, so entgeht Ihnen mit dem Glenbow, einem der sehenswertesten Museen Westkanadas, der perfekte Einstieg – Kunst, Kultur und Völkerkunde mit Schwerpunkt auf den Ureinwohnerstämmen. Übertroffen wird es lediglich vom Royal British Columbia Museum in Victoria (➤ 96).

Das Glenbow gehört zu einer neuen Museumsgeneration – hell, modern und funktionsgerecht strukturiert, ermöglicht es einen schnellen Zugang. 1976 eröffnet, wurde es nach einem Ölmagnaten und Stifter des Großteils der Museumsbestände benannt. Dessen Geschmack prägte auch den leicht eklektischen Charakter der Präsentationen auf den oberen Etagen. Bei der didaktischen Aufbereitung kommen verschiedenste Medien zum Einsatz.

Asiatische Kunst

Das zweite Stockwerk zeigt unter dem Motto **Many Faces, Many Paths: Art of Asia** Sakralobjekte aus buddhistischen und hinduistischen Kulturen Asiens. Skulpturen aus Stein,

Holz oder Metallguss, Reliefs, Masken und Gemälde bis zum 18. Jh. werden hier präsentiert. Der Rest der Etage ist **Wechselausstellungen** vorbehalten, die meist nur einige Monate präsentiert werden.

Geschichte(n) der Provinz Alberta

Im dritten Stock fand man mit **Mavericks: An Incorrigible History of Alberta** eine anregende Darstellungsform für die Geschichte der Region. Basierend auf einem Buch von Aritha van Herks, stehen die Biografien 48 markanter Persönlichkeiten repräsentativ für den Geist Albertas: politische Aktivisten, Ranchbesitzer, Eisenbahnarbeiter oder Ölsucher; Frauen wie Charlotte Small, die Anfang des 19. Jhs. mit vielen ihrer 13 Kinder über 40 000 km im Gefolge ihres Ehemanns, eines Pelzhändlers und Vermessers, das Land durchquerte; die Frauenrechtlerinnen Emily Murphy, Nellie McClung, Irene Parlby, Louise McKinney und Henrietta Muir Edwards, die als »Famous Five« 1929 eine Kampagne starteten, Frauen im juristischen Sinne als Personen anzuerkennen; Fred Bagley, der mit 15 Jahren bei den Mounties eintrat; oder der Blood-Indianer Tom Three Persons, der 1912 bei der Calgary Stampede ein bis dahin unzähmbares Pferd zuritt. Fesselnde Geschichten, wunderbar erzählt.

Kultur der Ureinwohner

Ein Teil des dritten Stockwerks widmet sich mit **Niitsitapiisini: Our Way of Life – The Blackfoot Gallery** der Geschichte und Kultur der kanadischen »First Nations«: Die halbnomadischen Stämmen der Blackfoot, Sarcee und Stoney aus den weiten Ebenen im Inneren Nordamerikas werden den Völkern von der Küste gegenübergestellt – besonders den Haida, deren sesshafte, auf Fischfang basierende Kultur sich um Victoria konzentrierte.

Links: Das Glenbow Museum von außen …

Viele Gemeinsamkeiten teilten beide Volksgruppen: die vorzügliche Qualität und enorme Vielfalt der hier ausgestellten Handwerks-, Trachten- und Schmuckobjekte, die Mehrdeutigkeit ihrer Sprachen sowie das Leid an der Ungerechtigkeit der Verträge, die ihre Häuptlinge mit weißen Politikern schlossen. Teilbereiche der Abteilung streifen auch die Inuit und Métis, gemischtrassige Nachfahren von Europäern und Ureinwohnern – ein Erbe, das sie über Jahrhunderte hinweg vor allen anderen Einwohnern Kanadas diskriminierte.

Oberste Etage

Das vierte Stockwerk zeigt mit Steinen, Edelsteinen und Mineralien Objekte zur **Gesteinskunde** – viele aus Minen im Westen Kanadas. Eine Abteilung mit **Waffen und Rüstungen** unternimmt einen groß angelegten Überblick über diverse Völker und untersucht Kriegsbräuche in verschiedenen Kulturen. Die Ausstellung **Where Symbols Meet** widmet sich Errungenschaften afrikanischer Volksgruppen.

Eine über sämtliche Stockwerke reichende Skulptur symbolisiert das Polarlicht.

... und ein Exponat im Innern: indianischer Tanzschmuck

KLEINE PAUSE

In dem Museum bietet **Manny's Café** Gelegenheit für eine kleine Erfrischung.

206 B3 130-9th Avenue SE 403 2 68 41 00; www.glenbow.org
Mo–Sa 9–17 Uhr, So 12–17 Uhr 14$ C-Train bis Centre Street oder Olympic Plaza

BAEDEKER TIPP

- Verschiedene **Führungen** werden angeboten, nicht nur durch das Museum selbst, sondern auch durch ganz Downtown.
- Der versteckte **Eingang** liegt eine kurze Wegstrecke nach Osten, vorbei am Marriott Hotel, ein weiterer an der Stephen Avenue Mall.
- Wer Kinder dabei hat, kann im **ARC Discovery Room** (2. Stock) deren künstlerischen Fähigkeiten testen.

44 Eau Claire Market

Der Eau Claire Market, ein pulsierendes Gemisch aus Lebensmittelständen, Cafés, Spezialgeschäften und Restaurants, verlieh der Innenstadt von Calgary die dringend nötige Belebung. Zudem liegt er in der Nähe von Prince's Island, des schönsten Parks der Stadt, und des eisklaren Bow River.

Der Ölboom seit den 1970er-Jahren schuf in Calgary die materielle Basis, weite Bereiche des Zentrums zu sanieren bzw. mit viel Marmor, Beton und Glas neu zu erschaffen. Diese Metamorphose fand durchaus keine ungeteilte Zustimmung, fehlt doch den prunkvollen Wolkenkratzern und Einkaufszentren irgendwie eine menschliche Note.

Die Eröffnung des Eau Claire Market setzte dem ein Ende, wobei der Umbau eines ehemaligen Speichergebäudes sich als ideales Mittel erwies, um der Innenstadt Leben, Farbe, kurz: den Eindruck eines Zentrums einzuhauchen. Der mehrstöckige Komplex umfasst Cafés, Bars, Läden für Kunsthandwerk und Lebensmittel, Kinos und ein betriebsames Areal zum Sitzen, Beobachten und Konsumieren von Essen und Getränken der umliegenden Stände.

Oder Sie flanieren kurz nach Norden zum Prince's Island-Park mit ruhigen, schattigen Winkeln. Am Bow River entlang führt ein schöner Spazierweg, der zu einem Gesamtnetz mit insgesamt 200 km langen Rad- und Fußwegen gehört. Für intensivere Erkundung empfiehlt sich der im Visitor Center erhältliche Übersichtsplan.

Läden und Boutiquen auf mehreren Etagen

206 C1 · Ecke 2nd Avenue / 2nd Street SW · 403 2 64 64 50 oder 403 2 64 64 60; www.eauclairemarket.com · Geschäfte: Mo–Mi 10–18, Do–Fr 10–20, Sa 10–18, So 11–17 Uhr · frei · Cafés und Imbiss-Stände ($) · C-Train bis 3rd Street SW · 403

Nach Lust und Laune!

45 Fort Calgary Historic Park

Fort Calgary bildete einst die Keimzelle der Stadt – eine schlichte Holzumfriedung, die die North West Mounted Police 1875 in nur sechs Wochen errichtete, um dem gesetzlosen Treiben Whiskeyhändler aus den USA Einhalt zu gebieten.

Das Fort existiert nicht mehr. Schon 1882 wurden die alten Palisaden demontiert und die ganze Anlage 1887 nach einem Brand von Grund auf neu errichtet. Zunächst Polizeistation, fiel das Gelände 1914 an die Canadian Pacific Railway, die es tiefgreifend umwandelte. In den 1970ern war es eine heruntergekommene, unter Gleisen begrabene Industriebrache, die die Stadt anlässlich ihrer Hundertjahrfeier 1975 für sich beanspruchte. Sie widmete einen breiten Streifen in einen Park um, wobei Fundamentreste des alten Forts zum Vorschein kamen.

Inzwischen wurden die Palisaden wieder aufgebaut, ergänzt durch ein **Museum**, in dem interessante Fotos und andere Objekte die Ursprünge des Forts (samt 50 Jahren Stadtgeschichte Calgarys) lebendig werden lassen. Der Park, der zum Flanieren einlädt, schmiegt sich in eine Biegung von Bow und Elbow River, deren »klares fließendes Wasser« den einst gälischen Namen »Calgary« inspirierte.

Zwei historische Gebäude liegen in der Nähe: **Hunt House**, ältestes Gebäude Calgarys (1876, nicht zugänglich), und **Deane House**, errichtet 1906 von Richard Deane, Superintendent der Mounties.

206 D2 ✉ 750-9th Avenue SE ☎ 403 2 90 18 75; www.fortcalgary.com ⊙ tägl. 9–17 Uhr Gelände: frei; Museum: 12$ C-Train bis City Hall 1, 14

46 Calgary Zoo

Kanadas zweitgrößter Zoo, der seine 1200 Tiere ihrer natürlichen Umgebung entsprechend unterzubringen versucht, wurde für Nachzucht- und Auswilderungsbemühungen mehrfach ausgezeichnet. So findet man in den **Canadian Wilds** u. a. Lebenswelten des Aspen Parkland, der Rockies und Northern Plains samt typischer Flora und Fauna.

Hinter Glas kann man Bewohner der **Arktis und Antarktis** unter Wasser beobachten, Fische, Meeressäuger oder Eisbären. Daneben bieten die **Botanical Gardens** Einblick in verschiedene Bereiche (tropisch, arid, Regenwald, Schmetter-

Nachgebaute Holzpalisaden des Fort Calgary

Kleiner Panda im Calgary Zoo

linge). Außer den Abteilungen Afrika, Australien, Eurasien und Südamerika findet man einen **Prähistorischen Park** mit Dinosauriern. Für Kinder gibt es altersgemäß besondere Angebote (Website oder Infos am Eingang).

206 E2 1300 Zoo Road NE
403 2 32 93 00 oder 1 800 5 88 99 93; www.calgaryzoo.org tägl. 9–18 Uhr (letzter Einlass 17 Uhr) 22,50$
Fastfood-Anbieter ($) C-Train Whitehorn-Linie bis Zoo Station

47 TELUS Spark. The New Science Center

Ein Muss für alle, die mit Kindern reisen (mit riesigem Angebot für alle Altersgruppen vom Kleinkind bis zum Erwachsenen). Das Wissenschaftsmuseum bezog 2011/2012 als aktuellstes seiner Art in Kanada einen futuristischen neuen Komplex nördlich des Calgary Zoo. Auch hier wird, wie schon am alten Sitz, ein großes Spektrum an interaktiven und High-Tech-Vorführungen geboten, zudem gibt es eine breite Palette wechselnder Ausstellungen zu diversen Themen aus den (Natur-)Wissenschaften.

Zu den Highlights zählt das stadionartig angelegte **Dome Theatre** mit 230 Plätzen. Mit seinem extravaganten Kuppeldach und der gebogenen Leinwand ermöglicht es gestochen scharfe Vorführungen von Filmen von den Gipfelregionen des Mount Everest bis hinab in die Tiefsee.

Das **Creative Kids Museum** gehört zu den unbestrittenen Attraktionen: In fünf Ausstellungsbereichen zu den Themen Kunst, Schauspiel, Musik und Literatur können Kinder bis acht ihre kreativen Fähigkeiten schulen. Sie können an Wänden (oder auf dem Computerbildschirm) malen und zeichnen, Musik hören und selbst produzieren oder kostümiert als Schauspieler »Theater«-Erfahrung sammeln. Die Devise heißt (auch im neuen Gebäude): mit Vergnügen lernen durch Interaktion und aktive Teilnahme.

Als interaktiver Spielplatz im Freien bietet der **Amazement Park** faszinierende Fakten und Erfahrungen: Man kann als menschlicher Schlitten durch riesige Röhren schießen, sich in einem System aus Spiegeln hundertfach reflektiert sehen, eine Bogenbrücke bauen oder bei den »Magical Music Makers« mit Trommel, »Donnerblech«, Rainstick und Röhrenglocken einen Heidenlärm erzeugen.

206 E1
220 St. George's Drive NE
403 8 17 68 00, www.sparkscience.ca
tägl. 9–17 Uhr (temporäre Ausstellungen auch länger) 17, 19, 119
Eintritt: 19,95$

Wohin zum ... Übernachten?

Preise
Für ein Doppelzimmer pro Nacht (ohne Steuern):
$ unter 100 CDN $ **$$** 100–200 CDN $ **$$$** 200–300 CDN $
$$$$ über 300 CDN $

Kensington Riverside Inn $$$/$$$$

Intimes 19-Zimmer-Boutiquehotel am Ufer des Bow River im angesagten Ausgehviertel Kensington. Downtown Calgary ist via Fußgängerbrücke gut zu erreichen. Die Zimmereinrichtung folgt urban-funktionalem Design, warme Farben sorgen für Gemütlichkeit. Alle Zimmer verfügen über WLAN, TV-Flachbildschirm, Soundsystem und geräumige Badezimmer. Das Gourmet-Restaurant Chef's Table bietet raffinierte regionale Küche mit Produkten aus Alberta.

206 C1 ✉ 1126 Memorial Drive NW ☎ 403 4 44 2, gebührenfreie Reservierung 1 877 3 13 37 33; www.kensingtonriversideinn.com

Days Inn-Calgary Airport $$/$$$

Die meisten Hotels in Downtown sind relativ teuer – als Alternative bieten sich Adressen etwas außerhalb an. Ist die Umgebung hier auch alles andere als idyllisch, so findet man doch bequeme Zimmer der Business Class. Shuttle-Verbindung zum Flughafen, nach Downtown dagegen geht es mit Taxi oder öffentlichem Nahverkehr (10 Minuten Fußweg zur C-Train-Station).

206 bei E1 ✉ 2799 Sunridge Way NE, T1Y 7K7 ☎ 403 2 50 32 97, gebührenfrei 1 800 3 29 74 66; www.daysinn.com

Fairmont Palliser $$–$$$$

Eines der legendären Hotels von Calgary, dank seiner einstigen Zugehörigkeit zur illustren Canadian-Pacific-Kette (nun von Fairmont übernommen), zu der auch das Banff Springs (► 157) und das Chateau Lake Louise gehören. Errichtet 1914, war das Palliser immer erste Wahl bei VIPs wie gekrönten Häuptern. Die geräumigen, traditionell möblierten Zimmer sind ausnahmslos klimatisiert, zu den Wellness-Einrichtungen gehören Sauna, Health Club und Fitnessbereich.

206 B3 ✉ 133-9th Avenue SW, T2P 2M3 ☎ 403 2 62 12 34, gebührenfrei in Nordamerika 1 866 5 40 44 77; www.fairmont.com/palliser

Sandman Hotel Calgary City Centre $$

Das moderne Hochhaushotel im mittleren Preissegment liegt verkehrsgünstig im Westen der Innenstadt (u. a. mit C-Train-Anschluss). Attraktiver Indoor-Pool.

206 A3 ✉ 888-7th Ave SW, T2P 3J3 ☎ 403 2 37 86 26, gebührenfrei 1 800 7 26 36 26; www.sandmanhotels.com

The Westin Calgary $$$/$$$$

Das schöne Hotel mit modernen, geschmackvoll ausgestatteten Zimmern und Luxus-Suiten liegt günstig in der Innenstadt. Zu den Einrichtungen zählen Indoor-Pool, Dach-Sauna und Whirlpool, Fitnessraum und Restaurant. Kinder (die bis 18 kostenlos bei den Eltern wohnen!) werden im Kids' Club betreut; auch Haustiere sind willkommen.

206 A3 ✉ 320-4th Avenue SW, T2P 2S6 ☎ 403 2 66 16 11, gebührenfrei in Nordamerika 1 888 6 27 84 17; www.westincalgary.com

Wohin zum ...
Essen und Trinken?

Preise
Für ein Drei-Gänge-Menü (ohne Getränke und Service):
$ unter 50 CDN $ **$$** 50–100 CDN $ **$$$** über 100 CDN $

RESTAURANTS

Earls Calgary Downtown Tin Palace $$
Solide Restaurantkette im mittleren Preissegment. Oft überraschend originelle Gerichte aus aller Herren Länder.
206 bei A3 2401-4th Street SW, T2S 1X5 403 2 28 41 41; www.earls.ca Mo–Do 11–24, Fr, Sa 11–1, So 11–23 Uhr

Joey Eau Clair $/$$
Auch diese Filiale der beliebten Restaurantkette am Rande des Eau Claire Market steht für eine lebhafte Atmosphäre sowie für ein vielfältiges Angebot der New World Cuisine: Vorspeisen, Salate, Steaks, Huhn und Fisch, zudem Pfannengerichte, kreativ abgewandelt und gewürzt. Lecker auch die Sandwiches.
206 C1 200 Barclay Parade SW, T2P 4R5 403 2 63 63 36; www.joeyrestaurants.com Mo–Sa 11–2, So 11–24 Uhr

River Café $$/$$$
Unprätentiöse Top-Adresse für einen Restaurantbesuch. Es liegt auf einer parkartigen Insel im Bow River, nur eine Minute vom Eau Claire Market, und lässt sofort die Handschrift eines ambitionierten Küchenchefs erkennen (mit Sympathie für die Prinzipien von »Ocean Wise«; ➤ 29). Regelmäßig wechselnde Karte mit Schwerpunkt Pacific Northwest Cuisine und zuweilen Wild. Nur mit Reservierung.
206 C1 25 Prince's Island Park, T2P 0R1 403 2 61 76 70; www.river-cafe.com Mittagessen: Mo–Fr 11–15 Uhr; Brunch: Sa, So 10–15 Uhr; Abendessen: tägl. 17–22 Uhr; Jan. geschl.

Teatro $$$
Hier liefert man sich mit dem River Café (➤ links; gleiche Betreiber) ein Kopf-an-Kopf-Rennen um den Titel bestes Restaurant der Stadt – welchen das Teatro auch dadurch oft erringt, dass es sich, getreu seinem Namen, im Ambiente noch einen Tick gediegener und effektvoller zu inszenieren versteht. So logiert es im Herzen von Downtown in einem repräsentativen ehemaligen Bankgebäude – entsprechender Dresscode inbegriffen. Kulinarische Anregungen (neben Zutaten aus bevorzugt regionaler Öko-Produktion) bezieht man aus Norditalien (Hummer Ravioli), aber auch aus Fernost und der West Coast Cuisine (Fisch und Meeresfrüchte).
206 B3 200-8th Avenue SE T2G 0K7 403 2 90 10 12; www.teatro.ca Mo–Fr 11.30–14 Uhr; Abendessen: tägl. 17–22 Uhr

BARS

Brewsters Brewpub $/$$
Mitglied der Saskatchewan-Brauereikette (mehrere Filialen in Calgary) mit 14 von deren ausgezeichneten, saisonal wechselnden

GÜNSTIG SPEISEN
Wer auf der Suche nach einem **günstigen Mittagessen** ist, kann auch den Eau Claire Market (➤ 173) mit seinen Lebensmittel- und Restaurantständen oder die Shopping Malls ansteuern.

Biersorten (neben internationalen Importbieren), darunter »Flying Frog« oder »Rig Pig Pale Ale«. Ausgezeichnetes Speisenangebot. Sommers sitzt man draußen im Patio.
206 bei A3 834-11th Avenue
403 2 65 27 39; www.brewsters.ca
So–Mo 11–24, Di–Do 11–1, Fr–Sa 11–2 Uhr

The Joyce on 4th $$
Das beliebte Pub im Mission District hebt sich ab von der Masse pseudo-irischer Bars. So punktet es u. a. mit einer stilvollen, teilweise historischen Einrichtung wie einem schmucken viktorianischen Vordach und einer langen Bar aus Mahagoniholz. Frisch gezapftes Guinness trägt zur Atmosphäre bei, begleitet von ordentlich zubereiteter rustikaler Pub-Küche mit Gerichten wie »Irish Stew« oder »Fish and Chips«. Freitag- und samstagabends häufig irische Livemusik und Tanz.
506-24th Avenue SW, T2S 0K4
403 5 41 91 68; www.calgarysbestpubs.com/Joyce/index.htm Mo–Fr 11–2, Sa 9–2, So 9–23 Uhr

Wohin zum ... Einkaufen?

Vor allem wegen des grimmingen Winters konzentrieren sich die Läden in Shoppingcentern, in **Downtown** besonders entlang der 8th Avenue zwischen 5th Street SW und 1st Street SE, darunter: **The Bay** (8th Avenue SW; Tel. 403 2 62 03 45; www.thebay.com); **The Core** (7th Avenue, Ecke 2nd Street SW; Tel. 403 4 41 41 90; www.coreshopping.ca); und die **Stephen Avenue Mall**. Spezialgeschäfte findet man im **Eau Claire Market** (► 173) und im Kensington-Viertel (10th Street NW, Ecke Kensington Road).

Tipps bietet auch das Monatsmagazin ***Where Calgary*** (www.where.ca/calgary), kostenlos erhältlich im Visitor Center und in Hotels.

Wohin zum ... Ausgehen?

Calgary besitzt mehrere hervorragende Theater, Kinos und klassische Orchester, aber auch sehr gute Bars, Kneipen und Clubs mit Livemusik und Tanz. Kultureller Brennpunkt ist das **Epcor Centre for Performing Arts** mit seinen fünf Spielstätten (205-8th Avenue SE; Tel. 403 2 94 94 94; www.epcorcentre.org). Das Visitor Center (► 35) erteilt Auskünfte zu kulturellen Veranstaltungen wie den Konzerten des renommierten **Calgary Philharmonic Orchestra** (Tel. 403 5 71 02 70; www.cpo-live.com).

Bei **Ticketmaster** (www.ticketmaster.ca) erhält man Infos über **Sportereignisse** (wie Spiele der Eishockeymannschaft Calgary Flames) – außerdem Karten für Kultur- und Sportveranstaltungen.

Live-**Jazz** gibt es bei **Beat Niq** (811-1st Street SW, Tel. 403 2 63 16 50; www.beatniq.com), **Rockmusik** im Club **Back Alley** (4630 McLeod Trail S; Tel. 403 2 87 25 00; www.mybackalley.com).

Als führender Country-Tempel gilt das **Ranchman's** (9615 Macleod Trail; Tel. 403 2 53 11 00; www.ranchmans.com), fünfmal in Folge Gewinner des Canadian Country Music Association's Award als bester Club.

Bars wie das **Castle Pub** (1217-1st Street SW; Tel. 403 2 64 57 59) bieten häufig Livemusik. Diesbezüglich viel geboten wird auch an der **17th Avenue**, wegen der hohen Dichte von Bars und Clubs auch als »Electric Avenue« bezeichnet – manche allerdings sind Touristenfallen und lohnen keinen Besuch.

Spaziergänge & Touren

1 VANCOUVER

Spaziergang

LÄNGE: 3 km **ZEIT:** 2 Stunden (plus Zeit für Schaufensterbummel, Erfrischungspause und Museumsbesuch) **START:** Canada Place 205 E3 **ZIEL:** Granville Island 204 C1

Dieser Spaziergang führt von Nord nach Süd über die Downtown-Halbinsel von Vancouver, ausgehend vom berühmten Canada Place über die beiden wichtigsten Straßen der Stadt (Burrard und Robson Street) zum Library Square, dann durch das Szene-Viertel Yaletown und schließlich per Fähre hinüber nach Granville Island.

1–2

Beginnen Sie mit einem Besichtigungsrundgang um den **Canada Place** (▶ 60) und verlassen Sie dann den Platz geradewegs Richtung Innenstadt über die Hauptstraße hinüber, nun erst ein paar Schritte nach rechts und schließlich links in die Burrard Street. Dort stoßen Sie bei Hausnummer 355 auf den Art-déco-Palast des **Marine Building** aus dem Jahr 1930. In seinem Aussehen an das Empire State Building in New York angelehnt, besitzt es außergewöhnlichen Fassadenschmuck mit Reliefs zu den Themen Aeronautik und Meeresleben. Hinter dem imposanten Portal wartet eine monumentale Eingangshalle mit in den Marmorboden eingelassenen Tierkreiszeichen, Holzschmuck und glänzenden Aufzugtüren.

Zwei Blocks weiter ragt links in einem schönen Park mit Wasserfall die **Christ Church Cathedral** auf, ein neogotischer Bau von 1895. Mitte der 1930er-Jahre wäre er beinahe im Zuge eines kühnen Modernisierungsprogramms abgerissen worden. Heute steht er in interessantem Kontrast zum postmodern gestalteten Cathedral Place von 1991.

2–3

Gleich nebenan, wo der Cathedral Place in die West Georgia Street übergeht, erhebt sich der Koloss des Fairmont **Hotel Vancouver** von 1929 mit seinem markanten grünen Dach aus patiniertem Kupfer.

Portal des Marine Building

Rechts oben: Die anglikanische Christ Church Cathedral

Vancouver Art Gallery (➤ 63). Das Café des ehemaligen Gerichtsgebäudes im klassizistischen Stil eignet sich perfekt für eine Pause, vor allem bei schönem Wetter, wenn man draußen sitzen kann.

3–4

Der Hauptausgang geht hinaus auf den **Robson Square**,

Folgen Sie weiter der West Georgia Street bis zur Hornby Street und dieser links entlang bis zur **Bill Reid Gallery of Northwest Coast Art** (➤ 65). Nun geht es zurück zur West Georgia Street und der HSBC Bank mit ihrer stolzen **Atrium Gallery**, wo neben Kunstwerken ein gewaltiges Pendel zu sehen ist. Verlassen Sie jetzt die West Georgia Street und gehen auf der Hornby Street zur

In der Vancouver Art Gallery

einen teilweise abgesunkenen großen Platz, an dem auch die Robson Street beginnt. Folgen Sie ihr nach links durchs Passantengetümmel und queren Granville Mall, Seymour Street, Richards Street und Homer Street, bis Sie die imposanten Konturen des **Library Square** vor Augen haben. Die frappante Ähnlichkeit des Gebäudes, das die **Vancouver Public Library** beherbergt, mit dem Kolosseum in Rom ist nach Aussage der Architekten reiner Zufall.

Stadtbibliotheken stehen für gewöhnlich selten auf touristischen Besichtigungslisten, doch in diesem Fall sollten Sie eine Ausnahme machen: Der siebenstöckige Bau ist eine architektonische Sensation. Und unter seinen Arkaden lockt gleich eine ganze Phalanx hübscher Cafés.

4–5

Vom Centre in Vancouver for Performing Arts erblickt man am Ende der Robson Street die mächtige Kuppel des **BC Place Stadium.** Einst für die Expo 1986 gebaut, ist es heute Domizil von Sportveranstaltungen und Messen. Das auffällige Fiberglasdach des von den Einheimischen respektlos »mushroom« (Pilz) oder »marshmallow in bondage« (gefesselter »Mäusespeck«) genannten Gebäudes ist eines der weltweit größten aufblasbaren Lustkissendächer; 16 Ventilatoren speisen es. Gehen Sie nun die Homer Street gen Süden, vorbei an Chintz & Company, einer Fundgrube für Einrichtungsgegenstände (➤ 82).

5–6

Auf der Homer Street gibt es sonst nichts Nennenswertes zu sehen, biegen Sie daher links in die Helmcken Street, wo Sie sich unversehens im einstigen Glasscherbenviertel **Yaletown** wiederfinden, heute eine der angesagtesten Bezirke der Stadt. Ehemalige Speichergebäude wurden zu chicen Apartmenthäusern umgebaut und die Straßen quellen förmlich über von Kunstgalerien, Buchhandlungen, Bars und Restaurants: Metamorphosen, wie man sie auch aus Berlin kennt.

Hier kann man wunderbar herumbummeln oder in einem der Straßencafés abhängen und das bunte Völkchen an sich vorüberziehen lassen (die Laderampen der Speicherhäuser sind ideale Terrassen). Als Publikumsmagnet wirkt die **Yaletown Brewing Company** (1111 Mainland, ➤ 81), eine Kombination von Bar, Pub und Restaurant mit hauseigener Brauerei.

6–7

Von Yaletown kommen Sie westlich zunächst durch eine Wohngegend, von der Hamilton Street rechts via Davie oder Drake Street. Überqueren Sie Granville und Howe Street und halten Sie sich dann auf der Hornby Street linker Hand, dann landen Sie irgendwann am Ufer des False Creek. An einem kleinen Landungssteg kann man eine Fähre nach **Granville Island** (➤ 58) besteigen und dort als Abschluss des Spaziergangs noch ein wenig herumspazieren.

Ins Stadtzentrum zurück kommt man mit dem Bus, Unternehmungslustige nehmen die Fähre Richtung Vanier Park und Maritime Museum sowie Museum of Vancouver (➤ 66).

2 VICTORIA

Spaziergang

LÄNGE: 2,5 km **ZEIT:** 1½ Stunden (plus Zeit für Schaufensterbummel, Erfrischungspause und Museumsbesuch) **START/ZIEL:** Inner Harbour Visitor Centre 203 A4

Ein Gang durch das Herz der historischen Altstadt von Victoria, ausgehend vom herrlichen Hafen und vorbei an vielen Sehenswürdigkeiten. Nicht nur die blumengeschmückten Hauptstraßen liegen am Weg, sondern auch einige attraktive Nebenstraßen, Market Square und Chinatown als Heimat schöner Geschäfte.

1–2

Wenden Sie sich am Eingang des Visitor Centre nach rechts, die Stufen hinab zum Wasser. Gehen Sie am anderen Ende die Treppe wieder hinauf und überqueren die Belleville Street mit Blick auf die **Parliament Buildings** (► 90). Dorthin führt Sie nun in östlicher Richtung der Weg bis zur Government Street und rechts der Allee mit den Totempfählen neben dem **Royal British Columbia Museum** (► 96). Zu Ihrer Linken erblicken Sie das **Helmcken House** (► 102) und gleich nebenan das **St. Anne's Schoolhouse**. Dazwischen zweigt die Douglas Street ab, die es nun nach links entlanggeht; dann erneut links auf die Belleville Street. Durch einen Park gelangen Sie von dort zum **Empress Hotel** (► 104) und auf der Government Street zum Visitor Centre.

2–3

Die Government Street ist eine der beiden lebhaftesten Geschäftsstraßen Victorias. Die erste der netten Seitenstraßen in nördlicher Richtung ist die Courtney Street – nach einem Schlenker über die Kreuzung geht's zur lukullischen Verlockung von **Rogers' Chocolates** (► 107). Biegen Sie nun gen Osten in die Courtney Street, so erreichen Sie nach der Einmündung der Gordon Street bei Nr. 631 den **Victoria Bug Zoo** (► 185), eine Menagerie lebender Insekten und anderer Kleintiere, darunter auch Skorpione und Taranteln.

3–4

Zurück zur Gordon Street, halten Sie sich rechts, so auch an der Kreuzung zur Broughton Street. Nach Einmündung der Broad Street erwartet Weinliebhaber in Nr. 644 **The Wine Barrel** (Tel. 250 3 88 06 06; www.thewinebarrel.com) mit einer breiten Auswahl guter Tropfen aus British Columbia

***Old Town 1880*, Skulptur von Luis Merino am Market Square**

Bastion Square in der Altstadt, wo einst das Fort stand

und anderen Regionen. Nun beschwingt zurück und wieder rechts zur Government Street, deren Nebenstraßen Broad und Fort Street gesäumt sind von netten Läden und Restaurants, darunter das quicklebendige **Pagliacci's** (1011 Broad Street, ➤ 106). In der Fort Street 665 findet sich die älteste hiesige Galerie für Kunst der Ureinwohner, die **Alcheringa Gallery** (➤ 185), während nicht weit von hier die **Artevo Gallery** (Tel. 250 389 16 99; www.artevo.com) international ausgerichtet ist. Von der Fort Street gelangt man auch ins Kaufhaus **Bay Centre** (Tel. 250 952 56 80; www.thebaycentre.ca).

4–5

An der Kreuzung Fort Street und Government Street stehen Sie vor Nr. 1022 auf historischem Boden: Dort befand sich das Zentrum des 1843 von der Hudson's Bay Company erbauten Fort Victoria. Auf dem Gehsteig weisen helle Steine und an der Mauer Plaketten auf den einstigen Grenzverlauf der Befestigungen des Forts hin, das sich westlich über Fort Street und Broughton Street bis zum Bastion Square (➤ 95) erstreckte.

Die Government Street nordwärts entlang kommen Sie nun zur View Street und halten sich dann an der Kreuzung Trounce Alley rechts. Hier tauchen Sie richtig ein in das alte Victoria mit Gaslaternen, Wappenzierrat und bunten Hängekörben. Die Bars und Bordelle sind inzwischen ehrwürdigeren Lädchen und Boutiquen gewichen – einen kurzen Besuch wert ist besonders das hübsche Gartengeschäft **All in Bloom** (Nr. 616; Tel. 250 383 18 83).

Wenden Sie sich an der Broad Street nach links und biegen, nach Überqueren der Yates, links in die Johnson Street ein. Ein Stück in westlicher Richtung, nach der Kreuzung zur Government Street, befindet sich ein Eingang zu den Läden, Restaurants und Bars des **Market Square** (➤ 107).

5–6

Auf zwei Stockwerken lässt sich in den Geschäften des Market Square herumstöbern. Zurück auf der Johnson Street, halten Sie sich westwärts, biegen rechts in die Store Street ein und gelangen über die zweite Straße rechts, die (nicht beschilderte) Fisgard Street, nach **Chinatown** (➤ 73). Auf halbem Weg kreuzt die ehemalige Schlagader des Viertels, die **Fan Tan Alley**, benannt nach einem chinesischen Glücksspiel. Die »schmalste Gasse der Welt« war einst gesäumt von Bordellen, Bars und Opiumhöhlen, heute beherrschen vergleichsweise banale Chinaläden, Galerien, Boutiquen und New-Age-Geschäfte die Szene.

6–7

Zurück auf der Store Street, folgen Sie ihr links bis zur Johnson Street, wo sie als Wharf Street weiterführt. Nach knapp 200 m gelangen Sie links zum **Bastion Square** mit **Maritime Museum** (➤ 95) sowie diversen Cafés und Kneipen. Ein paar Schritte weit entfernt, an der Ecke

zur Langley Street, können Sie sich an den gesunden Köstlichkeiten laben, die die **ReBar** (➤ 107) in Nr. 50 zu bieten hat.

Nun sind Sie gestärkt für den Rückweg zum Inner Harbour, wo Sie ein buntes Ensemble von Galerien, Läden und Lokalen aller Art in pittoresker Umgebung erwartet – und außerdem die Schiffe, die zum Whale-Watching (➤ 89) hinausfahren.

SEHENSWÜRDIGKEITEN AM WEG

Alcheringa Gallery
✉ 665 Fort Street ☎ 250 3 83 82 24; www.alcheringa-gallery.com 🕐 Mo–Sa 10–18, So 13–17 Uhr 💰 frei

Victoria Bug Zoo
✉ 631 Courtney Street
☎ 250 3 84 28 47; www.bugzoo.ca
🕐 Mo–Sa 10–18, So 11–18 Uhr 💰 10 $

3 VON KELOWNA NACH NELSON

Tour

LÄNGE: 363 km **DAUER:** 2-3 Tage (eventuell zusätzlicher Aufenthalt in Kaslo) **START:** Kelowna ⊞ 199 E2 **ZIEL:** Nelson ⊞ 200 B1

Es gibt zwei Hauptrouten durch British Columbia: den Trans-Canada-Highway (Nr. 1) und den Highway 3 entlang der Grenze zu den USA. Landschaftlich noch reizvoller und abwechslungsreicher präsentiert sich ein Weg über Nebenstraßen, der über Okanagan und die Kootenays sowie die Städtchen Kelowna und Nelson führt: Highlights statt Highways, sozusagen. Und anschließend ist man, wenn man möchte, schnell in den Rocky Mountains.

❶–❷

Ist die Zeit knapp, fährt man von **Kelowna** (➤ 114) über den Highway 97 am Ostufer des Okanagan Lake entlang nach Vernon (46 km). Vor allem zu Beginn ist dies jedoch eine recht unattraktive Strecke, gesäumt von Malls, Hotels und anderen Banalitäten. Empfehlenswerter ist daher, stattdessen über die Pontonbrücke das Westufer anzusteuern und der ruhigen, hübschen **Westside Road** nordwärts zu folgen. Erst nach dem Besuch der **O'Keefe Ranch** (➤ 115) kommt man dann auf den Highway 97, von wo es nur noch 12 km bis **Vernon** (➤ 115) sind.

❷–❸

Halten Sie sich in Vernon auf dem Highway 6 Richtung **Coldstream** und Lumby (26 km). Nach dem Ortsausgang führt die Straße in sachter Steigung durch das **Coldstream Valley**, vorbei an Obstgärten, grünen Wiesen und baumbestandenen sanften Hügeln, aus denen immer wieder kleine Bauernhöfe mit schönen alten Holzscheunen auftauchen. In **Lumby** gibt es ein nur im Sommer geöffnetes Besucherzentrum (www.monasheetourism.com), das Informationen zur Region und Wildnis des **Monashee Provincial Park** bereithält. Er ist 33 km nördlich von hier über ein holpriges Sträßchen und den Weiler Cherryville erreichbar. Hinter Lumby wird die Szenerie am Highway 6 zusehends eindrucksvoller: Wälder, zerklüftete, schneebedeckte Berge, blumenübersäte Täler. Bald kommt man zum **Monashee Pass** (1205 m) und mitten durch die Einsamkeit schließlich zur Fähre von **Needles:** Insgesamt sind es knapp 200 km, die Sie nun ab Vernon zurückgelegt haben.

❸–❹

Nun geht es mit der Fähre (5–22 Uhr, ungefähr jede halbe Stunde; www.th.gov.bc.ca/marine) über den **Lower Arrow Lake** nach **Fauquier**, einem Flecken mit Tankstelle, Laden und Motel, dann 58 km über die Nr. 6 nordwärts am See entlang über Burton und East Arrow Park bis **Nakusp** (➤ 122). Dies ist ein hübsches Badeörtchen mit kleinem Strand vor der Kulisse der Selkirk Mountains im Osten, wo man auch übernachten, Boot fahren und die Thermalquellen besuchen kann. Gleich südöstlich des Ortes entfaltet sich auf dem Weg nach New Denver (48 km) die herrliche Ge-

Von Kelowna nach Nelson

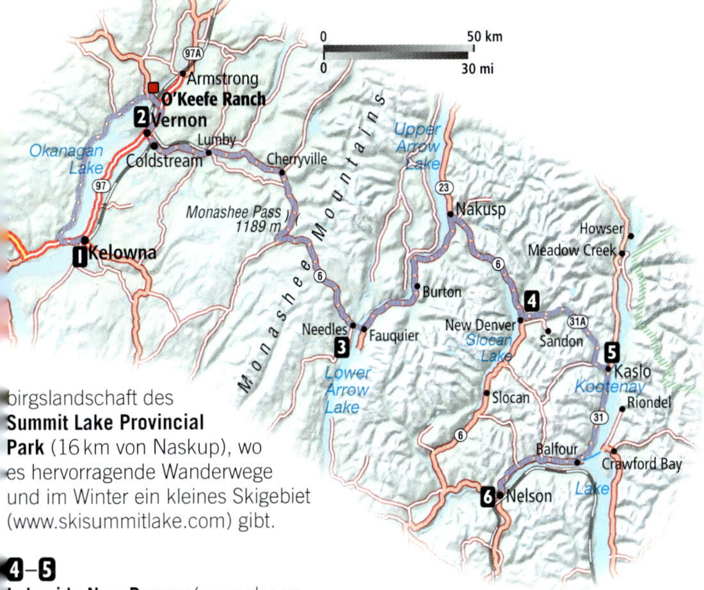

birgslandschaft des **Summit Lake Provincial Park** (16 km von Naskup), wo es hervorragende Wanderwege und im Winter ein kleines Skigebiet (www.skisummitlake.com) gibt.

4–5

Lakeside New Denver (www.slocanlake.com) verdankt, wie viele Orte der Kootenays, seinen Ursprung dem Bergbau, vor allem dem Silberboom der 1890er-Jahre. Seine stillen, baumgesäumten Sträßchen bergen noch einen Hauch von Pionierflair. Nach einem Zwischenstopp geht es weiter südwärts auf dem Highway 6 Richtung Slocan, am **Slocan Lake Viewpoint** (6 km von Denver) vorbei. Und wer sich an Bergen und Seen nicht sattsehen kann, sollte noch dem **Valhalla Provincial Park** einen Besuch abstatten.

Statt direkt nach Nelson zu fahren (Hwy. 6), bietet sich ein Abstecher über Highway 31A in die Geisterstadt **Sandon** an (13 km östlich von New Denver). Danach strebt die Straße mit wunderbarer Panoramasicht hinauf zum Fish und Bear Lake, dann am Kaslo River entlang nach Kaslo (► 121), einem der reizvollsten Städtchen in British Columbia (47 km von New Denver).

Weinreben im Okanagan Valley

5–6

Kaslo ist ein hübscher Ort, in dem man durchaus ein paar Tage verweilen kann. In der Umgebung gibt es gute Ausflugsmöglichkeiten, etwa eine Seenumrundung über **Lardeau** oder **Argenta** im Norden und südlich über **Balfour** nach Nelson (70 km). Hinter Nelson gelangt man via Highway 6 und 3 (Crowsnest Highway) sowie **Creston** und Highway 95 zu den nördlich gelegenen **Nationalparks der Rockies** (► 139–154), auf die unterwegs majestätische Berge einstimmen.

4 LAKE LOUISE

Wanderung

LÄNGE: Chateau Lake Louise bis Lake Agnes 3 km, einfach (400 m Steigung). Plain of Six Glaciers bis Chateau Lake Louise 5,3 km, einfach (367 m Steigung) **ZEIT:** 3–5 Stunden, je nach Fitness und Abstechern **START/ZIEL:** Chateau Lake Louise 200 C4

Bei einer Wanderung um den Lake Louise bekommt man Vielerlei geboten: das glitzernde Wasser des Sees vor gewaltiger Bergkulisse, sanfte Täler, endlose Gletscher – und nach all diesen landschaftlichen Sensationen noch eine Tasse Tee. Vom Hotel Chateau Lake Louise führen erstklassige Wege zur Postkartenidylle des Lake Agnes mit seinem hölzernen »Teehaus«, dann hat man die Wahl zwischen diversen großartigen Aussichtspunkten und zwei Wegen am Lake Louise, die direkt zum Hotel zurückführen. Allein ist man hier nicht gerade unterwegs, doch vermag die Schönheit der Landschaft trefflich darüber hinwegzutrösten.

1–2

Auf in die Berge: Wenden Sie sich auf der Promenade vor dem Hotel Chateau Lake Louise dem Pfad zu Ihrer Rechten zu und nehmen dann denjenigen, der bald darauf erneut rechts abzweigt und weiter führt in Richtung **Lake Agnes**. Keine Sorge, hier kann man sich nicht verirren, auch wenn der Weg nun munter aufwärts mäandert durch den Fichtenwald, der gelegentlich Ausblicke auf das ausgedehnte Bow Valley zu Ihren Füßen freigibt. Jenseits des Lake Louise Village, am gegenüberliegenden Rand des Tals, erhebt sich der Mount Whitehorn (2686 m), Zentrum der hiesigen Skigebiets. Südlich am See macht ihm der Fairview Mountain (2744 m) Konkurrenz, zur Rechten überflügelt vom imposanten Mount Aberdeen (3152 m).

2–3

Die erste größere Weggabelung erreichen Sie am **Mirror Lake**, wo Sie dem ausgeschilderten, schnell steiler werdenden Pfad rechts zum gut 2000 m hoch gelegenen Lake Agnes folgen. Als wahres Naturwunder tut er sich plötzlich vor Ihren Augen auf, in seiner reizvollen Erscheinung nur noch übertroffen vom Anblick der Oase des **Lake Agnes Tea House** (geöffnet Juni–Mitte Okt. tägl. 9–18 Uhr). Auf den Wanderer warten dort zum Tee auch Sandwiches und Kuchen, sofern er nicht eine Suppe vorzieht. Oft herrscht Andrang, Wartezeit sollte man einkalkulieren. Vorgänger des schmucken Gebäudes aus dem Jahr 1981 war ein 1901 erbautes Refugium für Bergwanderer.

Nach einer Teepause geht es wieder zurück, was auf mindestens zwei Wegen möglich ist. So kann man einfach dem markierten Pfad nordöstlich des Teehauses Richtung **Little Beehive** folgen (einer wie ein Bienenkorb geformten Felsnase mit Fernblick) oder den längeren Weg um den See herum nehmen.

3–4

Im letzteren Fall geht es vom Teehaus die felsige Nordseite des Lake Agnes entlang. Am Ende des Sees steigt der Pfad im Zickzack zu einem Felssattel hinauf, wo Sie nun links einem schmäleren Pfad zum Gipfel des **Big Beehive Lookout** (2270 m) folgen. Nach etwa 200 m erwartet Sie dort ein wahrhaft atemberaubender Rundblick. Vom Sattel gelangen Sie wieder hinab auf den Hauptweg und gehen diesen links durch den Wald entlang steil bergab, bis Sie auf den nächsten größeren Wanderweg treffen.

Chateau Lake Louise ist Ausgangspunkt vieler schöner Wanderungen

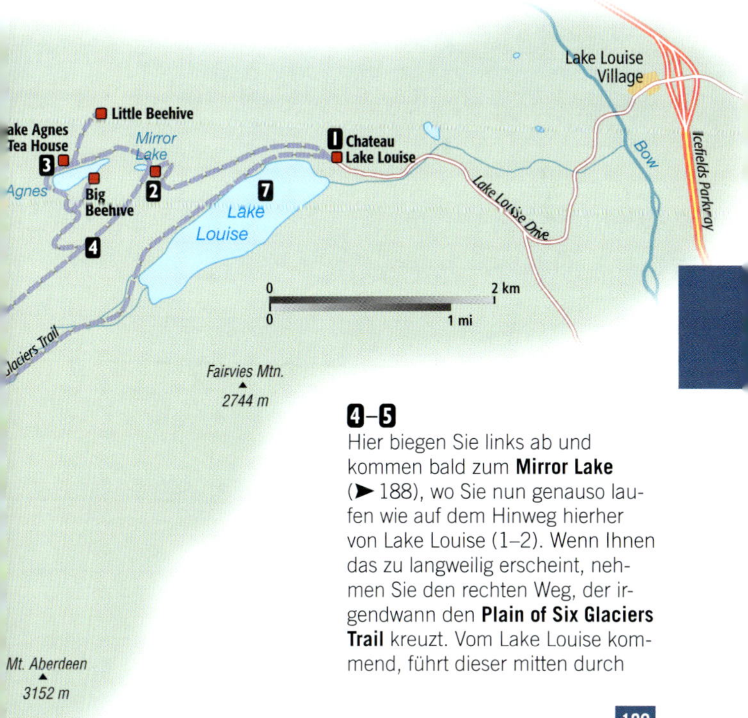

4–5

Hier biegen Sie links ab und kommen bald zum **Mirror Lake** (► 188), wo Sie nun genauso laufen wie auf dem Hinweg hierher von Lake Louise (1–2). Wenn Ihnen das zu langweilig erscheint, nehmen Sie den rechten Weg, der irgendwann den **Plain of Six Glaciers Trail** kreuzt. Vom Lake Louise kommend, führt dieser mitten durch

Im kristallklaren Wasser des Lake Louise spiegeln sich die umliegenden Berggipfel

die Bergwildnis und bietet hier eine exzellente Alternative als Rückweg zum Hotel Chateau Lake Louise. Hier erst auf diesen Trail zu wechseln, ist sogar interessanter, als ihn von Beginn an zu absolvieren. Und ganz unproblematisch ist es obendrein: Folgen Sie dem Weg einfach links hinab, dann landen Sie automatisch am See und wieder beim Hotel.

5–6

Wer sich noch etwas vornehmen möchte, wählt die rechten Abzweigung des **Plain of Six Glaciers Trail** und hat dann mit größerer Anstrengung zu rechnen, für die er aber reichlich belohnt wird (auch mit einem weiteren Teehaus!), wenn dieser Trail die »Ebene der sechs Gletscher« erreicht. Dort hat man einen fantastischen Blick auf den gewaltigen **Victoria Glacier** und die hoch aufragenden Gipfel des **Mount Victoria** (3564 m) sowie seiner Nachbarberge am Ende des Tals. Der Gletscher reichte einst bis an den Lake Louise heran, ist jedoch in den vergangenen 150 Jahren über 1 km geschrumpft. Moränen und Geröll ließ er dabei im Tal zurück, als Teil einer eindrucksvollen Szenerie zur Krönung Ihrer Wanderung.

6–7

Nun können Sie erstmal im **Tea House** (geöffnet Juni–Mitte Okt. tägl. 9–18 Uhr) alle Viere von sich strecken oder weitere 1,5 km auf sich nehmen bis zu einem schmalen Felsgrat unmittelbar oberhalb des Gletschers, genannt **The Lookout**. Wagen Sie sich hier vorsichtig so weit bis zum steilen Abgrund vor, wie Sie es sich zutrauen – die Sicht ist in jedem Fall überwältigend! Nach einer Pause im Teehaus winkt dann der lange Weg zurück zu den Niederungen des Lake Louise.

Praktisches

Praktisches

REISEVORBEREITUNGEN

WICHTIGE PAPIERE

● Erforderlich
○ Empfohlen
▲ Nicht erforderlich

	Deutschland	Österreich	Schweiz
Pass/Personalausweis	●	●	●
Visum	▲	▲	▲
Weiter- und Rückflugticket	●	●	●
Impfungen (Tetanus und Polio)	▲	▲	▲
Krankenversicherung	▲	▲	▲
Reiseversicherung (➤ #)	○	○	○
Führerschein (national)	●	●	●
Kfz-Haftpflichtversicherung	-	-	-
Fahrzeugschein	-	-	-

REISEZEIT

Vancouver

Hauptsaison | Nebensaison

JAN	FEB	MÄRZ	APRIL	MAI	JUNI	JULI	AUG	SEPT	OKT	NOV	DEZ
Hauptsaison	Hauptsaison	Hauptsaison	Nebensaison	Nebensaison	Hauptsaison	Hauptsaison	Hauptsaison	Hauptsaison	Hauptsaison	Nebensaison	Hauptsaison
6°C	7°C	11°C	14°C	17°C	21°C	23°C	22°C	19°C	14°C	9°C	6°C
Regnerisch	Regnerisch	Regnerisch	Bedeckt	Sonnig	Sonnig	Sonnig	Sonnig	Sonnig	Sonnig	Bedeckt	Bedeckt

Sonnig | Bedeckt | Regnerisch | Wechselhaft

Die Temperaturen bezeichnen die **durchschnittliche Tageshöchsttemperatur** im Monat. Die beste Reisezeit für West-Kanada sind die Monate Juli und August. Die Temperaturen klettern dann teilweise auf über 26 °C. Allerdings ist dann auch am meisten los. In den Rocky Mountains wird es zusätzlich während der Skisaison (Dez–März) recht voll. Im Winter kannn es in den Bergen extrem kalt werden. Bis zum Winterende sammeln sich in Whistler bis zu 3 m Schnee. Auch Sunshine Village in der Nähe von Banff gilt als schneesicher. Zum Herbstanfang und am Frühlingsende herrscht oft trockenes, angenehmes Klima; allerdings sind die kleinen Museen und Attraktionen oft nur zwischen Victoria Day (Montag vor dem 25. Mai) und Labour Day (erster Montag im September) geöffnet.

INFORMATION VORAB

Websites

- **http://de-keepexploring.canada.travel/**
- **British Columbia: www.hellobc.com**
- **Alberta: www.travelalberta.com**

ANREISE

Mit dem Flugzeug Die internationalen Flughäfen von Vancouver (Tel. 604 2 07 70 77; www.yvr.ca) und Calgary (Tel. 403 7 35 12 00 or 1 877 2 54 74 27; www.calgaryairport.com) werden von mehreren Fluglinien aus Europa zum Teil direkt angeflogen. Es gibt zwar Direktflüge nach Victoria, meistens müssen Sie aber in Vancouver oder Seattle umsteigen.
Die Lufthansa bietet Direktflüge nach Vancouver von München bzw. Frankfurt aus an. Die kanadische AirTransat fliegt ebenfalls direkt von München bzw. Frankfurt nach Calgary und Vancouver, allerdings nur im Sommer.

Flugreisende aus Österreich und der Schweiz müssen mindestens einen Zwischenstopp einlegen.

Alternativ können Sie von Seattle in den USA (ca. 200 km südlich von Vancouver) mit dem **Bus**, **Zug** oder **Mietwagen** nach Kanada einreisen. Das lohnt sich allerdings nur in Verbindung mit einer USA-Reise oder bei entsprechend günstigem Kurs des US-Dollar. Oft sind Mietwägen in den USA günstiger. Erkundigen Sie sich aber vorab in ihrem Reisebüro oder bei den Mietwagenfirmen nach den entsrechenden Bedingungen.

ZEIT

West-Kanada erstreckt sich über zwei Zeitzonen. In Alberta gilt die **Mountain Standard Time** (MST). Sie liegt acht Stunden hinter der Mitteleuropäischen Zeit zurück. Um eine weitere Stunde müssen die Uhren in British Columbia zurückgestellt werden. Dort gilt die **Pacific Standard Time** (PST).
Am zweiten Sonntag im März werden die Uhren um eine Stunde auf **Sommerzeit** vorgestellt; diese gilt bis zum ersten Sonntag im November.

WÄHRUNG UND GELDWECHSEL

Währung: Der Kanadische Dollar (CDN$) wird in 100 Cents (¢) unterteilt. **Münzen** sind im Nennwert von 1 ¢ (Penny), 5 ¢ (Nickel), 10 ¢ (Dime), 25 ¢ (Quarter), 50 ¢, 1 $ (Loonie, benannt nach dem Eistaucher auf der Rückseite) und 2 $ (Toonie) sowie **Noten** im Wert von 5, 10, 20, 50 und 100 $ im Umlauf.
Sie dürfen Zahlungsmittel maximal zum Gegenwert von 10 000 $ ein- bzw. ausführen. Höhere Beträge müssen beim Zoll deklariert werden.
Umtausch: Ausländische Währungen und Reiseschecks können Sie am Flughafen und den meisten Banken eintauschen. **Barabhebungen** können Sie mit EC und Kreditkarte an zahlreichen Geldautomaten (ATM = »automatic teller machine«) mit ihrer PIN durchführen. Fragen Sie vor Reiseantritt ihre Bank, ob ihre Karte und PIN in Kanada problemlos funktioniert. **Kreditkarten** (MasterCard, Visa und American Express, seltener Diners Club) werden so gut wie überall akzeptiert und sind teilweise (Autovermietung, Hotel) auch das einzig mögliche Zahlungsmittel.

DAS WICHTIGSTE VOR ORT

FEIERTAGE

1. Januar	Neujahr
März/April	Karfreitag, Ostern, Ostermontag
Mo vor dem 25. Mai	Victoria Day
1. Juli	Canada Day
Erster Mo im Sept.	Labour Day
Zweiter Mo im Okt.	Thanksgiving Day
11. Nov.	Remembrance Day
25. Dez.	Christmas Day
26. Dez.	Boxing Day

Am 1. Mo im August feiert British Columbia den British Columbia Day, und Alberta den Heritage Day. In Alberta ist zusätzlich am dritten Mo im Februar Family Day.

ELEKTRIZITÄT

Die Stromspannung beträgt 110/120 Volt (60 Hz). In der Regel brauchen Sie einen Adapter, da die Steckdosen nur zwei eckige Eingänge haben (Stecker-Typ A). Falls ihr Gerät nicht umschaltbar ist, brauchen Sie zusätzlich einen Transformator.

ÖFFNUNGSZEITEN

- Geschäfte
- Büros
- Banken
- Postämter
- Museen/Sehenswertes
- Apotheken

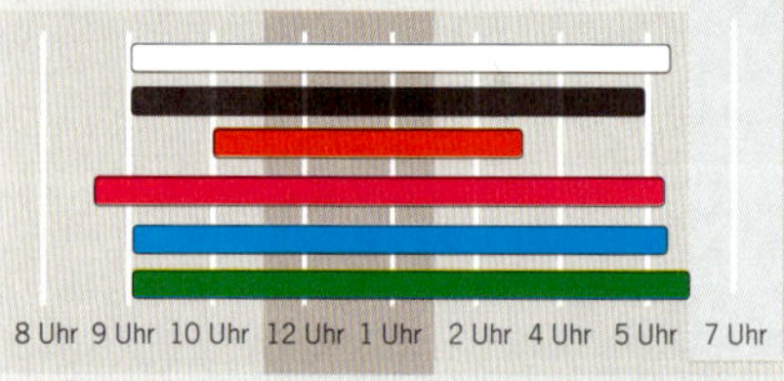

tagsüber mittags abends

Geschäfte: Mo–Sa 9–17.30 Uhr; manche Do und Fr länger.
Banken: Unter der Woche von 9–16 Uhr; längere Öffnungszeiten Do und Fr; einige haben Sa geöffnet.
Postämter: Normalerweise unter der Woche von 8.30–17.30 Uhr; manche auch Sa von 9–12 Uhr.
Museen: Normalerweise Mo–Sa 9–17.30 Uhr; manchmal So und in den Ferien.

TRINKGELD

Trinkgeld wird für Dienstleistungen erwartet. Als Richtlinie gilt:

Restaurants (Service nicht inklusiv)	15–20 %
Barkeeper	1–2 $
Fremdenführer	optional
Taxi	15 %
Zimmermädchen	optional
Gepäckträger	optional

VORSICHTSMASSNAHMEN

Visitor Center informieren über die akute Gefährdung durch Bären. Wasser in der Wildnis und in Thermalquellen enthält oft Darmparasiten. Moskitos und die Blackflies (Kriebelmücken) sind im Sommer ein Ärgernis. Zecken sind oft Überträger der Lyme Borreliose.

ZEITUNTERSCHIED

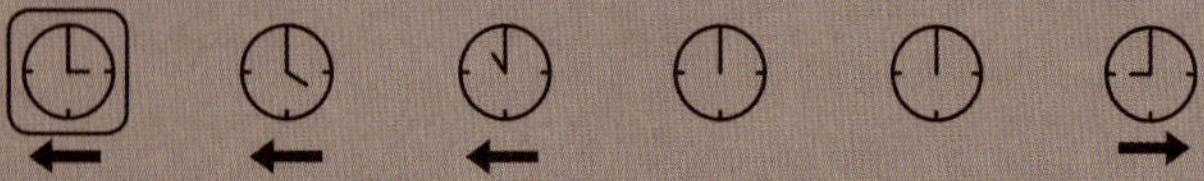

Vancouver	Calgary	London	Berlin	Wien	Sydney
3 Uhr	4 Uhr	11 Uhr	12 Uhr	12 Uhr	21 Uhr

IN KONTAKT BLEIBEN

Post Vancouvers Hauptpostamt liegt in der 349 West Georgia Street (Tel. 1 899 6 07 63 01; www.canadapost.ca) und hat Mo–Fr 9–17.30 Uhr geöffnet. Achten Sie auf Zweigstellen mit dem Logo der Canada Post in Geschäften, Supermärkten und Bahnhöfen.

Telefonieren Ortsgespräche kosten an öffentlichen Münztelefonen 50 ¢. Für Ferngespräche müssen Sie meist eine »1« vorwählen und werden dann vom *Operator* mit ihrer Durchwahl verbunden, der ihnen auch mitteilt, wie viel das Gespräch kostet. Die meisten öffentlichen Telefone akzeptieren mittlerweile auch Kreditkarten. Für R-Gespräche wählen Sie die »0« und lassen sich vom Operator verbinden.

Internationale Vorwahlen
Deutschland: 011 49
Österreich: 011 43
Schweiz: 011 41

Mobiltelefon Führende kanadische Mobilfunkanbieter sind Bell, Telus und MTS. Quadband-Handys kommen mit den in Kanada verwendeten Frequenzen zurecht, allerdings sind Telefongespräche, vor allem nach Europa, recht teuer. Roger Wireless hat mit einigen europäischen Anbietern Spezialtarife vereinbart, am besten erkundigen Sie sich bei ihrem heimischen Provider.

Wi-Fi und Internet In Städten wie Vancouver, Victoria oder Calgary finden Sie **WLAN-Hotspots** in zahlreichen Bars Cafés und Hotels, freie Internetzugänge oft in Büchereien. Auf dem Land, besonders in den Bergen, haben Sie oft gar keine Verbindung. Eine Übersicht über kostenlose Hotspots finden Sie z. B. unter www.jiwire.com.

SICHERHEIT

Reisen in West-Kanada ist grundsätzlich sicher. Trotzdem sollten Sie die üblichen Vorsichtsmaßnahmen beherzigen.

- Vermeiden Sie nach Einbruch der Dunkelheit Bahnhöfe, Parks und unbelebte Seitenstraßen. Im Stanley Park von Vancouver kam es immer wieder zu schwulenfeindlichen Übergriffen. Vancouvers zentraler Busbahnhof und der Bahnhof liegen etwas abseits – seien Sie vorsichtig, wenn Sie spät ankommen. Vermeiden Sie die zwielichtigen Gassen von Chinatown, East Hasting, East Cordova, Powell und Main.
- Nehmen Sie nicht mehr Bargeld mit als nötig, verwahren Sie Pässe und Kreditkarten im Brustbeutel oder Sicherheitsgürtel.
- Lassen Sie die übrigen Wertsachen im Hotelsafe.
- Lassen Sie keine Wertsachen im Fahrzeug, auch wenn dieses auf einsamen Parkplätzen im Hinterland oder in den Bergen abgestellt wird.
- Melden Sie Diebstähle der Polizei (als Beweis für ihre Versicherung).

Polizei:
☎ **911 von jedem Telefon**

POLIZEI 911
FEUERWEHR 911
NOTARZT 911

Praktisches

GESUNDHEIT

Krankenversicherung: Eine Auslandskrankenversicherung ist sehr zu empfehlen. Die gute medizinische Versorgung ist sehr teuer, direkt im Anschluss an die Behandlung zu entrichten und Kreditkartenzahlung nicht immer möglich.

Zahnarzt: Die zahnärztliche Versorgung ist sehr gut, aber ebenso wie die allgemeine medizinische Versorgung auch sehr teuer. Ihre Krankenversicherung sollte auch für Zahnarztkosten aufkommen. Falls Sie einen Zahnarzt suchen, hilft Ihnen die Hotelrezeption oder ein Blick in die Gelben Seiten (www.yellowpages.ca) weiter.

Wetter: Das Wetter unterscheidet sich oft schon auf kurze Distanzen und oft extrem. Vancouver hat gemäßigtes Klima, allerdings ist es – außer im Sommer – oft regnerisch.

Medikamente: Rezeptfreie Medikamente gibt es in Supermärkten und Drogerien, verschreibungspflichtige nur in Apotheken. Viele Städte haben einen 24-Stunden-Notdienst.

Trinkwasser: Leitungswasser, bis auf einige Campingplätze, sicher. Frisches Quellwasser sollten Sie 10 Minuten abkochen.

ERMÄSSIGUNGEN

Kinder/Studenten: Viele Hotels bieten Kindern Rabatt oder kostenlose Übernachtungsmöglichkeiten im Elternzimmer, Restaurants oft spezielle Kindermenüs an. Kinder bis 2 Jahre reisen mit Via Rail umsonst, bis zum 11. Lebensjahr wird nur die Hälfte des Fahrpreises fällig. Studentenpässe bieten Ermäßigungen zwischen 10 und 50 %. Ermäßigungen gibt es auch für viele Museen und Attraktionen.

Senioren: Neben Sehenswürdigkeiten und Museen bieten auch viele öffentliche Verkehrsmittel je nach Ticket Ermäßigungen an. Seniorenrabatten gelten mal ab 60, mal erst ab 65 Jahren.

EINRICHTUNGEN FÜR BEHINDERTE

Öffentliche Gebäude müssen behindertengerecht sein. Bordsteinkanten wurden oft abgeflacht. Infos: Via Rail (Tel. 1 888 842 72 45; www.viarail.ca); BC Transit (Tel. 604 4 53 46 85; www.bctransit.com); Translink (Tel. 604 9 53 33 33; www.translink.ca); Calgary Transit (Tel. 403 5 37 79 97; www.accesscalgary.ca); BC Coalition of People with Disabilities (Tel. 604 8 75 01 88 oder gebührenfrei 1 800 6 63 12 78; www.bccpd.bc.ca).

KINDER

Hotels und Restaurants sind allgemein kinderfreundlich. Babywickelräume allerdings nicht weit verbreitet.

TOILETTEN

Toiletten finden Sie in öffentlichen Gebäuden, Museen, Fast-Food-Restaurants, Malls und Bahnhöfen.

FUNDSACHEN

Melden Sie Verluste der Polizei, bewahren Sie eine Kopie des Protokolls für ihre Versicherung. Auch Visitor Centers können helfen.

VERTRETUNGEN IN KANADA

Generalkonsulat Deutschland
604 6 84 83 77
World Trade Centre
704-999 Canada Place
Vancouver, V6C 3E1

Honorargeneralkonsulat Österreich
604 6 87 33 38
1160-595 Howe Street,
Vancouver, V6C 2T5

Generalkonsulat Schweiz
604 6 84 22 31
World Trade Center
790-999 Canada Place
Vancouver, V6C 3E1

Reiseatlas

Kapiteleinteilung: siehe vordere Umschlaginnenseite

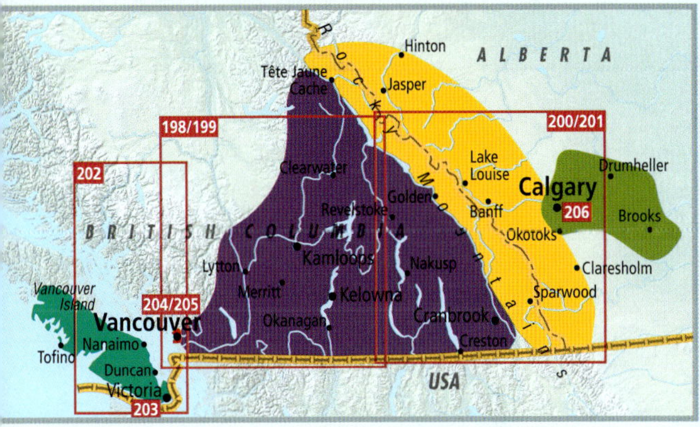

.egende

Autobahn mit Anschlussstelle

Schnellstraße mit Anschlussstelle

Fernstraße mit Nummer

Hauptstraße

Nebenstraße

Straße, unbefestigt

Fahrweg, Piste

Straße in Bau, Straße in Planung

Straße für KFZ gesperrt

Tunnel

Eisenbahn

Fähre, Schiffsverbindung

Staatsgrenze mit Grenzübergang

Bundesstaatsgrenze

Sumpfgebiet

Gletscher

Nationalpark, National Preserves

Naturpark, National Forest

Sperrgebiet

Indianer-Reservat

Trans-Canada-Highway

State Highway

Internationaler Flughafen

Regionaler Flughafen

Flugplatz; Landepiste

Militärflughafen

Landeplatz für Wasserflugzeuge

Leuchtturm

Sehenswürdigkeit

Aussichtspunkt

Berggipfel; Pass, Joch

Natur-/Regionalpark, Erholungsgebiet

Höhle

Wasserfall; Höhle

Skigebiet

Museum; Information

Campingplatz

Bergwerk

Hafen

Heiße Quelle

TOP 10

Nicht verpassen!

Nach Lust und Laune!

1 : 875 000

0 — 40 — 80 km

0 — 25 — 50 mi

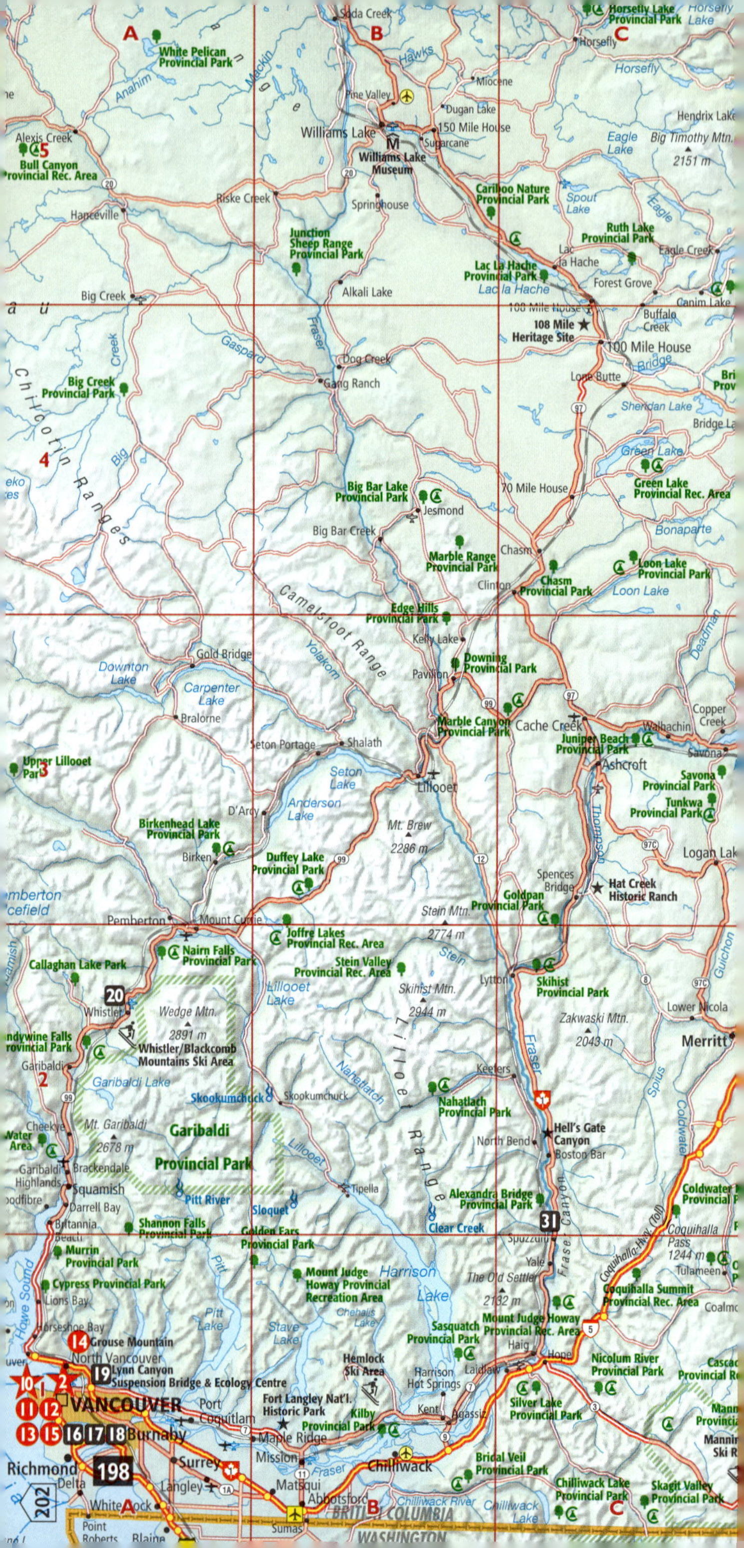

A
B
C
White Pelican Provincial Park
Soda Creek
Horsefly Lake Provincial Park
Horsefly Lake
Horsefly
Hawks
Pine Valley
Miocene
Dugan Lake
Williams Lake
150 Mile House
Sugarcane
Williams Lake Museum
Hendrix Lake
Eagle Lake
Big Timothy Mtn. 2151 m
Alexis Creek
5
Bull Canyon Provincial Rec. Area
Anahim
20
Riske Creek
Springhouse
Cariboo Nature Provincial Park
Spout Lake
Eagle
Hanceville
Junction Sheep Range Provincial Park
Ruth Lake Provincial Park
Lac la Hache
Eagle Creek
Lac La Hache Provincial Park
Forest Grove
Big Creek
Alkali Lake
Canim Lake
108 Mile House
108 Mile Heritage Site
Buffalo Creek
100 Mile House
Fraser
Gaspard
Dog Creek
Gang Ranch
Lone Butte
Bridge
Big Creek Provincial Park
Chilcotin Ranges
Sheridan Lake
97
Bridge Lake
4
Green Lake
Green Lake Provincial Rec. Area
Big
Big Bar Lake Provincial Park
Jesmond
70 Mile House
Big Bar Creek
Bonaparte
Marble Range Provincial Park
Chasm
Loon Lake Provincial Park
Clinton
Chasm Provincial Park
Loon Lake
Camelsfoot Range
Edge Hills Provincial Park
Kelly Lake
Deadman
Gold Bridge
Yalakom
Downing Provincial Park
Downton Lake
Carpenter Lake
Pavilion
99
Bralorne
Marble Canyon Provincial Park
Cache Creek
Walhachin
Copper Creek
Seton Portage
Shalath
Juniper Beach Provincial Park
Savona
Upper Lillooet Park
3
Seton Lake
Lillooet
Ashcroft
Savona Provincial Park
Anderson Lake
D'Arcy
Tunkwa Provincial Park
Mt. Brew 2286 m
Birkenhead Lake Provincial Park
Thompson
97C
Birken
Duffey Lake Provincial Park
12
Logan Lake
Spences Bridge
Hat Creek Historic Ranch
Pemberton Icefield
Goldpan Provincial Park
Stein Mtn. 2774 m
Pemberton
Mount Currie
Joffre Lakes Provincial Rec. Area
Nairn Falls Provincial Park
Stein
Guichon
Callaghan Lake Park
Stein Valley Provincial Rec. Area
Lillooet Lake
Lytton
Skihist Provincial Park
20
Whistler
Wedge Mtn. 2891 m
Skihist Mtn. 2944 m
Lower Nicola
8
Zakwaski Mtn. 2043 m
Brandywine Falls Provincial Park
Whistler/Blackcomb Mountains Ski Area
Merritt
Garibaldi
2
Lillooet Range
Nahatlatch
Keefers
Garibaldi Lake
Spius
Coldwater
Skookumchuck
Nahatlach Provincial Park
Fraser
Mt. Garibaldi 2678 m
Garibaldi Provincial Park
Hell's Gate Canyon
Cheekye
North Bend
Boston Bar
Garibaldi Highlands
Brackendale
Squamish
Lillooet
Pitt River
Tipella
Sloquet
Alexandra Bridge Provincial Park
Coldwater Provincial Park
Darrell Bay
Britannia Beach
Shannon Falls Provincial Park
Clear Creek
31
Fraser Canyon
Coquihalla Hwy. (Toll)
Golden Ears Provincial Park
Spuzzum
Coquihalla Pass 1244 m
Murrin Provincial Park
Mount Judge Howay Provincial Recreation Area
Harrison Lake
Yale
Tulameen
The Old Settler 2132 m
Cypress Provincial Park
Lions Bay
Howe Sound
Pitt
Pitt Lake
Chehalis Lake
Coquihalla Summit Provincial Rec. Area
Coalmont
Horseshoe Bay
Stave Lake
Sasquatch Provincial Park
Mount Judge Howay Provincial Rec. Area
Haig
5
Hope
14 Grouse Mountain
North Vancouver
Hemlock Ski Area
Nicolum River Provincial Park
Cascade Provincial Rec.
19 Lynn Canyon Suspension Bridge & Ecology Centre
Harrison Hot Springs
Laidlaw
10
2
VANCOUVER
Port Coquitlam
Fort Langley Nat'l. Historic Park
Kent
Agassiz
Silver Lake Provincial Park
Manning Provincial Park
11
12
13
15
16
17
18
Burnaby
Maple Ridge
Kilby Provincial Park
7
9
3
Mission
Richmond
198
Surrey
Fraser
Chilliwack
Bridal Veil Provincial Park
Delta
Langley
1A
11
Matsqui
Chilliwack Lake Provincial Park
Skagit Valley Provincial Park
202
White Rock
A
Abbotsford
B
BRITISH COLUMBIA
Chilliwack River
Chilliwack Lake
C
Point Roberts
Blaine
Sumas
WASHINGTON

Wells Gray Provincial Park
Mt. Perseus 2587 m
Azure Lake
Azure Mtn. 2495 m
Clearwater Lake
Crooked Lake
Murtle Lake
Hallam Peak 3219 m
Kinbasket Lake
Mica Dam
Mica Creek
Blue River
Helmcken Falls
Wells Gray (Mahood Lake) Provincial Park
Mahood Lake
Mahood Falls
Trophy Mtn. 2577 m
Spahats Creek Provincial Park
North Thompson River Provincial Park
Avola
Gordon Horne Peak 2885 m
Argonaut Mtn. 2965 m
Monashee Mountains
Selkirk
Birch Island
Clearwater
Vavenby
Blackpool
Thompson
Adams
Little Fort
Downie Creek Provincial Park
Lake Revelstoke
Darfield
Barrière Lakes
Silver Beach Provincial Park
Columbia
Bonaparte Lake
Adams Lake
Seymour Arm
Pukeashun Mtn. 2303 m
Barriere
Louis Creek
Adams Lake Provincial Park Rec. Area
Shuswap Lake
Shuswap Lake Provincial Park
Canadian Golden Spike (CPR) 1885
Revelstoke Dam
Revelstoke
McLure
Mt. Tod 2149 m
Adams Lake
Scotch Creek
Magna Bay
Craigellachie
Malakwa
Anglemont
Three Valley
Heffley Creek
Tod Mtn. Ski Area
Roderick Haig Brown Provincial Park
Eagle Bay
Eagle R.
Yard Creek Provincial Park
Mt. Begbie 2732 m
Lac du Bois Grasslands Provincial Area
Squilax
Sorrento
Blind Bay
Herald Provincial Park
Sicamous
Tranquille
Paul Lake Provincial Park
Chase
Sunnybrae Provincial Park
Tappen
Canoe
Blanket Creek Provincial Park
Kamloops Lake
Pinantan Lake
Salmon Arm
Mara Provincial Park
Kamloops
Pritchard
Mara
Kingfisher
Arrow Lakes (Shelter Bay) Provincial Park
Knutsford
Monte Creek
Grindrod
Mabel Lake
Lac Le Jeune Provincial Park
Silver Creek
Enderby
Mabel Lake Provincial Park
Lac le Jeune
Monte Lake
Monte Lake Provincial Park
Falkland
Shuswap
Westwold
Armstrong
Silver Star Provincial Rec. Area
Monashee Provincial Park
Walloper Lake Provincial Park
Spallumcheen
Sugar Lake
O'Keefe Ranch
Silver Star Ski Area
Shuswap Falls
Truman Dagness Locheed Provincial Park
Vernon
Lumby
Cherryville
Killiney Beach
Coldstream
Monck Provincial Park
Nicola Lake
Echo Lake Provincial Park
Nicola
Quilchena
Douglas Lake
Ellison Provincial Park
Oyama
Wood Lake
Monashee Pass 1189 m
Whatshan Lake
Wilson Landing
Okanagan Centre
Pennask Lake Provincial Rec. Area
Aspen Grove
Okanagan Lake
Winfield
Kelowna Airport
Big White Mtn. 2317 m
Kentucky-Alleyne Provincial Rec. Area
Bear Creek Provincial Park
Westbank
Kelowna
Okanagan Valley
Needles
Eneas Lakes Provincial Park
Darke Lake Provincial Park
Peachland
McCulloch
Granby Provincial Park
Allison Lake Provincial Park
Bankeir
Okanagan Mountain Provincial Park
Demuth
Okanagan Lake Provincial Park
Jellicoe
Summerland
Naramata
West Kettle
Christina Range
Otter Lake Provincial Park
Kickininee Provincial Park
Jura
Apex Alpine Ski Area
Penticton
Carmi
Gable Mtn. 2274 m
Bromley Rock Provincial Park
Skaha Lake
Princeton
Beaverdell
Hedley
Kaleden
Okanagan Falls Provincial Park
Kettle
Similkameen
Okanagan Falls
Olalla
Gladstone Provincial Park
Stemwinder Provincial Park
Vaseux Lake Nat'l. Wildlife Refuge
Jewel Lake Provincial Park
Keremeos Grist Mill
Keremeos
Westbridge
Conkle Lake Provincial Park
Kettle River Provincial Rec. Area
Manning Park
Cawston
Oliver
Greenwood
Christina Lake
Cathedral Provincial Park
Osoyoos Lake
Rock Creek
Kettle Valley
Pasayten
Chopaka
Osoyoos
Bridesville
Midway
Carson
Grand Forks
BRITISH COLUMBIA
Old Molson
Ranald McDonald's
D
E
F
1
2
3
4
5
6
8
40
32
33

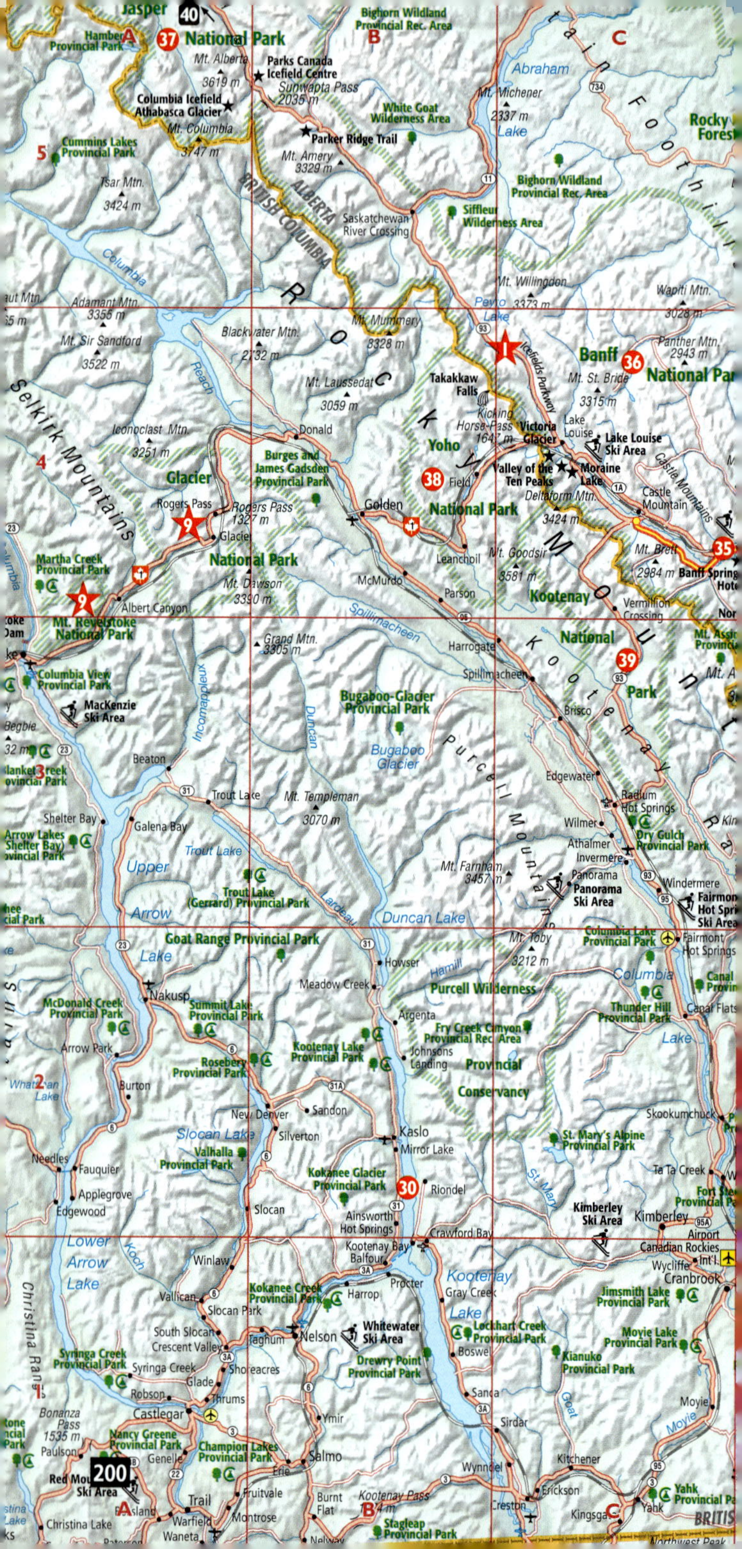

Jasper
40
A
B
C
Hamber Provincial Park
37 National Park
Bighorn Wildland Provincial Rec. Area
Mt. Alberta 3619 m
Parks Canada Icefield Centre
Sunwapta Pass 2035 m
Columbia Icefield Athabasca Glacier
Mt. Columbia 3747 m
Abraham Lake
Mt. Michener 2337 m
White Goat Wilderness Area
Parker Ridge Trail
Rocky Forest
Foothills
5
Cummins Lakes Provincial Park
Tsar Mtn. 3424 m
Mt. Amery 3329 m
BRITISH COLUMBIA
ALBERTA
Bighorn Wildland Provincial Rec. Area
Saskatchewan River Crossing
Siffleur Wilderness Area
Columbia
Mt. Willingdon 3373 m
Wapiti Mtn. 3028 m
Adamant Mtn. 3356 m
Mt. Sir Sandford 3522 m
Blackwater Mtn. 2732 m
Mt. Mummery 3328 m
Peyto Lake
Icefields Parkway
1
Banff
36 National Park
Panther Mtn. 2943 m
Mt. St. Bride 3315 m
ROCKY MOUNTAINS
Reach
Mt. Laussedat 3059 m
Takakkaw Falls
Kicking Horse Pass 1647 m
Victoria Glacier
Lake Louise
Lake Louise Ski Area
Selkirk Mountains
Iconoclast Mtn. 3251 m
Donald
Yoho
38
Field
Valley of the Ten Peaks
Moraine Lake
Castle Mountains
Castle Mountain
4
Glacier
Rogers Pass
Rogers Pass 1327 m
9
Glacier
Burges and James Gadsden Provincial Park
Golden
National Park
Deltaform Mtn. 3424 m
1A
23
Martha Creek Provincial Park
Leanchoil
Mt. Goodsir 3581 m
Mt. Brett 2984 m
35
Banff Springs Hotel
National Park
Mt. Dawson 3390 m
McMurdo
Parson
Kootenay
Vermillion Crossing
9
Albert Canyon
Mt. Revelstoke National Park
Spillimacheen
95
Grand Mtn. 3305 m
Harrogate
National
Mt. Assiniboine Provincial Park
39
Columbia View Provincial Park
Spillimacheen
93
Park
Incomappleux
Duncan
Bugaboo-Glacier Provincial Park
Brisco
MacKenzie Ski Area
Begbie
Kootenay
Bugaboo Glacier
Purcell Mountains
Beaton
Edgewater
Blanket Creek Provincial Park
31
Trout Lake
Mt. Templeman 3070 m
Radium Hot Springs
Shelter Bay
Galena Bay
Wilmer
Dry Gulch Provincial Park
Athalmer
Invermere
Arrow Lakes (Shelter Bay) Provincial Park
Trout Lake
Mt. Farnham 3457 m
Upper
Panorama
Panorama Ski Area
Windermere
Trout Lake (Gerrard) Provincial Park
Fairmont Hot Springs Ski Area
Arrow
Lardeau
Duncan Lake
Goat Range Provincial Park
Mt. Toby 3212 m
Columbia Lake Provincial Park
Fairmont Hot Springs
Lake
Howser
Hamill
Columbia
Canal Flats Provincial Park
Nakusp
Meadow Creek
Purcell Wilderness
McDonald Creek Provincial Park
Summit Lake Provincial Park
Argenta
Thunder Hill Provincial Park
Canal Flats
Fry Creek Canyon Provincial Rec. Area
Arrow Park
Kootenay Lake Provincial Park
Johnsons Landing
Provincial
Lake
Rosebery Provincial Park
2
Whatshan Lake
Burton
31A
Conservancy
New Denver
Sandon
Skookumchuck
Slocan Lake
Silverton
Kaslo
St. Mary's Alpine Provincial Park
Needles
Fauquier
Valhalla Provincial Park
Mirror Lake
St. Mary
Ta Ta Creek
Kokanee Glacier Provincial Park
30
Riondel
Fort Steele Provincial Park
Applegrove
Edgewood
Slocan
Ainsworth Hot Springs
Kimberley Ski Area
Kimberley
95A
Lower Arrow Lake
Koch
Winlaw
Crawford Bay
Kootenay Bay
Balfour
Canadian Rockies Int'l. Airport
Wycliffe
Cranbrook
Christina Range
Vallican
Kokanee Creek Provincial Park
Procter
Harrop
Kootenay Lake
Gray Creek
Jimsmith Lake Provincial Park
Slocan Park
South Slocan
Crescent Valley
Taghum
Nelson
Whitewater Ski Area
Lockhart Creek Provincial Park
Moyie Lake Provincial Park
Syringa Creek Provincial Park
Syringa Creek
Shoreacres
Drewry Point Provincial Park
Boswell
Kianuko Provincial Park
1
Robson
Glade
Thrums
Sanca
Goat
Moyie
Castlegar
Ymir
Sirdar
Moyie
Bonanza Pass 1535 m
3A
Gladstone Provincial Park
Nancy Greene Provincial Park
Champion Lakes Provincial Park
Paulson
Genelle
Salmo
Wynndel
Kitchener
Red Mountain Ski Area
200
Erie
Fruitvale
Trail
Burnt Flat
Kootenay Pass 1774 m
Creston
Erickson
Yahk Provincial Park
Christina Lake
Christina Lake
Rossland
Warfield
Montrose
Waneta
Paterson
Nelway
Stagleap Provincial Park
Kingsgate
Yahk
BRITISH
Northwest Peak

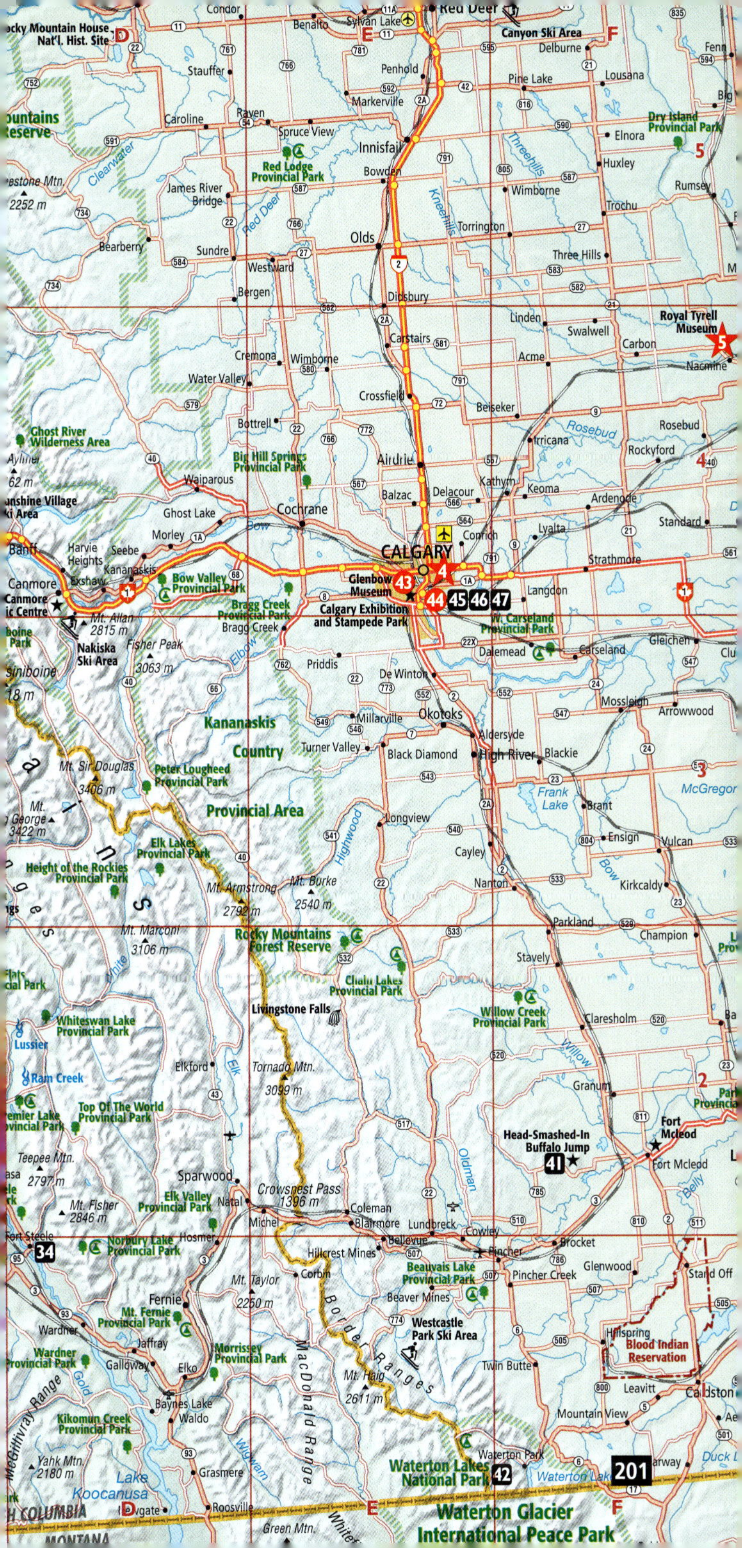
Red Deer
Sylvan Lake
Canyon Ski Area
Delburne
Benalto
Condor
Rocky Mountain House Nat'l. Hist. Site
Stauffer
Penhold
Markerville
Pine Lake
Lousana
Caroline
Raven
Spruce View
Innisfail
Dry Island Provincial Park
Elnora
Red Lodge Provincial Park
Bowden
Huxley
Wimborne
Rumsey
James River Bridge
Trochu
Olds
Torrington
Bearberry
Sundre
Westward
Three Hills
Bergen
Didsbury
Linden
Swalwell
Royal Tyrell Museum
Carstairs
Carbon
Cremona
Wimborne
Acme
Nacmine
Water Valley
Crossfield
Beiseker
Bottrell
Rosebud
Ghost River Wilderness Area
Irricana
Rockyford
Big Hill Springs Provincial Park
Airdrie
Waiparous
Balzac
Delacour
Kathyrn
Keoma
Ardenode
Ghost Lake
Cochrane
Standard
Morley
Conrich
Lyalta
Banff
Harvie Heights
Seebe
CALGARY
Strathmore
Canmore
Exshaw
Kananaskis
Bow Valley Provincial Park
Glenbow Museum
Langdon
Mt. Allan 2815 m
Bragg Creek Provincial Park
Calgary Exhibition and Stampede Park
W. Carseland Provincial Park
Bragg Creek
Nakiska Ski Area
Fisher Peak 3063 m
Dalemead
Carseland
Gleichen
Priddis
De Winton
Mossleigh
Arrowwood
Kananaskis Country
Millarville
Okotoks
Turner Valley
Black Diamond
Aldersyde
High River
Blackie
McGregor
Mt. Sir Douglas 3406 m
Peter Lougheed Provincial Park
Provincial Area
Frank Lake
Brant
Longview
Ensign
Vulcan
Elk Lakes Provincial Park
Cayley
Height of the Rockies Provincial Park
Mt. Armstrong 2792 m
Mt. Burke 2540 m
Nanton
Kirkcaldy
Mt. Marconi 3106 m
Parkland
Champion
Rocky Mountains Forest Reserve
Stavely
Chain Lakes Provincial Park
Whiteswan Lake Provincial Park
Livingstone Falls
Willow Creek Provincial Park
Claresholm
Lussier
Elkford
Tornado Mtn. 3099 m
Ram Creek
Granum
Top Of The World Provincial Park
Fort Mcleod
Head-Smashed-In Buffalo Jump
Teepee Mtn. 2797 m
Sparwood
Crowsnest Pass 1396 m
Elk Valley Provincial Park
Natal
Mt. Fisher 2846 m
Coleman
Michel
Blairmore
Lundbreck
Cowley
Fort Steele
Norbury Lake Provincial Park
Hosmer
Bellevue
Brocket
Hillcrest Mines
Pincher
Beauvais Lake Provincial Park
Glenwood
Stand Off
Corbin
Pincher Creek
Mt. Taylor 2250 m
Fernie
Beaver Mines
Mt. Fernie Provincial Park
Westcastle Park Ski Area
Wardner
Jaffray
Hillspring
Blood Indian Reservation
Morrissey Provincial Park
Wardner Provincial Park
Galloway
Elko
Twin Butte
Border Ranges
MacDonald Range
Mt. Haig 2611 m
Baynes Lake
Leavitt
Cardston
Waldo
Kikomun Creek Provincial Park
Mountain View
McGillivray Range
Yahk Mtn. 2180 m
Grasmere
Waterton Park
Waterton Lakes National Park
Lake Koocanusa
Roosville
Waterton Glacier International Peace Park
Green Mtn.
MONTANA

A
B
C
1
2
3
4
5
Plateau
Chilcotin Ranges
Coast Mountains
Homathko River-Tatlayoko Provincial Park
Tatlayoko Lake
Choelquoit Lake
Tsuniah Lake
Nemaiah Valley
Big Creek
Big Creek Provincial Park
Mt. Waddington 4016 m
Chilko Lake
Ts'yl-os Provincial Park
Mt. Tatlow 3066 m
Mt. Queen Bes 3313 m
Franklyn Arm
Taseko Lakes
Whitemantle Glacier
Homathko Icefield
Good Hope Mtn. 3240 m
Homathko Estate Prov. Park
Bishop River Park
Bridge Glacier
Mt. Kennedy 2028 m
Monmouth Mtn. 3164 m
Tavistock Glacier
Downton Lake
Supero Mtn. 2469 m
Tahumming Glacier
Lillooet Glacier
Phillips Arm
Bute Inlet
Upper Lillooet Park
Dalgleish Glacier
Thurlow I.
Big Bay
Stuart Island
Plateau Icefield
Thurston Bay Provincial Park
Sonora I.
Toba Inlet
Pemberton Icefield
Granite Bay
Octopus I.
Redonda I.
Redonda Bay
Pemberton
Octopus Islands Provincial Park
Walsh Cove Marine Provincial Park
Princess Louisa Provincial Park
Quadra I.
Refuge Cove
Callaghan Lake Park
Bloedel
Heriot Bay
Desolation Sound Marine Provincial Park
Campbell River
Cortes I.
Powell Lake
Whistler
20
Quathiaski Cove
Bliss Landing
Goat I.
Lund
Brandywine Falls Provincial Park
Smelt Bay Provincial Park
Okeover Arm Provincial Park
Jervis Inlet
Garibaldi
Saratoga Beach
Powell River
Hotham Sound
Savary I.
Black Creek
Miracle Beach Provincial Park
Saltery Bay Provincial Park
Merville
Blubber Bay
Lang Bay
Saltery Bay
Cheekye
Mt. Garibaldi 2678 m
Little River
Stillwater
Lake Lovely Water Provincial Rec. Area
Courtenay
Comox
Vananda
Hardy I.
Earls Cove
Garibaldi Highlands
Brackendale
Royston
Gillies Bay
Nelson I.
Egmont
Squamish
Cumberland
Irvines Landing
Woodfibre
Darrell Bay
Comox Lake
Sandy Island Provincial Park
Garden Bay Provincial Park
Britannia Beach
Union Bay
Denman Island
Texada I.
Madeira Park
Salmon Inlet
Murrin Provincial Park
Fanny Bay
Hornby Island
False Bay
Halfmoon Bay
Port Mellon
Rosewall Creek Provincial Park
Langdale
Cypress Provincial Park
Bowser
Smuggler Cove Provincial Park
Sechelt
New Brighton
Lions Bay
Squitty Bay Provincial Park
Sunshine Coast
Howe Sound
Stamp Falls Provincial Park
Horseshoe Bay
198
Sproat Lake
Qualicum Beach
Gibsons
Bowen Island
Grouse Mountain
Della Falls
Cathedral Grove
Parksville
West Vancouver
North Vancouver
Sproat Lake Provincial Park
Little Qualicum Falls Provincial Park
Coombs
Lantzville
Strait of Georgia
Stanley Park
Lynn Canyon Suspension
Port Alberni
Nanoose Bay
Gabriola I.
Gabriola
VANCOUVER
Gastown
Henderson Lake
Nanaimo
Pirates Cove Provincial Park
Nahmint
Cedar
Richmond
South Wellington
Alberni Inlet
Cassidy
Delta
Kildonan
Green Cove
Ecoole
Thetis Island
Gulf Islands
Ladysmith
White Rock
Point Roberts
Nitinat
Youbou
Cowichan Lake
Chemainus
Vesuvius
Galiano I.
Bamfield
Sarita
Caycuse
North Cowichan
Sturdies Bay
Mayne I.
Birch Bay
Tsusiat Falls
Hitchie Creek Provincial Park
Lake Cowichan
Fulford Harbour
Honeymoon Bay
Duncan
Pachena Point
Cowichan Bay
Saltspring I.
Saturna I.
Orcas I.
West Coast Trail
Clo-oose
Swartz Bay
Carmanah Point
Carmanah Walbran Provincial Park
Sidney
Jones I. Nat'l. Wildl. Ref.
Pacific Rim National Park
Shawnigan Lake
Central Saanich
Orcas
Port Renfrew
Botanical Beach Provincial Park
British Camp
Friday Harbor
Malahat
Saanich
Juan de Fuca Provincial Park
Lopez
Royal British Columbia Museum
Oak Bay
Cape Flattery
Koitlah Point
Jordan River
Esquimalt
VICTORIA
Neah Bay
French Beach Provincial Park
Sooke
Makah Cultural Center
Fort Rodd Hill Nat'l. Hist. Park
Rocky Point

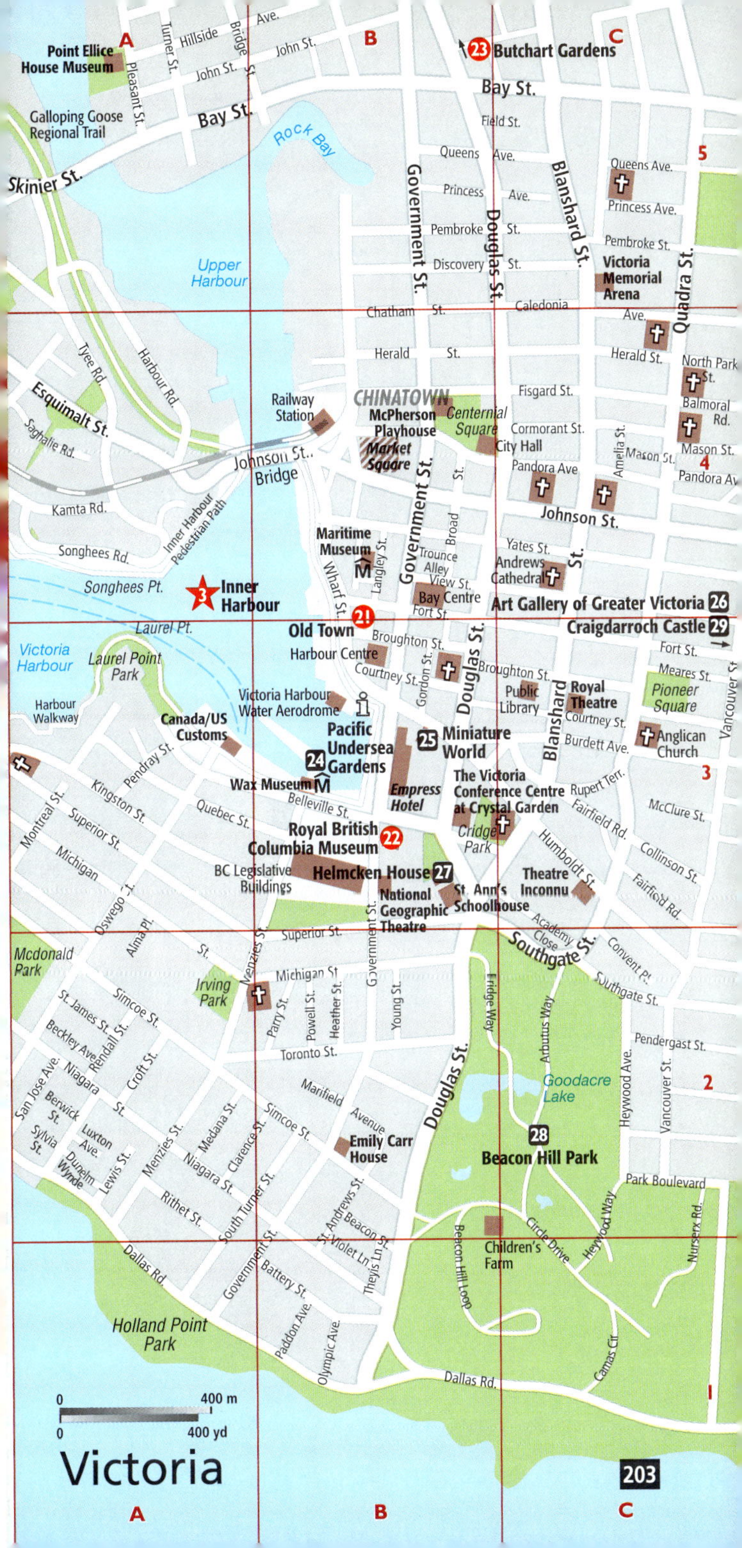
Victoria
Point Ellice House Museum
Galloping Goose Regional Trail
Skinier St.
Turner St.
Hillside Ave.
Bridge St.
John St.
Pleasant St.
Bay St.
Rock Bay
Butchart Gardens
23
Field St.
Queens Ave.
Princess Ave.
Pembroke St.
Discovery St.
Chatham St.
Herald St.
Caledonia Ave.
Government St.
Douglas St.
Blanshard St.
Quadra St.
Queens Ave.
Princess Ave.
Pembroke St.
Victoria Memorial Arena
Upper Harbour
Tyee Rd.
Harbour Rd.
Esquimalt St.
Saghalie Rd.
Kamta Rd.
Songhees Rd.
Inner Harbour Pedestrian Path
Railway Station
Johnson St. Bridge
CHINATOWN
McPherson Playhouse
Market Square
Centennial Square
City Hall
Fisgard St.
Cormorant St.
Pandora Ave
Johnson St.
Amelia St.
Mason St.
North Park St.
Balmoral Rd.
Pandora Av
Broad St.
Maritime Museum
Langley St.
Trounce Alley
View St.
Bay Centre
Fort St.
Yates St.
Andrews Cathedral
Art Gallery of Greater Victoria 26
Craigdarroch Castle 29
Songhees Pt.
Inner Harbour
3
Wharf St.
21
Old Town
Laurel Pt.
Victoria Harbour
Laurel Point Park
Harbour Centre
Broughton St.
Courtney St.
Gordon St.
Broughton St.
Fort St.
Meares St.
Pioneer Square
Vancouver St.
Harbour Walkway
Victoria Harbour Water Aerodrome
Canada/US Customs
Pacific Undersea Gardens
24
25
Miniature World
Public Library
Royal Theatre
Courtney St.
Burdett Ave.
Anglican Church
Wax Museum
Empress Hotel
The Victoria Conference Centre at Crystal Garden
Rupert Terr.
Fairfield Rd.
McClure St.
Pendray St.
Kingston St.
Superior St.
Quebec St.
Belleville St.
Montreal St.
Michigan
Royal British Columbia Museum
22
Cridge Park
Humboldt St.
Collinson St.
BC Legislative Buildings
Helmcken House 27
National Geographic Theatre
St. Ann's Schoolhouse
Theatre Inconnu
Fairfield Rd.
Oswego St.
Alma Pl.
Menzies St.
Superior St.
Academy Close
Southgate St.
Convent Pl.
Southgate St.
Mcdonald Park
Irving Park
Michigan St.
Parry St.
Powell St.
Heather St.
Government St.
Young St.
Fridge Way
Arbutus Way
St. James St.
Simcoe St.
Beckley Ave.
Rendall St.
Croft St.
Toronto St.
Pendergast St.
San Jose Ave.
Niagara St.
Berwick St.
Marifield Avenue
Douglas St.
Goodacre Lake
Heywood Ave.
Vancouver St.
Sylvia St.
Luxton Ave.
Dunelm Wynde
Lewis St.
Menzies St.
Medana St.
Niagara St.
Clarence St.
Simcoe St.
Emily Carr House
28
Beacon Hill Park
Park Boulevard
Rithet St.
South Turner St.
St. Andrews St.
Beacon St.
Violet Ln.
Theyis Ln St.
Beacon Hill Loop
Children's Farm
Circle Drive
Heywood Way
Nursery Rd.
Dallas Rd.
Government St.
Battery St.
Holland Point Park
Paddon Ave.
Olympic Ave.
Dallas Rd.
Camas Cir.
0
400 m
0
400 yd
A
B
C
1
2
3
4
5

A
B
C
5
4
3
2
1
14 Grouse Mountain
19 Capilano Suspension Bridge Park
20 Whistler
Burrard Inlet
Stanley Park Dr.
Stanley 2 Park
Merilees Trail
Stanley Park Causeway
Beaver Lake
Ferguson Point
Vancouver Aquarium Marine Science
Pipeline Rd.
Brockton Pt.
Lost Lagoon Dr.
Lost Lagoon
Royal Vancouver Yacht Club
WESTEND
Lagoon Dr.
Bayshore Dr.
Georgia St.
Alberni St.
Robson St.
Park Lane
Nelson St.
Chilco St.
Comox St.
Pendrell St.
Guildford St.
Beach Ave.
Robson Public Market
Cardero St.
Nicola St.
Broughton St.
English Bay Beach
Denman St.
Davie St.
Burnaby St.
Cardero
Nicola St.
Broughton St.
Nelson St.
Barclay
Nelson Park
Jervis St.
Pendrell St.
Comox St.
Bute St.
Burnaby St.
English Bay
Seawall Promenade
Sunset Beach
Harwood St.
Thurlow St.
Pacific St.
Burrard St.
Drake St.
Hornby
Beach Ave.
Aquabus
Maritime Museum
Vanier Park Museums
Ogden Ave.
13 Vanier Park
H. R. MacMillan Space Centre
Vancouver Museum
Vancouver Aquatic Centre
Burrard Bridge
Pacific St.
Creelman Ave.
Chestnut St.
Burrard St.
Granville Public Market
Cornwall Ave.
15 Museum of Anthropology
York Ave.
Granville Island Museum
Granville Bridge
10 Granville Island
Cartwright St.
1st Ave.
1st Ave.
2nd Ave.
2nd Ave.
Arbutus St.
Burrard St.
4th Ave.
4th Ave.
Lamey's Mill Rd.
6th Ave.

D
E
F
Vancouver
0
500 m
0
500 yd
5
Brockton Point
Totem Poles
Park Dr.
Deadman's Island
Vancouver Harbour
4
SeaBus Route (nach Lonsdale Quay & North Vancouver)
Coal Harbour
Coal Harbour Rd.
Vancouver Travel Info Centre
11 Canada Place
Marine Building
Fährterminal
3
Melville St.
Georgia St.
Alberni St.
Burrard St.
Hornby St.
Howe St.
W Hastings St.
W Cordova St.
Thurlow St.
Portside Park
Gastown
16
Maple Tree Sq.
Alexander St.
Powell St.
Hotel Vancouver
Vancouver Art Gallery
Harbour Centre
Dunsmuir St.
Seymour St.
Richards St.
W Pender St.
Cambie St.
E. Cordova St.
E. Hastings St.
Carrall St.
Columbia St.
Main St.
Vancouver Centennial Police Museum
Court House
12
Granville St.
DOWNTOWN
E. Pender St.
17 Chinatown
Ford Centre for the Performing Arts
Vancouver Public Library
Sam Kee Building
Chinese Cultural Centre
Robson St.
Library Square
Dr. Sun Yatsen Classical Chinese Garden
Ten Ren Tea & Ginseng Co.
2
Smithe St.
Helmcken St.
Nelson St.
Dunsmuir Viaduct
Georgia Viaduct
Expo Blvd.
BC Stadium
BC Place
Homer St.
Mainland St.
Davie St.
Pacific Blvd.
Plaza of Nations
Richards St.
Hamilton St.
YALETOWN
Main St.
Pacific Central Station
Pacific Blvd.
Marinaside Cr.
18 TELUS World of Science
Industrial Ave.
Cambie Bridge
W 1st Ave.
W 2nd Ave.
1
False Creek
W 2nd Ave.
Charleson Park
Main St.

Calgary
206
PARKDALE
BRIDGELAND
CITY CENTRE
CHINATOWN
MOUNT ROYAL
RAMSAY
Crowchild Trail
Kensington Rd.
14th St W
Gladstone Rd
Riley Park
Sunnyside
Memorial Drive
Louise Bridge
Prince's Island Park
YMCA
44 Eau Claire Market
Chinese Cultural Centre
Centre St
Edmonton Trail
47 TELUS Spark The New Science Center
C-Train (202)
Bridgeland Memorial
Zoo
St. George's Island
Calgary Zoo 46
Bow River
45 Fort Calgary Historic Park
Victoria Park
9th Ave
City Hall
C-Train (201/202)
Steven Ave
10th St W (202)
8th Ave
11th Ave
12th Ave
13th Ave
14th Ave
15th Ave
17th Ave
25th Ave
Bow Trail S W
Shaganappi Golf Course
C-Train (201)
Macleod Trail
Olympic Way
Victoria Park/ Stampede
Calgary Exhibition and Stampede Park
Elbow River
Eriton/Stampede
Spiller Rd.
Blackfoot Trail
0 1 km
0 0,5 mi
Devonian Gardens
Stephen Avenue Mall
Epcor Centre for Performing Arts
Olympic Plaza
Glenbow Museum 43
4 Calgary Tower
0 500 m
0 500 yd

Register

Abbildungsnachweis

AA/P. Bennett: 18 (unten), 20 (oben), 22, 26, 30 (rechts), 31, 54, 89 (unten), 90/91, 92/93, 93, 156, 167, 168, 169, 175, 189
AA/C. Coe: 13, 17 (oben), 21, 22/23, 29, 119
AA/M. Dent: 12
AA/C. Sawyer: 10/11, 28, 50 (oben), 52, 61, 62, 88, 100, 101, 112 (oben), 113, 114, 117, 118, 120/121, 122, 173
AA/P. Timmermans: 51 (oben), 74
AA/J. Tims: 8, 12/13, 17 (unten), 19, 27, 49, 50 (unten), 53, 55, 58, 59, 60, 63, 64, 64/65, 66, 67, 68, 69, 70, 71, 73, 74/75, 75, 91, 94, 95, 96, 97, 98, 99, 103, 110, 115, 116, 124, 130, 131, 132, 133, 134, 135, 136, 137, 138, 139, 140/141, 142, 142/143, 144, 145, 146, 147, 148, 149, 151, 152, 153, 154, 155, 180, 181, 182, 183, 184, 190, 195
akg-images: Sotheby´s/Louis Dodd 16, Werner Forman 172
Corbis: Grand Tour/Pietro Canali 4, Demotix/Ian Mawson 32 (links), Demotix/Stefan Feldmann 32 (Mitte), Xinhua Press/Sergei Bachlakov 32 (rechts)
DuMont Bildarchiv/Rolf Hicker: 72, 165, 187
Getty Images: Kevork Djansezian 15 (links unten), Photodisc 18 (oben) und 20 (unten)
GlowImages: 30 (links), 102, 123
LOOK-foto: N. Eisele-Hein 15 (links oben), Thomas Peter Widmann 15 (rechts), age fotostock 24/25, 170 und 174
mauritius images: ib/Dirk Enters 7, Chad Ehlers 56, Firstlight 57

Titelbild: mauritius images/imageBROKER/Martin Moxter

©MAIRDUMONT GmbH & Co. KG
VERLAG KARL BAEDEKER

1. Aufl. 2015

Text: Tim Jepson, Ole Helmhausen
Übersetzung: Joachim Nagel und Dagmar Lutz
Redaktion: Frank Müller, Anja Schlatterer, Anette Vogt
(red.sign, Stuttgart)
Programmleitung: Birgit Borowski
Chefredaktion: Rainer Eisenschmid

Kartografie: ©MAIRDUMONT GmbH & Co. KG, Ostfildern
3D Illustrationen: jangled nerves, Stuttgart

Anzeigenvermarktung:
MAIRDUMONT MEDIA
Tel. 0711/4502 333
media@mairdumont.com
media.mairdumont.com

Printed in China

Trotz aller Sorgfalt von Autoren und Redaktion sind Fehler und Änderungen nach Drucklegung leider nicht auszuschließen. Dafür kann der Verlag keine Haftung übernehmen. Berichtigungen, Kritik und Verbesserungsvorschläge sind uns jederzeit willkommen, bitte informieren Sie uns unter:

Verlag Karl Baedeker / Redaktion
Postfach 3162
D-73751 Ostfildern
Tel. 0711 4502 262
smart@baedeker.com
www.baedeker.com

FSC
www.fsc.org
MIX
Papier aus verantwortungsvollen Quellen
FSC® C020056

10 GRÜNDE WIEDERZUKOMMEN

1. **Wale, Bären, Berge, Prärien, Welt-** und **Geisterstädte** … Ein Besuch reicht einfach nicht aus.
2. Die Kanadier sind so **nett und hilfsbereit**, dass man sie schon bald schmerzlich vermisst.
3. Der **Nachthimmel** ist so klar, dass man endlich mal wieder die Milchstraße erkennt.
4. Wo sonst kann man der **einzige Mensch** im Umkreis von 400 km sein?
5. Für Einheimische ist klar: Vancouver, die **Perle am Pazifik**, ist die schönste Stadt der Welt.
6. Keine Sonntagsfahrer vor, keine Drängler hinter einem: **Kanadische Straßen** sind ein Genuss.
7. Egal ob in den Städten oder am Ende der Welt: Die **Infrastruktur** ist hervorragend.
8. Die **Jahreszeiten** sind noch genau das – mit warmen Sommern und schneereichen Wintern.
9. **Mutter Natur** liefert noch immer die beste Show – und enttäuscht auch bei miesem Wetter nicht.
10. Erst wer in der Prärie die **Krümmung der Erdkugel** gesehen hat, erkennt, wie klein Europa ist.